企業の国際化、情報化と日本企業革新のトレンド

築場保行［著］

文眞堂

まえがき

　日本の経済・経営が国内のみならず海外の事情により大きな影響を受けるのは，日本が国際経済社会の重要な一員であるとともに，日本経済が世界経済に与える影響も小さくない存在だからである。つまり現在，日本が直面する困難は日本経済を含む世界の国々の経済が国際化するなかで生じた問題だということである。国際化の流れは世界から日本に，日本から世界へ双方向のヒト，モノ，カネの流れであり，事業活動の国際化を基軸にその深化が進行している。
　また現代社会の急速な情報化も現代企業が直面する問題である。情報産業自体が日進月歩の技術やサービスを次々と製品化し革新をとげている一方，進化する情報技術を企業経営に利用し経営成果を向上させることが必要になっている。
　産業革命により新興の企業が台頭し旧来の企業が駆逐されたように，国際化に適応し情報技術を駆使して事業を変革しなければ企業は世界の市場から淘汰されるかもしれない。日本企業の革新は急務であるといえるが，ふりかえれば我々は幕末明治の大変革そして第2次大戦の敗戦を克服し大転換と革新を実現してきた。過去の歴史から幸いにも学ぶことができる。変革を恐れず挑戦することが必要であろう。
　小著の一つの課題は日本企業が直面し解決しなければならない国際化，情報化そして変革のためのヒント，考える材料を提供することである。小著にもかかわらず言及した時代は長く範囲は広い。それらは江戸時代のものから現代のものまで，現在の日本を代表する著名企業の前身から現在の中小規模のサービス業や飲食業をも含む。好業績の企業，ベンチャー企業，そして復活企業を事例にとりあげ，成功理由と直面している困難な課題についても紹介した。また国際化と情報化と変革に関連する若干の理論を説明・紹介した。これらをつうじて問題解決のための手がかりを見つけること，困難な課題についてともに考

えることを願うからである。

　本書の読者として念頭にあるのは学生や若い読者である。経営学の教科書としては十分ではないが本書を経営の問題を考える材料にしてもらいたくなるべく読みやすいように平易な表現に努めた。また社会経験豊富な実務家にとっても日常の経営現象への新しい知見を得るために本書が役に立てば筆者にとってこれに過ぎる喜びはない。

　　2013年7月　　　　　　　　　　　　　　　　　　　　　　　　築場保行

目　次

まえがき ……………………………………………………………………………… i

第 1 部　日本企業の直面する課題
　　　　──国際化，情報化と企業の対応── ……………………………… 1

第 1 部まえがき ……………………………………………………………… 2

Ⅰ．経営国際化の前史と日本企業の国際化の歩み ……………………… 3

1．経営国際化の前史─輸出中心，部分的現地化─ ……………………… 3
2．経営国際化 ……………………………………………………………… 4
　(1)　国際化の背景・諸要因 ……………………………………………… 4
　　◆企業はなぜ海外直接投資をおこなうのか？─海外直接投資の
　　　理論─
　(2)　先行的な国際化企業 ………………………………………………… 6
3．日本経済，日本企業の国際化への歩み ……………………………… 8
　(1)　貿易構造の変化 ……………………………………………………… 8
　(2)　戦後日本企業の発展と国際化 ……………………………………… 9
　　◆米国における日本企業の現地化の意義
　(3)　ヨーロッパにおける日本企業の現地化と組織，課題 …………… 12
　(4)　中国における日本企業の投資 ……………………………………… 15
4．金融機関の国際化 ……………………………………………………… 18
　(1)　金融グローバル化の進展と銀行の海外進出 ……………………… 19
　(2)　欧米多国籍銀行のグローバル化 …………………………………… 20
　(3)　日本金融機関のグローバル化 ……………………………………… 21

II. 日本企業の国際化の急務と多様な事業モデル・先進事例 ……………… 24

1. 円高の進行と国際経営 ……………………………………………… 24
◆円高進行の経緯　◆日本企業の海外現地生産の進展

2. 日本企業の事業活動の国際化と組織と管理 ……………………… 27
(1) 事業活動の国際化 …………………………………………………… 27
◆代表的な日本企業と外国企業の間の企業買収，合弁事例ほか
(2) 多国籍事業モデルとしての総合商社 …………………………… 31
◆知られていない役割　◆三菱商事の組織図―組織体制と生活産業グループ―　◆三菱商事のKFCバリューチェーン　◆伊藤忠商事の中国展開

3. 日本企業，日本市場の国際化 ……………………………………… 41
(1) 日本企業国際化の要因 …………………………………………… 41
(2) 国際化の諸側面 …………………………………………………… 42
◆外国企業の日本市場への浸透
(3) 事業活動の国際化と企業間のグローバルな競争 ……………… 45
(4) 「現地化」遅れる日本企業 ………………………………………… 46
(5) 市場環境の変貌と日本企業の対応 ……………………………… 46

4. 先進企業国際化の事例 ……………………………………………… 47
(1) 大企業の事例 ……………………………………………………… 48
◆松下電器産業（現パナソニック）の台湾子会社，台湾パナソニック　◆シャープの海外の研究・開発拠点　◆電機産業の苦境と明暗，迫られる国際戦略の再構築
(2) 中小企業の事例 …………………………………………………… 52
◆船舶用機械の福島製作所　◆寺本鉄工（精密機械，福井市）　◆シンコー電気
(3) サービス業の国際化 ……………………………………………… 54
◆加賀谷　◆お好み焼きチェーン「道とん堀」，タイ進出　◆ワタミ　◆日本レストランシステム（NRS）

(4)　先進事例：味千ラーメンの国際化 ………………………… 57
　　　◆中国でラーメンと言えば豚骨スープ　◆本当の収穫はこれから，広がる華僑人脈の輪
　(5)　期待される寿司チェーンの国際化 …………………………… 59
　　　◆元気寿司　◆カッパクリエイト中国人留学生採用　◆スシロー81％株式を英投資ファンド・ペルミラが取得

Ⅲ．グローバル企業への途 …………………………………… 63

1．グローバル化の段階，意義 ………………………………… 63
　(1)　グローバル化の途，プロセスと日本企業のポジション …… 63
　(2)　グローバル化の諸概念 ………………………………………… 64
　(3)　グローバル化の意義と日本企業の課題 …………………… 69
　　　◆IBM社の事例―多国籍企業とグローバル企業は何が違うか？―　◆三菱自動車，プジョー・シトロエン（PSA社）提携の小史と資本提携断念の事例

2．グローバルな経営構造構築の途 …………………………… 75
　(1)　グローバル化の困難な途―米国と中国でのトラブル― …… 75
　　　◆トヨタの挫折とセンチメントな問題　◆中国でのトラブル事例　◆日本への経済制裁，97％が賛成（環球網アンケート）
　(2)　グローバル経営の構築の事例 ……………………………… 78
　　　◆仏ルノーとの融合，新段階に　◆欧米で進むEV技術の「国際標準化」争いと日産　◆EVのプロモーション
　(3)　日本企業グローバル化の多様な歩み ……………………… 82
　　　◆ヤマハ発動機　◆ヤマト運輸　◆住友電気工業　◆資生堂　◆味の素　◆キッコーマン　◆吉野家　◆モスフード　◆現地化するコンビニ　◆マキタ　◆YKK（吉田工業）　◆セブンイレブン　◆サンリオ
　(4)　日本発のコンセプトは可能か？
　　　―日清カップヌードルとAKB48― ………………………… 93
3．日本企業・日本製品グローバル化の課題 ………………… 95

(1) 日本製品のブランド化 ………………………………………… 95
　　　◆ブランドの価値　◆ラグジュアリーブランドの価値　◆高品質のほかにも売るものはある―日本らしさを活かす―
　(2) 日本ブランドの輸出 ………………………………………… 98
　　　◆資生堂，加賀屋とおもてなしの価値の可能性　◆おもてなしを売り込む星野リゾート　◆シマノのものづくりのこころ

Ⅳ．情報化と経営 …………………………………………………… 102

情報社会の出現と特色 ……………………………………………… 102
1．情報産業の発達と中核企業の登場と変遷 ……………………… 103
　(1) 情報化の進展とその背景 ……………………………………… 103
　(2) 中核企業の登場と変遷 ……………………………………… 104
　(3) 情報産業企業の戦略と事業革新 …………………………… 105
　　　◆クラウド・コンピューティング　◆クラウドとビックデータ利用のプラットフォーム
2．情報産業企業の簇生 …………………………………………… 109
　(1) インターネットの普及とビジネス機会 …………………… 109
　(2) 電子商取引，プロバイダーとパイオニア企業 …………… 109
　　　◆Yahoo ヤフー　◆Amazon.com, Inc. アマゾン　◆楽天　◆eBay Inc. イーベイ
　(3) インターネット広告とパイオニア企業 …………………… 112
　(4) Google（検索最大手企業）………………………………… .113

Ⅴ．情報革命と経営の変革 ………………………………………… 114

1．情報革命と経営 ………………………………………………… 114
　(1) 情報革命と経営効率の向上 ………………………………… 114
　(2) インターネットの発達とオフィス革命 …………………… 115
　(3) 情報革命による産業組織・事業構造の変革，
　　　SCM マネジメントの形成 ………………………………… 116
　　　◆アップル社 iTunes ソフト　◆デル・ダイレクト・モデル

　　　　　◆シスコ社 VSC モデル
　　(4)　情報革命と消費者革命 ································· 118
　2．情報革命の進化と経営・マーケティング ················ 119
　　(1)　SNS の台頭 ·· 119
　　　　　◆日本の SNS　◆グリーの戦略
　　(2)　PC と携帯の融合 ·· 122
　　(3)　経営・マーケティングの進化 ························ 123
　　　　　◆モスフードの社内 SNS　◆SNS の「ファンページ」を販売促
　　　　　進ツールとして利用　◆SNS を使ったソーシャルショッピング
　　(4)　動画共有サイトによるマーケティング ············ 125
　　　　　◆バイラル・マーケティングの効果
　3．新トレンドと企業の対応 ································· 127
　　(1)　情報化の進展と新しい事業者の登場 ··············· 127
　　　　　◆最新のマーケティングトレンド　◆オムニチャネル・コマー
　　　　　ス，O2O の取組み　◆Line の利用
　　(2)　飲食，サービスの新形態と情報化対応 ············· 130
　　　　　◆アスクル　◆ミニット・アジア・パシフィック　◆寺田倉庫
　　　　　◆オイシックス　◆ローソンの野菜宅配　◆BUYMA（バイマ）
　　(3)　流通市場激変の背景―アマゾンの攻勢，シェア拡大― ········ 134
　　　　　◆ヤマトのネットスーパーサポートサービス／医薬品卸サポー
　　　　　ト　◆医薬品ネット通販
　　(4)　サービス業のネット展開，新トレンド ············· 136
　　　　　◆ネット旅行代理，e ラーニング，ネット保険　◆「定額制配
　　　　　信」時代の到来

第2部　事業の創生，成功，存続と事業思想 ············· 139

第 2 部まえがき ··· 140

Ⅵ．イノベーション，産業構造の変革と企業の盛衰 ········ 141
　1．イノベーションと企業 ····································· 141

　　　　◆資本主義，市場競争とイノベーションの類型　◆現代のイノ
　　　　ベーター，アップル
　　2．産業構造の変革と企業の盛衰，買収・合併 143
　　　　◆企業の組織能力
　　3．事業革新の歴史―事業構造のイノベーション― 145
　　　(1)　垂直統合モデルの確立 145
　　　(2)　事業革新のマネジメント 146
　　　　◆ドラッカーの『現代の経営』と『イノベーションと企業家精
　　　　神』
　　　(3)　新しいモデルの登場―水平分業の活用とファブレス化― 148
　　　　◆日本の電気産業の垂直統合モデルの見直し　◆アップルの準
　　　　ハイブリッドモデル　◆日本企業の準垂直統合型取引関係

Ⅶ．事業革新と急成長企業 154
　1．イノベーションとベンチャーキャピタル 154
　　　(1)　ベンチャーとイノベーション 154
　　　　◆現代のイノベーションの事例
　　　(2)　ベンチャーキャピタルとリスクと理念の共有 156
　　　　◆日米ベンチャーキャピタル比較
　　2．イノベーションとベンチャー企業の事例 158
　　　(1)　アップルと革新 159
　　　　◆シリコンバレーの精神
　　　(2)　グーグルの理念 161
　　　　◆グーグル創業者から株主に宛てた異例の宣言―グーグルの創
　　　　業理念―　◆米中サイバー対決とグーグルへの疑念
　　　(3)　eBay イーベイ 164
　　　(4)　Amazon.com, Inc. アマゾン・ドット・コム 165

Ⅷ．日本の事業革新，事業思想の過去，現在 167
　事業者精神と企業家の行動特性，個性 167

目　次　ix

1．日本の事業革新の特色，背景 …………………………………… 168
  (1) 日本の事業革新を規定した背景 ………………………………… 168
  (2) 新旧思想・制度の共存，急速な近代化の帰結と敗戦 ………… 169
  (3) 熾烈な競争と革新・高成長とバブルの崩壊そして急務の
      事業革新 ……………………………………………………………… 170
2．日本企業の事業革新の諸側面 …………………………………… 172
  (1) 新旧思想の対立 …………………………………………………… 172
  (2) 商業資本の近代化 ………………………………………………… 174
      ◆創業 200 年以上の歴史の会社が 4000 社弱
  (3) 日本の事業革新の連続性 ………………………………………… 175
3．近世・近代日本の事業活動と事業革新，事業思想 …………… 176
  (1) 江戸時代 …………………………………………………………… 176
      ◆金融市場としての「堂島米会所」
  (2) 明治時代 …………………………………………………………… 178
  (3) 大規模事業の発展と事業革新―大正，昭和期の経営― ……… 179
      ◆渋沢，浅野，安田の事業思想　◆豊田喜一郎の事業思想
4．戦後日本の事業活動と事業革新 ………………………………… 182
  (1) 戦後日本の事業革新 ……………………………………………… 182
      ◆ホンダ，ソニーの事業革新　◆財閥系企業の解体，再編・強
      化と高度成長　◆セブン-イレブン，ヤマトの事業革新
  (2) バブルの崩壊と復活模索の企業経営 …………………………… 186
      ◆代表的な日本企業と外国企業の間の企業買収，合弁事例ほか
      ◆三越・伊勢丹ホールディングス，進まぬ融和　◆みずほ FG
      のシステム障害事故と経営統合の不徹底　◆セブン＆アイ・
      ホールディングス　◆日本企業を買う外資ファンドの問題ある
      投資スタンス
5．革新的事業者の資質・行動特性，思想 ………………………… 195
      ◆小倉昌男の顧客本位主義
6．再評価される事業思想と新たな事業創造の途 ………………… 198
  (1) 見直される事業精神と事業思想の問題点 ……………………… 198

(2) 日本，日本企業の異質性に対する反省と日本企業の事業革新，
　　　国際貢献の途 ………………………………………………………… 199

IX. 事業の成功・存続・復活の要因，熾烈な競争と新たな取組み …………………………………………………………… 201

1. ロングセラー商品の開発 ………………………………………… 201
    ◆おまけつきグリコ　◆リポビタンD　◆カップヌードル
    ◆リカちゃん人形
2. 好業績企業の秘密 ………………………………………………… 205
    ◆宝塚歌劇団　◆帝国ホテル　◆東京ディズニーランド，TDL
    ◆ドトールコーヒー　◆サイゼリヤ　◆ワタミ　◆ユニクロ
    ◆セブンイレブン　◆ゲオ・ホールディングス　◆ソーシャル
    ゲーム各社／ガンホー・オンライン・エンタテイメント
3. ベンチャーの成功事例 …………………………………………… 216
    ◆セコム　◆タリーズコーヒー　◆ダイソー　◆トレジャリー
    ファクトリー　◆カカクコム　◆ソフトバンク
4. 新興企業の成功理由，戦略 ……………………………………… 222
    ◆日本ブランド戦略研究所　◆クックパッド株式会社　◆学生
    企業オーシャナイズ　◆アクロディア　◆タグボート　◆あき
    んどスシロー　◆丸亀製麺　◆AZスーパーセンター　◆三洋堂
    書店　◆ZOZOTOWN
5. 老舗企業，復活企業の事例 ……………………………………… 230
    ◆セーレン　◆日本マクドナルドの復活　◆健闘する外池酒造
    店（とのいけしゅぞうてん）
6. 飲食業界の熾烈な競争環境と新たな取組み …………………… 236
    (1) 飲食業界の熾烈な競争環境 ………………………………… 236
        ◆吉野家のジレンマ
    (2) 業界業態を超える熾烈な競争 ……………………………… 237
        ◆日本マクドナルドの減益と戦略転換
    (3) 飲食業界の新たな取組み …………………………………… 239

◆中国も驚く安さで成功するサイゼリヤ　◆小僧寿し,高価格の新店

巻末参考文献 …………………………………………………… 241
索引 …………………………………………………………… 244

第1部
日本企業の直面する課題
―― 国際化,情報化と企業の対応 ――

第1部まえがき

　米国，欧州そして中国・アジアを主要な軸とする日本企業の国際化は急速に進展した。そして解決すべき課題も多いがもはや国際化のハードルを越さずに日本経済は前進することはできない。その意味で欧米企業と日本企業の国際化の歴史とその比較，そして国際化の理論を通じて得られる含意は少なくないが現状を知ることが重要である。あえて日本企業の現地化の現状と組織や戦略上の問題を紹介する所以である。

　日本企業の国際化の課題を検討するうえで避けることができないのは日本金融機関の国際化である。そして金融グローバル化の時代に国際化に最も遅れをとった日本金融機関の問題点と今後の課題について言及した。

　国際化が急務の一つの理由は，円高の進行である。また国際経済の血液の流れともいうべき国際金融とその変動は為替の急変動はのみならず，その頻発する危機により国際社会自身も管理不能であることを証明している。こうした困難に企業が対応することは容易でないがそうした困難のなかで成功している企業もある。多くの成功事例を紹介する理由は国際適応の途を見出すための材料を提供するためでもある。

　日本独特の総合商社の海外投資の在り方も一つの途であろう。また国際化，グローバル化は製造業や大企業のみならず中小企業やサービス業なども含めて日本企業が避けて通ることができない問題でありサバイバルの途でもある。ただグローバル化の途は既存の理論で解決の途が見つかるような簡単な途ではない。国際社会で日本企業が生き残るために何が必要であるのか，理論モデルと紹介事例は乗り越えられてこそ価値ある先例というべきである。

　そして「情報化と経営」では情報化とそのもたらす変化を登場する新しい事業者を中心に紹介した。ついで「情報革命と経営の変革」では情報技術を駆使した情報革命がもたらす変革，すなわちオフイス革命，新しい事業組織と事業モデルの登場，そして消費（者）革命と経営・マーケティングの変革，新しいトレンドと企業の対応など，情報技術の利用の発展と市場の激変下で競争優位を発揮し適応する多様な企業の事例を紹介した。

Ⅰ. 経営国際化の前史と日本企業の国際化の歩み

1. 経営国際化の前史―輸出中心，部分的現地化―

　国際化は日本と海外の国との間で人とモノとが双方向で交流することである。古くから相異なる国と国の間で交易がおこなわれていたが，国際間の交易が盛んにおこなわれるようになったのは近代以降であり，欧米を中心とする資本主義経済の発展が要因である。資本主義経済の発展によって人類史上，また世界交易の歴史上も比類ない大規模な交流が地球上の多くの地域間，国家間を舞台におこなわれるようになったといえる。

　交易の中心となったのは資本主義経済をいち早く確立した欧米先進諸国である。そして先進諸国の欧米はその植民地・半植民地の支配を基礎として資本主義を確立する一方，1870年代以降急速に重化学工業化を進めた。その結果，前者の工業化した先進諸国と後者の原材料・資源を供給する植民地・半植民地との関係に加えて，新興の後発国との新たな交易関係が重なり，世界貿易は工業製品の輸出国と輸入国の関係，重工業製品輸出国と後発輸入国，原材料輸出国の関係へ重層化していく。

　こうした先進国から後進国，新興国への工業製品輸出を中心とする貿易では，先進国企業が国外に駐在員事務所や支店を設立し市場拡大を画策する。はじめは国内を拠点に輸出中心の事業スタイルであった。やがて現地法人を設立し国外での販売強化のために販売，サービス業務を現地化する。業種により一様でないがノックダウン生産を開始し生産の現地化を進める企業が登場する。

　企業の管理活動の業務管理の中枢はあくまで本国である。本国の管理組織として海外事業部が設置され海外子会社を管理する。本国から製造，販売，管理のための社員が派遣され現地子会社を管理していくのが一般的なスタイルである。こうした輸出中心の段階，部分的な現地化の段階はまだ本格的な経営の国

際化の段階とはいえない。

2. 経営国際化

　輸出中心，部分的現地化の段階をへて本社と現地子会社との結びつきが強化される。また現地管理者が育成され現地と本社の人事交流が進む。そして本社の管理機能が海外子会社へ委譲されるようになる。すなわち国際化の段階である。さらに海外子会社間の業務活動の国際分業，研究開発の共同化などが進む。この段階で地域的本社機能をもつ地域の拠点会社が設置され，本社機能を分担する。多国籍化の段階である。企業によってはさらにグローバル化といえる段階へ発展する。地域を異にする社員の間に明確な企業文化が確立され本社と地域子会社との間で全社的管理の機能が共有分担される。

(1) 国際化の背景・諸要因

　企業の国際化の歩みは多数の企業があり実は一様でない。ただ企業の国際化の前提として19世紀末以降の資本主義経済の高度化，新産業の登場，第1次大戦以降の消費社会の生成，そして第2次大戦以降の消費社会の一層の発展，さらに情報化社会の出現といった経済全体の構造変化が企業と経営の国際化を進め深化させる背景・要因であったことを見過ごすことはできない。

（国際化の背景）
① 重化学工業の発展，「新産業革命」とビックビジネスの台頭，多国籍化
　世界貿易において欧米先進国の輸出品のなかで工業企業にとどまらず消費財産業，食品などの分野でも大企業の製品のウェイトが急速に高まった背景は，先進国における産業構造の高度化，重化学工業の比重の増大とあわせて，一つは自生的にまた一つは集中・合併を契機に世紀転換期以降にビックビジネスといえる大企業が欧米に誕生したことである。それらの大企業は国内市場の飽和あるいは蓄積技術・ノウハウの国外活用を動機に市場機会を求めて海外へ事業展開を進めた。ただ業界，業種，個々の企業間の差異が理由で多国籍化の歩みは一様ではない。

② 被雇用者の増大，都市化，消費社会の出現と新タイプの企業の登場

　欧米先進国で第1次産業部門以外の被雇用者が増大したこと，都市化が進行したこと，そして「消費社会」の出現が新しいタイプの大企業の出現を促した。とくに第1次世界大戦後，米国では空前の好景気が出現し中産階級の家庭には，マイカーが普及したほか，ラジオ・掃除機などの家庭電化製品が普及した。

　こうした変化は新しい消費スタイルの出現を促し，最も先行した米国で耐久消費財，流通，食品などの分野で市場機会をキャッチし成功した企業が大企業に成長した。

（海外展開の主体的要因）

　以上のように多国籍化の背景・要因は多様であるといえるが，企業が多国籍化を進める主体的要因を整理すれば以下のとおりである。
　：開発技術・資金力を国外活用
　：国内市場の飽和，海外市場の確保
　　――技術優位，ブランド優位の国外発揮　ロイヤリティの取得
　　――経営ノウハウの国外移転・展開

◆　企業はなぜ海外直接投資をおこなうのか？―海外直接投資の理論―

　外国企業は現地の企業に比べ言語，政治経済事情，法制などの面で不利である，それでもなぜ企業は海外に直接投資するのか。以下海外直接投資の発生要因を明らかにした代表的理論の概要を紹介する。
　①　レイモンド・バーノンのプロダクト・サイクル・モデル
　直接投資の発生要因を次の製品の成長段階，プロセスにより説明する。
「新製品開発段階」：所得水準が高く市場が大きい先進国（米国）で開発⇒「成熟段階」：製品の標準化が進み価格競争が生じ，米国以外の先進国への輸出，そして輸出市場での競争に対抗して直接投資がおこなわれるようになる⇒「標準化段階」：インフラの整った発展途上国へ生産拠点をシフト。最先進国はその製品の輸入国になる。
　②　J. H. ダニングの「OLIパラダイム」

海外生産をするには3つの要素が同時に満たされる必要があるとする。3つの要素とはa. 所有特殊的優位（O），b. 立地特殊的優位（L），c. 内部化優位（I）である。a. は技術や無形資産，人材などを多様な経営資源の優位性を企業が所有しているとの意味。b. は受け入れ国の資源などの優位性，c. は社内優位性をもつことである。ダニングは，これらの3つがすべて企業に備わっている場合に直接投資，すなわち現地に子会社を作って，そこで生産販売するという選択がおこなわれるとする。

もしあえてb. 立地優位がなければ輸出を選択し，c. 内部化優位がなければ子会社を作らず現地企業に技術供与しロイヤリティを受け取るなどの選択がおこなわれるとする。このように3つの要素の存否が企業にとっては戦略選択の基準になるということができる。

ところで以上の理論が該当しない産業も存在する。また近年では海外直接投資をおこなわず最初から国際的な水平分業を組織し新製品を本国と海外で同時に生産・販売する企業や世界同時的にサービスを提供する企業が出現している。以上の理論モデルが該当しない産業が存在し該当しない事業モデルが登場しているといえる。その意味で以上の理論モデルの説明力は限定的であるが，事業戦略策定上のツールとして現在でも応用可能性がないわけではない。

(2) 先行的な国際化企業

まず以下のように先行的な多国籍企業が登場してくる。いずれにしても国際化，多国籍化した企業の寿命は永くいまだに世界のトップ企業の一角を占めている企業が多い。

＊石油資源採掘企業，石油販売

　　エクソンモービル（米），ロイヤルダッチシェル（英蘭）

　　　ともにその前身の時代から産出国で資源開発，世界中で石油精製・販売。両社の商圏の拡大をめぐるその熾烈な競争が多国籍化を促進した。先進工業国の重化学工業化，そして自動車の普及などによる石炭から石油への需要構造の変化が背景にある。

＊自動車，電機・家電ほか

　　GM，フォード（米）　ともに1920年代から海外各地で現地生産。

WE（ウェスタン・エレクトリック）　日本では1899年合弁会社の日本電気（現日本電気〔NEC〕）設立ほか，先進技術を海外移転。

GE　20世紀初頭から東芝の前身である東京電気と芝浦製作所の両社に対する電球技術の供与をはじめ，先進技術を多数の国へ移転。

イーストマン（米）　1889年イギリスでも写真フィルム製造開始。

シンガー（米）　1868年イギリス工場をはじめ最も早くから海外生産を開始した。

＊食品産業

ネスレ（スイス）　アンリ・ネスレにより1866年に設立されたが，そのベビーフードの価値が国内外で認められ，1900年頃までにはスイス以外の米，英，独，スペインで工場を経営。

ユニリーバ（英蘭）　リプトン茶やマーガリン，トイレタリー用品に多くのブランドをもつ。もともと英のリーバ・ブラザースと蘭のマーガリン・ユニが合併して誕生。ネスレ同様，戦前から国際的に事業展開。

ユニリーバは前記のロイヤルダッチシェルとともにヨーロッパの代表的な多国籍企業である。1930年誕生以前からその前身の英蘭両企業の事業がともに国際化していた。国際市場での競争回避と合理化のために英蘭それぞれの両社の非公開持株会社がともに相手国の持株会社株を50％ずつ所有し（交差的所有）対等な関係を保つ形がとられている。両国のユニ社，リーバ社はそれぞれ多数の傘下企業を擁する持株会社であるが，この2つの企業集団を結びつけているのは上記の両非公開持株会社間の対等出資という関係である。

＊流通産業

ウォルマート　1962年創業。世界に6000以上店舗を有する世界最大の小売り業である。海外展開は1991年からで他産業に比べ遅れたが，米で練り上げた情報・物流システムを海外に移転し海外の流通市場に衝撃を与えている。

カルフール　1958年創業。ウォルマートに次ぐ小売り世界第2のフランス企業である。すでに1970年代から国際化し海外展開では先行する。

3. 日本経済，日本企業の国際化への歩み

　日本が世界の市場に組み込まれたのは19世紀後半である。欧米先進国が世界市場の最後の分け前の争奪のために東アジアに進出した19世紀後半，幕府は開国を迫られ，原料供給国として世界市場の一端に組み込まれた。そして明治維新を経て日本は先進諸国に追随して工業化し短期間で近代化を実現した。ただ日本の工業製品の国際競争力は低く戦前の主要な輸出品は生糸や綿布，衣料，雑貨など軽工業製品であった。

　第2次大戦前の日本で商社が国際貿易で発展した一つの理由は，自前の輸出力をもたない国内生産者に代わって商社が海外で商権を獲得しその製品販路を拡大したことがある。現在の総合商社（後出）の一半が糸へん商社といわれたのも生糸，綿糸を主要取扱品としていた経緯からである。

　戦後，日本経済が重化学工業化するとともに貿易構造も転換する。また重化学工業の大企業が出現しその輸出品が国際競争力を強めるとともに，大企業が海外で直接投資，現地生産へと事業活動を国際化した。

(1) 貿易構造の変化
（戦前・戦後の主要商社の取扱商品）

　日清戦争以前は生糸のほかに茶，米，水産物も主要な輸出品であったが，綿工業が確立すると綿織物が生糸に次ぐ輸出品としてシェアを高める。1次産品を輸出し外貨を獲得し工業化を進める新興工業国の典型的な歩みをたどったといえる。

　戦前の代表的な商社の取扱商品にそれは反映されている。すなわち三井物産の主要な輸入品は綿花と紡績機械などであり，一方輸出品は石炭，綿布であったが後者のシェアが徐々に増大していった。

　第2次大戦後も世界市場で国際企業として日本を代表するのはまず総合商社といえる。戦後，急速に日本経済が重化学工業化するとともに総合商社も貿易構造の重化学工業化に対応して大型化を進めた。「関西五綿」といわれた伊藤忠，丸紅，日本綿花，兼松，江商の鉄鋼専門商社や機械専門商社との合併・大

型化と財閥解体で分割された三菱商事，三井物産の再統合である。それは戦後の商社の主要取扱品に反映されている。すなわち輸入では原油，鉄鉱石等資源，機械のウェイトが高く，輸出では鉄鋼，輸送機械，一般機械のウェイトが高い。

（戦後の主要な輸出産業・企業）

戦後直後は繊維産業製品の輸出シェアが一時的に拡大したが，その後，1970年代までの高度経済成長期には，鉄鋼及び造船（船舶）が輸出品1位の座を維持した。1970年代～80年代になると各種の機械工業の輸出が増大する。とくに自動車産業の躍進が著しく，自動車が輸出品1位に躍り出た。

また1980年代のハイテクブームの中，エレクトロニクス製品の輸出が急増し，1990年代半ばにはトップの地位についたが，国際競争力が低下し，近年はシェアを低下させ，再び自動車にトップの座を明け渡している。

これら戦後の企業の輸出の増大の特徴は企業自ら国際市場の販路を獲得したことである。そしてその後貿易摩擦や円高に直面し，現地生産を開始する。自動車産業，家電産業は現地化のみならず進出先地域間で工程分業を進め国際分業生産体制を確立している。主要な企業は次のとおりである。

鉄鋼：新日鉄，川崎製鉄・日本鋼管（その後統合してJFE）
機械（輸送用機械，一般機械）：三菱重工，川崎重工，石川島
自動車：トヨタ，ホンダ，日産
電機・電子機器：日立，東芝，NEC
家電：ソニー，松下（パナソニック）

(2) **戦後日本企業の発展と国際化**

日本経済は戦後復興をいち早く実現し，1950年代後半からの高度成長期には輸出と旺盛な内需により奇跡的な成長を実現し先進重工業国の仲間入りを果たした。その後，70年代後半から低成長期に至ると輸出中心の売上が増大する一方，内需は低迷し蓄積された過剰な資本の投資先が土地や証券に向かう。そうした「財テク」といわれた，企業の本来の業務活動から逸脱した投機利益追求の企業行動の結末が「バブル崩壊」であった。89年約39000円に達した

日経株価指数はその後は年を追って低下した。土地・不動産神話が崩壊し，その価格の崩落の結果は，借入資金で土地，証券に投資していた多くの企業がその返済不能に陥ったばかりか，銀行金融の縮小が経済全体に負のスパイラル効果をもたらした。そして「失われた10年」ないし「失われた20年」といわれる超長期の低迷に帰結し今日に至っている。以下，1960年代以降の日本経済と国際化の歩みを簡単にたどると以下のとおりである。

(1960, 70年代—輸出中心の段階)
＊代表的な輸出産業と商社への依存
　　鉄鋼，造船業は戦後日本の代表的な製品輸出産業であるがメーカーは自社の商事部門を有するが輸出では専門商社・総合商社に大きく依存している。それは商社の商圏が世界にまたがりまた強力な商権を有するため多くのメーカーが商社に依存する構造になっていた。
鉄鋼：新日鉄　日本鋼管・川崎製鉄（両社統合しJFE）
造船：三菱重工，川崎重工，石川島播磨重工（IHI）

(1980年代—現地化の段階)
　貿易摩擦の回避と80年代後半以降の円高の定着が日本企業の海外現地生産へシフトした主要な要因である。現地生産のために自社工場新設，現地企業との合弁のほか現地企業の買収の方法がある。買収には工場設備などの資産買収のほかに企業の株式を取得し支配権を掌握する方法がある。また資本・業務提携関係の締結による現地生産もおこなわれた。
＊代表的輸出企業ほかの現地化，海外買収・合併・提携の事例
　　：81年　　鈴木自動車，いすゞ自動車がゼネラル・モーターズ（GM）と資本提携
　　：84年　　トヨタ，GMとの合弁でNUMMI社設立
　　：86年　　三井不動産，ニューヨークのエクソンビルを買収取得　富士通，フェアチャイルド社買収
　　：89年　　ソニー，コロンビア映画社買収　三菱地所，ロックフェラービル買収

（1990年代～現在―多極化の段階）

　国内経済が低迷するなかで日本企業の国際化，多極化が進んだ。その理由は外的事情にもよる。すなわち着々と進められたヨーロッパの市場統合の進展，1990年前後から進行した社会主義ブロックの解体，そしてほぼ同時に中国の改革開放政策が本格化したことである。85年プラザ合意以後の円高の持続が日本企業の対外投資を増大させたが，90年代後半以降，2000年を跨いで地域別にヨーロッパへの投資のシェアが増大した。ヨーロッパ市場の2000年代の数年間の売上成長率は米国より高くアジア地域に次ぐ。

＊代表的輸出企業ほかの現地化
　：1990年　　三菱グループ4社（商事，重工，自工，電機），独ダイムラーベンツと提携　松下，MCA社買収
　：1999年　　JT（日本タバコ）が米RJRナビスコ社から米国外たばこ事業買収
　：2006年　　日本板硝子，英ガラス大手ピルキントン社買収
　：2007年　　JTが英ギャラハー社を史上最高の2兆2530億円で買収

◆　米国における日本企業の現地化の意義

　日系企業による米国への進出の波は1980年代から本格的に始まり，1980年代後半から加速した。大企業だけでなく，中小企業の米国進出も増加した。バブル崩壊以降，進出の波は一段落したが，2004年頃から再び新規進出件数が増加した。ただ金融危機の影響で2009年以降，低下し2011年直接投資先としてアジアが第1位になり米は第2位になっている。

　ジェトロのHPによると，2011年日本の海外直接投資残高では，国別では米国がトップである。また外国企業による米直接投資総額のうち，日本のウェイトは英独につぎ上位である。雇用面でも日系企業の米雇用人口は英，独，とともに上位第2，3国の地位にある。アジアのなかで近年，中国が投資，貿易相手先として急速に成長，また中国の対米投資が増大しているが，日米関係は「最も信頼できる」（？）関係とされ，日本にとって米が依然として世界最大の市場であり今後も最重要な投資先であるといえる。

　米国の重要性は市場であるとともに最先端技術の研究や開発・製品化拠点と

して先行していることにあり，今後も研究開発投資先として最重要国である。欧州のみならず韓国，中国そしてアセアンの国々からも研究開発と製造拠点の確保のために投資が旺盛におこなわれているが，これも米国で成功することがこれらの国々の多国籍化した企業にとっても世界市場での成功の重要な鍵となるからである。

　日本企業の対米投資は80年代では主に貿易摩擦を回避する目的で直接投資がはじめられたが，2000年頃以降，先進国の対米投資が増大しているなかでその意義は変質しつつあるといえる。すなわち日本の対米投資の安定的な増大もこうした多国籍企業間の競争と無関係でないということであり，多国籍化した日本企業が世界市場での企業間競争の戦略拠点の構築のために米投資を増大させているといえる。

(3) ヨーロッパにおける日本企業の現地化と組織，課題

　2000年前後のヨーロッパ市場統合完成に先行して日本企業の現地子会社の整理統合が進行した。従来から英独仏伊西を中心に事業展開がおこなわれていたが，ロシアそして中欧市場が生産拠点として注目されるようになった。市場統合の進捗から現地子会社を国別にではなく市場ブロックごとに管理する組織統合が進められた。現在，地域統括会社の強化が課題となっている。事業機会を取り込み他社との合併・買収など迅速な経営も必要になっている。

　なお2004年欧州会社法施行により独の保険会社アリアンツは独法人の「アクティエンゲゼルシャフト」（AG）から欧州会社へ移行した。事業構造改革実現の面で日本企業にとって先行事例となるか注目された。

（日系企業の統治組織，ロケーション）

　欧州の市場統合完成に前後して日系企業の現地化が進行した。日系企業の管理機能の現地化と統治組織の変革の現状と課題を紹介する。

　（参照：ジェトロ，［PDF］欧州における日系企業の組織，ロケーション戦略の変遷と見通し http://www.jetro.go.jp/jfile/report/07000490/eurotrend_nikkei_kigyo.pdf 2011.05.17）

：欧州中間持株会社の設立

　　多くの企業が，欧州中間持株会社設立を積極的に検討するようになった。

中間持株会社の設立地としては，優遇税制のあったオランダ，ベルギーが注目を浴びた。また日系企業の設立した中間持株会社が傘下に置いた現地法人は，販売会社が多い。

：地域統括会社

　海外における事業展開が大規模化，複雑化した結果，本社において意思決定に必要な情報を吸い上げ，多様な事業環境に対応した的確な経営判断を迅速におこなうことが困難になった。また，海外事業に対応できる人材をすべての地域に派遣することも困難である。このため日本の本社機能の一部を担う地域統括会社を欧州に設立する企業が増加した。

　欧州における地域統括会社（欧州本部）の設立地としては，すでに大きな事業活動を展開しているイギリスあるいはドイツに置く企業が多いが，輸送センターであるオランダやベルギーに置く場合もある。

　製造拠点の国際的な展開が始まり，国際事業の比率が高まると，国内外の事業を切り離して運営することは，効率的でない。このため1990年代に，日系企業は，日本国内は各事業本部が担当し，国外は海外事業本部が一括して担当するという方式から，日本国内外を通して事業部制を敷く方式に徐々に変化しておこなった。事業部ごとに別々の場所に欧州本部を設立する企業もあったが，多くの企業では，各事業部を束ね，各事業部共通の機能を持つ，欧州本部を設立した。

：欧州本部のイギリス，オランダ，ベルギー集中

　イギリスに次いでオランダ，ベルギーに欧州本部が設立される傾向があるのは，国内市場が小さいものの，国際的な事業運営能力を持つ人材が比較的豊富な点にある。

：生産拠点の中欧への移動

　為替がポンド高に大きく振れたため，イギリスの製造拠点は価格競争力を失い，日系企業は次第に中・東欧地域に生産拠点を移すようになった。その主たる理由は，比較的低い人件費で比較的レベルの高い労働者を雇用できコスト競争力を強化できる点にある。

：事業組織の効率化

　EUの市場統合の進行により国別の規制が緩和され，顧客企業の欧州レベ

ルでの物流，購買，在庫機能などの統合につれ，日系企業も，各国事業における戦略を統括，調整する欧州レベルの戦略，意思決定機能が必要になり，それに対応した組織が必要になった。経営機能を統合するために近年飛躍的な発展を遂げた情報通信技術を利用することが必要になっている。
：販売の強化とバックオフィスの合理化
　販売サポート機能，バックオフィス機能などは，1カ所に集中，合理化することで規模の利益（スケールメリット）を実現することができる。バックオフィスの合理化によりコストを削減する一方で営業部隊の強化により販売を拡大することが課題である。（参照，以上，同上 pp. 8-19）

（日本企業現地化の課題）
欧州での現地化の課題をまとめると以下のとおりである。
：情報通信技術の利用　統括組織の確立
：コンプライアンス体制の確立
：間接費用の圧縮
：中・東欧諸国への投資
：制度上の障害（税制など）回避
　市場統合が進み，従来の国別組織が必ずしも必要ではなくなってきた上，情報通信技術の飛躍的発展により，サプライチェーンの運営と顧客関係の管理を統合的に集中管理することが可能かつ必要になってきている。日系企業の課題は，従来独立した組織として発展してきた販売会社，製造会社を欧州レベルで一本化し，効率のよい合理的な組織をどのように実現するかということである。
　海外子会社のコンプライアンス体制の確立も地域統括会社ないし中間持株会社の重要な役割である。米国，欧州で企業会計に絡む大型の不祥事が近年相次いだ。法制面の改正にコンプライアンス体制の確立が追い付いてないところがあった。特に買収を通じて発展してきた組織の場合，経営管理システムやさらには企業風土が異なることがある。欧州法規制について日系企業の理解が充分でない面も一因である。それだけに集中管理が一層重要であるといえる。
　市場統合の進展，情報通信技術の発展は，競争の激化を生むという側面もあ

る。さらに近年，株主利益重視が国際的に重要視されているが，欧州市場は比較的成熟しているため，間接費用の圧縮が利益増大を実現する上で重要な要素となる。

また製造拠点に関しては，労働コストが比較的安く，労働者の質が比較的高い，中・東欧諸国への投資が継続すると思われる。現在投資が集中している地域の労働力が払底し，賃金が上昇すると，投資はさらに東に向かうと予想される。

なお統合に対する制度上の障害もかなり残っている。現在 EU における事業統合に対する制度上の障害の中で最も重要なものは，税制であるといえる。EU における税制は，形式的な組織統合は支援しているが，拠点や機能の統廃合を含むような根本的なビジネス・プロセスの再編を支援するほど整備，統合されていない。このため，事業統合の際の課税が，再編の障害となる可能性がある。日系企業の欧州事業にとり，既存の組織の統合，合理化と同時に税制の障害の回避が重要な戦略的課題である。（参照，同上 pp. 25-29）

(4) 中国における日本企業の投資
（日本企業の中国進出の歴史）
（年　表）
＊中国共産党政権成立以前

1877 年（明治 10 年），三井物産が上海に最初の海外支店を開設

1893 年，横浜正金銀行が上海に支店を開設。日本企業，中国に進出開始

1895 年，日清戦争後，朝鮮半島，台湾，中国大陸への進出を本格化。商社，海運，銀行などの貿易関連企業に加えて，石炭，鉄鉱石を採掘する鉱業企業，紡績を中心として製造業にも進出

1902 年，三井物産の一部出資による上海紡績会社設立。いわゆる在華紡の嚆矢。

1912 年の辛亥革命後の軍閥時代，1918 年には，東洋紡績，大日本紡，鐘淵の三大紡が上海に進出

1931 年，満州帝国成立。満州（現東北部）において，日本企業の製造業および資源開発の投資増大

1945年，敗戦，日本企業の中国資産喪失
＊共産党政権成立後
1949年，共産党による新中国誕生。社会主義経済体制建設。
1960年頃から中ソ対立激化
1966～1976年，文化大革命による政治経済混乱
1972年，日中国交回復
1978年，改革開放路線へ転換，先進資本主義国の中国投資復活
1989年，天安門事件，中国投資停滞
1992年～，鄧小平，改革開放路線維持。中国への投資急増，高度経済成長達成
1997年，アジア経済危機の影響，日本からの投資一時低迷
2001年，世界貿易機構（WTO）に復帰（加盟）
2012年，尖閣問題。反日暴動，日系企業被害

　日本企業の対中直接投資は明治時代に始まり，中華人民共和国成立後，経済交流はとだえた。文革の収束を経て1978年，鄧小平による改革開放路線によって新しい時代が始まった。1989年の天安門事件によって，中国の改革開放路線の継続に海外から懸念がもたれたが，鄧小平は改革開放路線を続け，1993年頃から外国からの企業進出が急増した。1997年のアジア通貨危機の余波を受けて，中国への企業進出は一時的に伸び悩むが，その後現在にいたるまで，日本を含む世界各国からの中国への企業進出は活発に続いている。

（日本企業進出の事業形態）
　中国の企業形態は中国語表記で主に，次のように分類される。
　① 「独資経営」これは100％外資出資の経営である。
　② 「合資経営」これは「合弁企業（Joint Ventures）」による経営である。
　③ 「合作経営」
　③は合弁企業の一形態ともいえるが，利益配分，債務分担，清算時の財産帰属など重要事項を契約により決めておく。資本を海外資本が出資し土地など資源を中国側が出資することが多い。以上の3種の企業形態を「三資企業」と

いう。

　開放政策が始まったばかりの当初の80年代前半には,「合作経営」すなわち契約型合弁企業によるものが主流を占めた。80年代後半になると,「合資経営」すなわち合弁企業による経営が主要な形態となり,その中でも外国資本の出資割合が次第に高まった。そして,90年代になると「独資経営」すなわち100％外資による経営のシェアが増加した。

　日本の対中企業進出の進出形態についても,合弁と合作企業が比較的に多かったが90年代以降,独資形態が可能になり増えている。

(日本企業の進出業種)

　進出業種については,繊維,電機,機械産業への直接投資が多い。件数では改革開放当初は繊維が多かったが,その後金額面ではその比重は低下し電機,機械が増大した。また1990年代中期から輸送機械(自動車ほか)の投資が増大し始め,2000年代から飛躍的に増大しその件数,金額ともに突出している。

　非製造業分野では同じく当初はホテル,観光業の投資シェアが高かったが,その後不動産,商業,サービス業,さらに金融・保険業の投資件数が増大し,その投資額も安定的に増加している。製造業に牽引されてこれら非製造業の投資が増大した。

(日本企業の進出地域の多様化とその理由)

　進出先地域については,他の投資国からの投資と同様,沿岸部あるいは長江下流に集中している。その理由は,これまでの日本企業の進出では,輸出志向のコストダウンを目的とする産業分野が多かったからである。沿岸部の地方政府は優遇策によって企業誘致に力をいれ,外国企業のため多くの工業団地が設置された。ただ内陸部から労働力が十分に供給される限り,沿岸部を選択することは問題がなかったが,現在では労働コストが上昇し労働力の確保が困難になりつつある。

　中国を世界の工場とみなす進出の場合は,低賃金労働の確保と交通海運の便宜が重要であるが,国内市場向けの生産の場合は,中産階級が拡大しつつある沿岸地域の都市部が進出先となる。そして中国経済の発展が地域的に広がるに

つれ、日系企業も含めて、外国企業は中国全土への進出先を分散する方向が考えられる。

　なお進出地域が多様化する原因の一つは進出企業の業種の多様化のためである。また大企業のみならず中小企業の進出も増大している。華南では先行自動車メーカーを追って自動車部品メーカーなどの中小製造業が進出しクラスター化を進めている。山東などでは食品メーカーや商社系の日本向け食品工場が増大した。また日系百貨店や日系コンビニなどの流通企業は各地の省都級の大都市で展開を進めている。

　進出理由も多様化している。中国の低賃金労働力を利用することは多国籍化した日本企業にとっては国際競争力強化のためであった。今やその生産拠点が輸出拠点から中国国内の成長市場攻略のための戦略拠点に性格を変えつつある。そのため販売施設への投資も増大した。また日本国内の事情、すなわち成熟化や人口減少、老齢化による低成長も進出の理由の一つである。他方中国経済の成長が多様な日本企業に事業機会を提供しているからである。食品メーカーや流通のGMSやコンビニ、またフランチャイズ方式の飲食サービス業など、日本で培った製品技術、ブランドや日本のビジネスノウハウを中国で展開するビジネスモデルの海外展開も進んでいる。

4. 金融機関の国際化

　銀行業の多国籍化の根拠の説明として一つは多国籍企業論の理論が援用され、また顧客企業の多国籍化という先行事実や進出先の金融規制の緩和等の制度面がその根拠として説明されてきた。いずれにしても先進国の銀行は蓄積資本を海外運用し、またグローバルな資金取引をおこなうことで確かにコストを削減し、リスクを軽減することができる。また銀行間の競争も海外展開が進められる要因でもあるといえる。さらに現在海外拠点の選別・再編成が進行しているのは効率的なグローバル投資のためであるといえる。

　なお銀行以外に欧米先進諸国の保険会社、証券会社の活動も多国籍化している。他方、日本の金融機関は銀行をはじめ保険、証券分野も投資面では国際化しているが、リテール部門ではほとんど国際化していない。国内に限っても海

外の金融機関にマーケットを奪われているのが現実であり競争力が低いのが現実である。

　以上のように金融機関のグローバル化の要因としては国境を超える経済内的な要因ばかりではなく国々の金融規制等の制度的な要因により制約されている面があるといえる。これとは別にタイの金融危機に発する 1997 年のアジア金融危機のように，海外のファンドなどの投資会社による投機的な資本取引が複数の途上国の金融危機を招来したが，このような国境を超える資本の運動が結果として暴力的に国家を超える金融的な調整と一元化を進行させた面があることもグローバル化の否定できない事実である。今後もそうした危機の可能性を否定できない。米国の金融危機や南欧の金融危機が世界的なパニックとして拡散したように，1 国，1 地域の金融危機が大なり小なり世界的な金融危機として波及する速度はますます速くなっているのも現実である。世界資本主義としての一体化が金融のグローバル化と平行して進行していることを反映しているということができる。

(1) 金融グローバル化の進展と銀行の海外進出

　金融機関のグローバル化，多国籍銀行の出現には現在まで 3 つの波動の歴史がある。第 1 の波はイギリスのマーチャント・バンク，植民地銀行，海外銀行の出現に始まる。すなわちイギリスの覇権の下で近代資本主義が確立し，これらの銀行がロンドン，パリ，フランクフルト，そしてニューヨークなど活動拠点を結ぶことでネットワークを構築し，それをベースにポンド体制とよばれる国際信用制度が成立した。その後，独仏そして米の銀行の海外進出が積極的に展開された。多国籍銀行活動の「第 1 の波」である。

　多国籍銀行の興隆の「第 2 の波」は第 2 次大戦後のアメリカ商業銀行を中心とする多国籍化の活発化である。次いで 1990 年代に入り，社会主義ブロックの崩壊，中国の改革開放政策の本格化にともない，エマージング市場経済と呼ばれるラテン・アメリカ，中東欧，アジアの新興諸国に先進国多国籍銀行が精力的に進出するようになった。かくして多国籍銀行活動の「第 3 の波」が押し寄せている。またその特徴はリテール業を積極的に展開していることである。

　さて，1990 年代半ば以降，21 世紀型と呼ばれる国際金融危機が頻発した。

そして危機に見舞われたエマージング市場では，金融制度の再建が喫緊の課題となった。そのため，金融自由化を推し進めて海外金融機関の支援を得ようとした。この結果1990年代以降の欧米金融セクターの直接投資ないしクロスボーダーM&Aの増加につながり，金融機関の巨大化がいっそう進んだ。（参照，川本明人『多国籍銀行論─銀行のグローバル・ネットワーク─』ミネルヴァ書房，1995年7月）

ところが2006年サブプライム問題を発端とする米金融危機，2008年リーマンブラザーズの経営破綻など米国発の金融危機，さらに2011，12年EUの南欧諸国の財政破綻から発した金融危機は欧米の多国籍銀行，日本の金融機関の財務内容を悪化させ，直近ではその旺盛な海外活動は休止している。

(2) 欧米多国籍銀行のグローバル化
（欧米多国籍銀行のM&Aと業務展開）

アメリカ国内において大規模なM&Aを繰り返してメガバンクとして誕生したのがJPモルガン・チェースである。世界最大の多国籍銀行として位置づけられている。また業務のグローバル化が最も進んでいるのは，シティバンクをもつシティグループである。同行の最近のホームページでは100カ国以上で業務を展開し，2億人の顧客を持つ世界最大の多国籍銀行として位置づけられている。後に紹介するように日本でも他の外資銀行に先行しM&Aにより証券部門を取得し外為，リテイリング業務そして証券業務でも支持をえている（その後三井フィナンシアルグループへ売却）。

ドイツではドレスナー銀行，ドイツ銀行，またイギリスのHSBC（香港上海銀行）などが代表的な多国籍銀行である。HSBCは，持株会社HSBCホールディングのもとに，各国の傘下主要銀行が自主性をもちながら子会社として組織されているのが特徴である。

＊多国籍銀行の新たな展開─多国籍リテール業─

国際金融市場はグローバル化が一段と進み，金融資産が累積するとともに国際的な資本移動が活発におこなわれている。投機的な資本取引も加速し，金融通貨危機も頻発するようになった。こうした市場が多国籍銀行の活動舞台でもある。そして途上国ではこうした危機に見舞われた国内経済の再建の

ため，外国資本に頼ることが従来にも増して多くなっている。その結果，従来展開が困難であったローカルな個人や中小企業を対象とする融資や金融商品の提供，ビジネスローンなどのリテール業務にも多国籍銀行の進出が進んでいる。

すなわちヨーロッパ（中東欧）では，オーストリア，イタリア，ベルギー，フランス，ドイツというヨーロッパ主要国の金融セクターによる直接投資が展開されている。他方，アジアではもともと香港やシンガポールなどオフショア金融センターとして機能してきた国・地域では，外国銀行の直接投資が多い。そして1997年のアジア通貨危機後，金融再建の過程で，韓国をはじめ金融制度改革や自由化によって外国金融機関に市場開放を進めた。

このように今日の金融のグローバル化においては主要先進国の多国籍銀行が，国際的な銀行間貸付を中心とするホールセール取引ばかりでなく，海外進出先でのリテール業にも乗り出していることが大きな特徴である。これは欧米の主要多国籍銀行が業務を多様化し，消費者金融やカード業務，さらにはプライベート・バンキングなど個人相手のリテール業を内外において重視してきていることが背景にある。

それは多国籍銀行が現地通貨を用いて業務を展開しているということである。進出した外国銀行は現地での預金をベースにして貸付をおこなうことで現地でのリテール業務を完結する方向をとるようになる。国際銀行業が「インターナショナル・バンキング」から「グローバル・バンキング」へとシフトしてきたということもできる。もとより「ローカル化」と言っても銀行業務が現地に埋没することではなく，常に多国籍銀行によるグローバル戦略の一環として展開されているということである。

(3) 日本金融機関のグローバル化

日本の金融機関の多国籍化は以下の段階をへて進行した。すなわち第1段階は1970年代に日本企業の海外進出を追って外為業務と現地日系企業へファイナンスを提供した。第2段階は80年代にバブル資産を背景に日本企業のみならず世界企業にコマーシャル・バンキングサービスを提供。また日系証券会社は日本の成長株，ソニー，NEC，京セラ，イトーヨーカ堂などの証券を海外投

資家に販売し欧米証券市場で産業資金を調達した。90年代のバブル崩壊後，海外展開は低迷している。今後の課題は非日系企業，コマーシャルバンキングの顧客獲得であるが特に成長力の高いアジア市場が有望とされる。

　国際化が求められる理由は国内にとどまっていては成長できないこと，アジアでのプロジェクト・ファイナンスニーズは大きく成長機会があることである。ちなみに日本の金融機関は約1500兆円の金融資産を有し高い金融サービスを提供するビジネスノウハウを有する。また長寿社会・日本が安定的な海外債権のリターンを確保するうえで金融のメカニズムが期待されるところでもある。

　一方日本の金融市場の国際化については次節Ⅱ.3.において後述するように90年代末以降の「金融ビックバン」により日本の金融市場の開放が進められ，欧米金融機関が大挙，日本の金融市場へ参入し，高い競争力を発揮している。また同時期に日本の金融機関の歴史的な再編成が進められた一方で，ヨーロッパ，アジアでも同じく金融市場の開放が進められた。こうした世界金融市場の構造的な国際化の波のなかで日本金融機関のグローバル化はまさに待ったなしの状況であるといえる。

（日本金融機関グローバル化の課題）
　安田教授によればバブル崩壊後，日本金融機関が「眠っている間」に世界のマーケットは大きく変質した。日本の金融機関が現代の金融グローバル化の時代に成長するためには以下のMARSのモデルに挑戦することであるという。すなわち，
- 事業リスクをとるマーチャント・バンク（MB）
- 現地の顧客を相手とするリテール・バンキング（RB）
- 各地拠点をつなぐアセット・マネジメントとシステム・サービス（AM, SB）

① マーチャント・バンクモデル＝事業リスクをとるビジネス・モデル
　対象企業に投資し金融機関の機能を発揮して企業価値をあげ，最終的には上場や売却によりキャピタルゲインを得る。ゴールドマンサックス，JPモルガンではMBで高収益をあげている。不良債権処理，企業再生の経験を生かし

て海外でMBを進めるべきである。

② アセット・マネジメント

巨額の金融資産を有する日本にとって大きな意味をもつが，日本に世界のトップテンに入る資産運用会社はない。国内証券に偏っており，グローバル市場でAMをおこなえるか，これからである。

③ リテール・バンキング

シティバンクを筆頭にグローバル・テンに入る世界の金融機関には海外のRBで大きな利益をあげている機関が多い。HSBCもRBで安定収入を得ている銀行である。RBは国内業務という日本の銀行のスタンスは誤りである。

日本の保険会社は運用面では国際化したが保険販売自体は国内中心である。AIGやプルデンシャルと比べると現地化が遅れている。

④ システム・バンキング・サービス

グローバルな金融網を結ぶインフラはシステムであり，競争力の条件や収益源にもなっている。

（参照：安田隆二「日本の金融機関はグローバリゼーション3.0に挑戦できるか」『季刊政策・経営研究』vol. 3, 三菱UFJリサーチ＆コンサルティング，2008年）

Ⅱ. 日本企業の国際化の急務と多様な事業モデル・先進事例

1. 円高の進行と国際経営

（円高の進行と急務の国際化）

　2011年3月11日，東北大震災と津波が東日本を襲った。1923年の関東大震災以来最大の被害を受ける。農業漁業の被害が甚大であるばかりか，工業面では多くの企業のサプライチェーンが寸断された結果，部品の確保ができず生産の停止に追い込まれた。

　大震災による直接・間接の被害のため多くの企業が損害を受けた。新聞各社の報道によると上場企業の約3分の1の1135社が工場などに直接被害を受けた。東京電力，JR東日本，日立製作所など特に被害の規模が甚大な企業である。直近の平成23年3月決算に直接の被害額が計上されているが，被害の全貌が計上されるのは24年3月決算になろう。他にも多くの企業が被害をうけた。また大震災による間接的な経済的損害や悪影響ははかりしれない。問題はにもかかわらず円高が進行していることである。

　少なくともこうした日本経済の状況だけからは円高が進行する状況ではない。短期的には保険会社などが保険金の支払いに備えて円資金の確保のために円買いに走ることが予想された。投機的資金がこれに便乗したためだともいわれる。ただ急速に円高が進行し円安に戻らない理由は短期的・投機的要因だけではない。為替の変動は基本的には経済的な要因と予測によって影響を受ける。すなわち短期的・投機的要因と中長期的要因としての国際間の経済力・成長性格差，金利差，政財政の安定性などの要因の変化予測である。

　円が長期的に上昇してきたのは日本と諸外国との経済力，特に輸出競争力の差異が要因である。日本企業が外貨残高，対外資産を膨張させる一方，米国の

対外債務が 2010 年現在 13 兆ドルを超えるのをはじめドイツを除く先進国は対外債務を増大させている。こうした国際間の不均衡を是正するのが為替レートによる調整である。戦後の為替変動の歴史を概略した。

◆ 円高進行の経緯

・1949-1971 年 8 月　1 ドル＝ 360 円の固定レート。71 年 8 月，ドル・金交換停止へ。
・1971-1973 年前半　1 ドル＝ 308 円。
・1973 年 2 月　主要国変動相場制へ移行。260 円台まで進行。その後 300 円近辺にもどり 76 年末まで安定。
・1977-1978 年末　300 円近辺から急伸し一時 180 円突破。
・1978 年末 -1985 年　200-250 円で推移。
・1985-1988 年末　85 年秋，プラザ合意（先進 5 カ国蔵相，為替レート調整によるドル高是正に合意）後，円高急進 160 円突破，120 円台まで上昇。
・1989-1990 年初頭　円安進行，160 円付近まで下落。
・1990-1995 年 4 月　超円高進行，95 年 4 月 80 円割れ。
・1995-1998 年夏　147 円台まで下落。
・1998 年秋 -2000 年　103 円台まで上昇。
・2001-2004 年　130 円台に下落後再び 100 円付近まで上昇。
・2004-2007 年夏　円安傾向へ，124 円台記録。
・2007 年秋 -2008 年　120 円台から 95 円台へ上昇，2008 年 100 円台に下落後，再び漸進的な円高に 87 円台まで上昇。
・2009-2010 年　80 円台前半で推移。10 月 70 円台突入。
・2011 年 3 月 11 日大震災後 76 円台突入，8 月 19 日 NY 市場で 75 円台突入。以後 76 円台定着。
・2012 年 12 月安倍政権誕生後，円安進行。2013 年 4 月，90 ～ 96 円台に定着。5 月，100 円台。

このように円安（ドル高）に戻すことも何度もあった。最近では 95 年以降と 2001 年以降の 2 度，バブル崩壊後の景気低迷，低金利（ゼロ金利）などの

状況が要因であった。また2012年末の総選挙で安倍自民党の圧勝後，円安傾向が定着しようとしている。ただ長期的には円高の方向であったし，また今後100円台から大きく円安化することもないとみられる。いずれにしても急速に逆方向に進行するのが為替変動の特色である。

円高は輸出企業（海外売上比率の高い企業）にとっては対応が困難な深刻な問題である。円高を販売価格に転嫁することは価格競争力の低下につながるためできない。例えば自動車や家電などの従来，日本企業が高い国際競争力を有した部門もドイツ企業や新興の韓国企業との厳しい競争にさらされているからである。特にドイツ企業はユーロ安で，韓国企業はウォン安，そして米韓間FTA（自由貿易協定）を発効させ急速に競争力を強化している。このため日本企業は生産コストを削減するために一層の海外生産が避けられなくなっている。

急速な円高に対して対応策が急務になっている。短期的な対策として為替予約や為替先物の利用があるが，中長期的には海外現地生産の一層の進展が避けられない。すでに日本の輸出企業は欧米先進国での現地生産を1970年代から本格化してきた。また部品の海外生産比率を向上させてきた。海外での合弁生産も広範におこなわれている。ただ円高が進行しているなかで自動車産業などは完成品組み立てメーカーだけでなく部品工業を含む産業全体の一層の現地化が必要になっているといえる。今，日本企業が国際市場で存続していくためには研究開発力を高めることはもちろん産業全体の一層の海外生産の進展と同時に部品の地球レベルでの調達を実現するグローバル適合ないし国際分業構造の構築，そしてグローバルな販売体制の構築を進めていかなければならない。

◆ 日本企業の海外現地生産の進展

以下海外現地生産進展の主要な段階別に主要産業・企業とその現地化の背景・理由を略述した。
・1970年代後半から欧米先進国での現地生産本格化
　：輸出一辺倒から欧米先進国で製品の現地生産へ　経済摩擦対策　為替対策
　　　Ex. ホンダ，トヨタ，日産ほか
　　　自動車関連部品工業，自動車関連製品　ex. ブリヂストン
　　　その他　松下，ソニー等家電産業

：部品生産基地をアジア，南米他に多極化　コスト対策　国際分業構築
　　設計・先進技術の開発―先進国
　　ローテク技術・部品の開発，生産―発展途上国
　　⇒現地生産拠点で組立
　　⇒製品販売：世界各地　円高対応
　　　現在，日本に部品輸出，日本で組立も
　　"Made in Japan" 表記の意味の変容
　　⇒ Ex. "Manufactured in Thailand, assembled in Japan" の意味に
・2000 年以降　日系自動車，同部品メーカー　中国進出本格化
・2009 年日産，タイでマーチの生産開始（日本国内生産を移管）　グローバル適合化

2．日本企業の事業活動の国際化と組織と管理

(1) 事業活動の国際化

　事業活動の国際化は一般に次のように進行する。製品を海外に輸出するだけであれば国際化とは言わない。製造業であれば，1) 生産拠点の海外移転，2) 売上に占める海外依存度の上昇，3) 営業利益の海外依存度の上昇，4) 海外で得た利益の現地再投資，5) 雇用の国際化，6) 外国人持株比率の上昇。
　近年自動車産業や家電産業は生産拠点の海外移転が顕著であるが，それにともない海外生産比率が上昇する一方で，海外で生産される製品の逆輸入や部品として組立てるための輸入が増大している。また現地法人の生産拡大にともない日本の中間財の輸出も増大している。国際化が進行すると，雇用面では海外現地法人での雇用の増加と国内外で国籍を問わない人材の登用が進むが，後者の面では日本企業は最も遅れている。外国人が取締役社長に就任した日本企業はソニー，日本板硝子，日産自動車，市光工業，オリンパスなど限られている。
　なおオリンパス社長のウッドワード氏が就任半年余りで 2011 年 10 月解任された。取締役内の対立のためであったが，真相は氏が過去の海外買収案件にからむ不正を追及したことが対立の原因であった。後日その不正が判明し金融商

品取引法違反（有価証券報告書の虚偽記載）で元役員が起訴された。買収案件が不正に利用されたことは国際化時代を象徴している。いずれにしても企業統治の再建が今後の課題とされ内外から注目されている。

　2010年，日本は国内総生産（GDP）で中国に抜かれた。中国はすでにテレビなど家電や自動車で世界最大の工場であり消費地でもある。また中国のみならずインド，インドネシアなど新興国の成長が著しい。新興国間のモノやサービスの取引高はすでに先進国間のそれを上回る。一方，2010年の日本のGDPの世界のGDPに占める比率はその最も高かった1995年の約3分の1となった。この間の日本経済停滞の結果である。したがって今後，日本企業が生き残っていくためには海外，特に成長著しいアジアに軸足を移しその活力を取り込んでいくしかない。国際化は至上命題といえる。

（日本企業のM&A事例）
　既存の企業を買収すること（企業買収・合併，M&A）により「時間を買う」ことも企業成長の一つの方法である。M&Aには大規模化や市場の確保，ブランドの取得による経済効果やシナジー（相乗効果），そして競争制限の効果などがある。ただ規模の経済が実現されず統合が莫大な負のコストをもたらすことがある。そのため買収合併に際し正の効果と負のコストを考量することが前提になるのはいうまでもない。成功した買収・合併がある一方で，後日買収・合併が解消されたり統合が進捗しない，いわば失敗した買収・合併といえる事例が数多くあるのも事実である。

◆　**代表的な日本企業と外国企業の間の企業買収，合弁事例ほか**
　1985年，日本は世界最大の貿易黒字国になった。70年代以降先進経済諸国の経済が低迷する一方で日本企業の輸出競争力がむしろ強化され，貿易摩擦や経済摩擦が政治的摩擦・対立として現実化した。80年代以降の日本企業の海外現地生産の増大や外国企業の買収・合併，合弁が増大したのはこうした背景・理由からである。また85年秋プラザ合意以降，為替相場が円高ドル安に転じたことも日本企業の海外展開を加速化した。

　ただ90年代に入るとその勢いも衰え，95年には松下，三菱地所は高額で買

収した会社，資産の売却を相次いで発表したように海外事業戦略の一貫性の欠如を露呈した。他方，後述するようにバブルが崩壊した90年代になると外国企業による日本企業の株式買収が増大した。金融・保険，厚生行政の規制緩和にともない日本企業の買収や市場参入がめだった製薬，金融・保険企業以外でも不動産，サービス，小売り部門で外資が日本市場に登場した。

＊代表的な日本企業と外国企業の間の企業買収，合弁事例ほか

- 1984　三菱自動車，米クライスラー社と合弁
  - トヨタ，米GMの合弁でNUMMI社設立
  - NKKが米ナショナルスチール社買収
- 1986　三井不動産，ニューヨークのエクソンビル取得
  - 富士通，フェアチャイルド社買収
- 1988　セゾングループがインターコンチネンタルホテルを買収
- 1989　ソニー，コロンビア映画社買収
  - 三菱地所がロックフェラービルを買収
- 1990　三菱グループ4社，独ダイムラーベンツ社と提携
  - 松下，MCA社を買収
- 1991　イトーヨーカ堂グループがサウスランド社を買収
  - 東芝と伊藤忠，タイム・ワーナー社に資本参加
- 1995　松下，MCA社売却を発表
  - 三菱地所，ロックフェラーセンタービルの大半の売却を発表
- 1996　フォード社，マツダの経営に参画
- 1999　ルノーが日産自動車と提携
- 2000　長期信用銀行，米投資会社リップルウッドらに売却され「新生銀行」に名称変更
- 2004　ソフトバンクがリップルウッド社から日本テレコムを買収
  - 中国のレノボ社，IBMのパソコン事業買収
- 2005　米プルデンシャル生命があおば生命を吸収合併
- 2006　東芝が米ウェスティングハウス社を買収
  - 日本板硝子が英ガラス大手ビルキントンを買収
  - ソフトバンクが日本ボーダフォンを買収

2007　JTが英ギャラハーを買収
2008　米シティが日興コーディアルグループを吸収合併，日興シティHD誕生
2010　レナウン，中国・山東如意科技集団の傘下入りが決定
2011　武田薬品，スイスのナイコメッドを買収

以下の個々の事例をつうじM&Aの多様な目的，また問題点について紹介する。

・日本電産

　同社はハードディスク用，家電・産業用，自動車用，電子・光学部品用，機器装置用の専門モーターで売上世界一である。1973年創業の同社は今年までに買収したのは30件。1998年に東芝の源流をくむ芝浦製作所のモーター事業，03年には三協精機製作所，06年には仏ヴァレオの車載モーター事業を買収した。10年には米エマソン・エレクトリックのモーター事業を買収。エマソンは顧客に世界の家電大手が名を連ねる優良企業であり，同社の販路を一挙に拡大する戦略的意味のある買収である。

・JT（日本たばこ産業）

　JTの組織は二元的といえる。同社はスイス・ジュネーブに「世界本社」を持つ。JTインタナショナル（JTI）である。JTは1999年1兆円近くを投じ米RJRナビスコ社海外たばこ部門を買収。また2007年には約2兆2530億円を投じ英ギャラハー社を買収した。販売シェア世界第3位となった。実は上記JTの母体は前RJRナビスコ社海外たばこ部門である。そしてギャラハーの買収を主導したのはJITである。JTは海外事業の運営のノウハウがなくJTIに大幅に権限を委譲してきた。JTIの執行役員17人のうち日本人はわずか2名である。

　JTの2009年3月期の海外売上高は3兆2000億円で全体の売上高6兆8000億円の47％を占める。利益でも同じく海外部門が貢献しており，JTのグローバル市場での成否はJTIの肩にかかっているといえる。

：買収に疑問符

　同社の前身は1985年に民営化された日本専売公社である。民営化後，国

内企業を買収し，清涼飲料，食品，医薬，バイオの分野に進出し多角化を図ってきた。経常利益も毎年1000億円以上を超える優良企業である。

それが脱たばこではなく，たばこへの回帰ともいえる海外でのたばこ企業買収である。しかも上記のように莫大な買収金額である。いまや嫌煙運動が世界の潮流となっているなかでJTの買収は潮流に逆行する動きである。RJRナビスコやギャラハーにとってはJTの買収は「渡りに船」ともいえる。同社が欣喜雀躍する様が想像されてやまない。RJRナビスコ社は米国で数々のたばこ健康被害訴訟で敗訴している。その流れは欧州，日本にもいずれは押し寄せるであろう。先進国市場での落ち込みを健康意識の低い地域・国での売り上げで挽回しようという目論見が露骨に見える。

JTは国（財務大臣）が株式の50％超所有する特殊会社である。健康に有害な製品を国家ぐるみで海外で販売することが倫理的に問われないだろうか。

・第一三共製薬，インド・ジャンバクシー製薬買収

2008年に約5000億円で買収。先進国での市場成長率が3〜6％にとどまるのに対し新興国市場の成長率は14〜17％の成長が見込まれる。収益拡大には新興国の市場開拓が見込まれる。ジャンバクシー買収は戦略投資である。

・日本板硝子，買収した英ピルキントンからチェンバース社長招聘

経営のグローバル化を担う人材が日本板硝子側に不足していたためである。取締役会メンバー中，社外取締役を除く8人中4人がピルキントン出身。ただその後チェンバース氏は家庭の事情からわずか1年で退任する。急きょ人選を進め米化学大手デュポン副社長のクレイグ・ネイラー氏を社長に招聘する。これは日本板硝子がグローバル化を強く志向することを表しているが，準備不足を露呈したともいえる事件であった。

(2) **多国籍事業モデルとしての総合商社**

2011年3月決算の好業績企業純利益トップ25社に総合商社5社（三菱商事，三井物産，住友商事，伊藤忠，丸紅，）がランク入りしている。多くの企業が業績悪化するなかでなぜ商社なのか。その理由の一つは資源価格の高騰で

ある。三菱商事が過去最高の4632億円の純利益をあげたのもその7割を資源・エネルギー分野が稼ぎだしたものだ。資源価格が暴落し利益が急減した2008年9月のリーマンショック後とは対照的である。

ただ商社は資源・エネルギーにのみ依存していると見るのは誤りである。「ラーメンからミサイルまで」といわれるように取扱商品の幅が広いこと，また近年，非資源分野への投融資額の増加率は資源・エネルギー分野を大きく凌いでいる。商社が仲介機能中心の事業モデルから事業投資を中心とした事業モデルに転換しようとしているということがいえる。

総合商社を多国籍企業のモデルとして注目する理由は商社が従来の仲介機能中心の事業モデルから事業投資モデルに転換しようとしていること，また企業の企業たる所以の多様な事業機能を担い多様な種類の事業を展開するその担い手であること，しかもこうした事業活動が国際的に展開されているからである。

（総合商社の役割）

明治以来第2次大戦の敗戦後の財閥解体まで，日本の代表的輸出品であった生糸，衣料，雑貨などの海外での販売はほとんど財閥系商社をはじめとする輸出商社に依存していた。戦後，重化学工業化の進展と企業自身による海外販売経路の構築にともない商社不要論ないし商社斜陽論が唱えられることもあった。しかし現在でも商社が高収益をあげている事実自体が商社の存在理由を証明しているといえる。商社不要論の一つの論拠は商社の役割を貿易のみであると捉えていた点にある。商社が高収益をあげているのは時代のニーズにあわせて貿易以外のその多様な機能を発揮してきたためといえる。いいかえれば商社は貿易のみならず以下の4つの役割を果たしてニーズに応えてきたといえるが，改めて認められなければならない大きな役割である。

① 取引機能

総合商社の主な事業は輸出入貿易である。取引にともなう物流（輸送・通関・加工・在庫）や保険，法務，そして後述の金融・為替などのサービスも提供する。

② 投資，金融機能

取引先に対し資金を融通する。最近ではベンチャーにリスクマネー提供するベンチャーキャピタル機能，あるいは合併・買収に関わる機能を提供するなど拡大している（なお金融上の役割は取引を通じて企業の信用度と財務内容を銀行よりも詳しく知っているから生ずる機能であり，企業を支配する手段にもなる）。

③ オーガナイザー機能

プラント商談や資源開発など大型プロジェクトに際し多数のメーカーや建設会社などの関連企業を組職化し，また製品の販売先を開拓するなどの機能である。

④ 情報機能

世界各地の広範多岐にわたる情報を収集・分析し事業活動推進に活用している。これらの情報は顧客に提供され顧客のビジネス推進や業績向上に寄与している。

以上のほかに特にリスクマネジメント機能，すなわち大型プロジェクトやベンチャーなどリスクマネジメントが求められる事業について豊富な経営資源を活用してリスクを最小化する機能，また事業開発機能すなわち新商品・サービスの事業化を支援・育成する機能について指摘されることも多い。

商社が世界を舞台に貿易取引を軸にこうした機能を発揮し，もろもろのニーズを探し出し供給と結び付けてきた役割は依然として重要である。これらの機能をつうじて商圏を拡大していることは依然として注目すべきである。同時に総合商社の経済機能の重点が伝統的な単なる仲介機能から新たな機能にシフトしていることも見逃せない。すなわち手数料取引に従事する単純な仲介事業からリスクを取りより多くの利益を獲得しようとする資本の機能の強化である。事業経営に自ら主体として関与することで利益を創出しようとする産業資本としての機能が強化されているということである。

◆ 知られていない役割

しかしこうした機能の遂行は必ずしも十分に知られていないのも事実である。上場企業であれば株式の所有状況から商社が大株主であれば商社が事業主体として関わっていることはほぼ明白であろう。ただ上場企業であっても三菱

や三井の冠名がついてなければ三菱系や三井系の会社と見られることは少ないし，知られていない企業も多い。例えば三菱商事が2011年現在日本ケンタッキーフライドチキン（東証2部上場）の株式の65％を所有する親会社であることや同じくローソン（東証1部上場）の株式を32%所有する支配企業であることは余り知られていない。このように総合商社が大株主として，事実上事業主体となっている企業は多いが知られていないことが多い。

　また商社が事業主体としての機能を果たしていても上場されていなければ商社の姿が知られることも少ない。しかし商社の産業資本的機能への傾斜は産業会社へのその投融資の増大やそのウェイトの上昇に反映される。現に既述のような資源・エネルギー部門以外への投融資の増加にも如実に示されている。その結果，総合商社が国内外で多様なネットワークを構成し，多様な取引・業務を総合的に統合・遂行する大規模な企業集団となり，そして組織形態としては事業持株会社や投資会社の機能を有する総合商社本社が傘下の多数のグループ企業の中枢機能ないし統括機能を果たしているということができる。

（事業投資の組織とマネジメントの手法）

　資源・エネルギー部門中心の事業活動からそれ以外の事業部門の強化は事業モデルの転換をともなう。そして事業モデルの転換にともなって管理機構の改革がおこなわれたということができる。すなわち1990年代にソニーを筆頭にカンパニー制を採用する企業が増えると，三菱商事，住友商事，伊藤忠などもカンパニー制が導入された。相異なる事業部門を擬似的な会社組織「カンパニー」として再編し，本社である統合本部に擬似的な持株会社機能をもたせROE（自己資本利益率）などを業績指標として管理するカンパニー制である。

　住友商事では多様化した事業，カンパニーの管理のため，事業の収益力に対しリスクアセット（事業投資）が過大であれば整理・処分するという退出ルールを明確化しリスク管理と連動させた。こうした制度改革は1990年代後期以降の業績低迷が理由である。業績が悪化しリストラに立ち遅れた総合商社下位4社（兼松，ニチメン，日商岩井，トーメン）は再編集約される。すなわち兼松は専門商社化を宣言，ニチメンと日商岩井が経営統合（現・双日）そしてトーメンが豊田通商に吸収合併された。

また一連の管理機構改革で最大の成功例は三菱商事の改革である。同社は事業グループ単位の事業ポートフォリオ・マネジメントによって強固な収益・管理構造を確立し2003年度に総合商社として初めて連結純利益が1000億円を超えた。また同社は2001年度から次のMCVAという独自指標を導入し利益管理とリスク管理を連動させた。

MCVA（Mitsubishi Corporation Value Added）
＝事業収益－（最大想定損失 X 株主資本コスト）

　すなわちMCVAは事業ごとの収益から想定最大損失（実質リスク）に株主資本コストを乗じた数値を引いた後の損益を示す。赤字が続けば原則，その事業からの撤退を決める。この指標でみた赤字額合計は2002年3月期で766億円と同年度の純利益を上回っていた。それが退出ルールの明確化で前期は一気に187億円に減少。これに伴い不良資産関連の償却は2005年3月期の943億円をピークに，前期は1億円強に縮小した。（参照：日本経済新聞2009年1月17日15面　会社研究）

　なお三菱商事は，MCVAにより次のようなリスクマネジメントが可能になったと説明している。すなわち，

・異なる種類の取引・資産に係わるリスクを計量し会社としてのリスク総量やリスク構造を把握する
・営業組織をビジネスモデルや取扱商品毎に再編し，個々の組織単位で保有するリスク量と収益のバランスを経営管理指標とする
・リスク総量と自己資本（体力）を比較しながら，追加リスク総量を管理し，且つ追加リスクの配分（資源配分）をおこなう

　本文中のMCVAの説明は，京都大学経済学部大学院経済研究科目平成17年度前期「資産運用論」資料，「三菱商事におけるビジネスポートフォリオマネジメント～価値創造経営とリスクマネジメント～」（経営企画部　北村康一）による。

◆ 三菱商事の組織図―組織体制と生活産業グループ―

　三菱商事の組織図の一部を紹介する。業務部門は事業グループ別に組織され，主要連結子会社および関連会社が事業グループ別に管理されている。
　MCVAを実践するため取扱商品毎に編成した事業体制である。次の図の体制である。また生活関連事業グループの関連子会社と業務内容を紹介した。そ

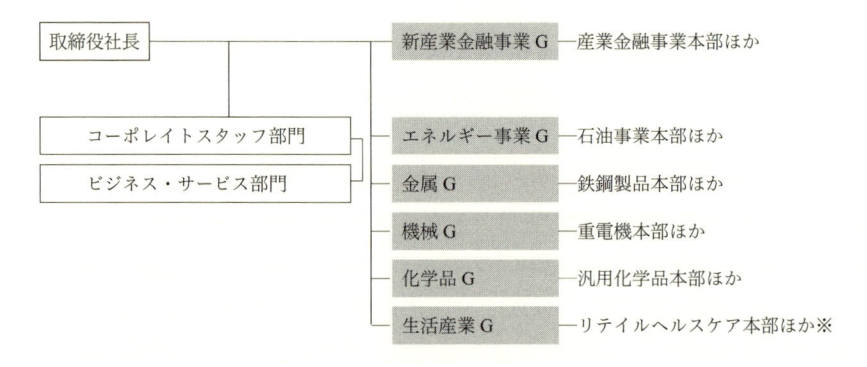

```
取締役社長 ─┬─────────── 新産業金融事業G ── 産業金融事業本部ほか
            │
コーポレイトスタッフ部門 ─┤   エネルギー事業G ── 石油事業本部ほか
                         │
ビジネス・サービス部門 ──┤   金属G ────────── 鉄鋼製品本部ほか
                         │
                         │   機械G ────────── 重電機本部ほか
                         │
                         │   化学品G ──────── 汎用化学品本部ほか
                         │
                         └─ 生活産業G ──── リテイルヘルスケア本部ほか※
```

※生活産業グループ

リテイル・ヘルスケア本部		
会社名	業務内容	所在地
エム・シー・ヘルスケア株式会社	病院経営後方支援事業，医療機器・医薬品販売事業	日本
株式会社日本ケアサプライ	福祉用具のレンタル卸・販売	日本
日本ケンタッキー・フライド・チキン株式会社	飲食店（フライドチキンレストラン），宅配ピザ店	日本
株式会社クリエイト・レストランツ・ホールディングス	多業態・マルチブランドにわたるレストラン事業の展開	日本
株式会社ティーガイア	各種通信サービスの加入契約の取り次ぎ・端末機器販売	日本
株式会社ディーライツ	アニメーション等のコンテンツ制作・放映権販売・各種ライセンスビジネス	日本
株式会社ライフコーポレーション	食品を中心としたスーパーマーケットチェーン	日本
株式会社ローソン	コンビニエンスストア「ローソン」のチェーン展開	日本

出所：三菱商事HPより簡略作成。Gはグループの略。

して同社の独自のビジネスモデルの一つがバリューチェーンの構築である。各事業部門は強固なバリューチェーンの構築を目指している。その代表的な事例がリテイル・ヘルスケア本部所管の日本ケンタッキー・フライド・チキン（KFC）を中心とするサプライチェーンの確立である。（後，詳述）

（総合商社の経営実態の事例）

近年の総合商社の事業領域は，情報，物流，金融，リスクマネジメント，大型プロジェクトの組織など複合化している。高度成長期の総合商社の役割は日本経済の成長のための海外資源の確保に代表された。仲介者・卸売・貿易業者としての機能が発揮された時代である。1980年代以降は，メーカーの海外進出の支援・資本参加が進められた。同時にサービス産業のファーストフードやフィットネスクラブ，金融サービス等の業界への投資がおこなわれた。そして90年代はIT，医療，環境関連ビジネスなどへの投資もおこなわれた。また流通部門への取り組みも強化されている。特に2000年以降，国内外の環境変化が急激である。EUの誕生，円高の進行，国際化の急速な進行，そして中国の大国としての台頭など，総合商社の経営環境が大きく変貌するなかで総合商社の事業が拡大し役割も変貌しようとしている。（参照：週刊ダイヤモンド2011.9.17号）

以下は商社の国際化対応の一例としてサプライチェーンの構築を紹介する。

◆三菱商事のKFCバリューチェーン

同社の独自のビジネスモデルの一つがバリューチェーンの構築である。各事業部門は強固なバリューチェーンの構築を目指している。その代表的な事例が三菱商事による日本ケンタッキー・フライド・チキン（KFC）の鶏肉のバリューチェーンである。

鶏肉のバリューチェーンは川上から川下へ順に，穀物は100％出資の米AFGRX社，豪RIVERINA社から（商事が輸入代行）⇒100％出資の日本農産工業（2007年買収，完全子会社化。配合飼料の製造・販売）⇒80％出資の米INDIANA PACKERS社（畜産物加工）⇒99％出資のフードドリンク（畜産物販売）⇒65％出資の日本ケンタッキーフライドチキン。

ビジネスモデルの変革

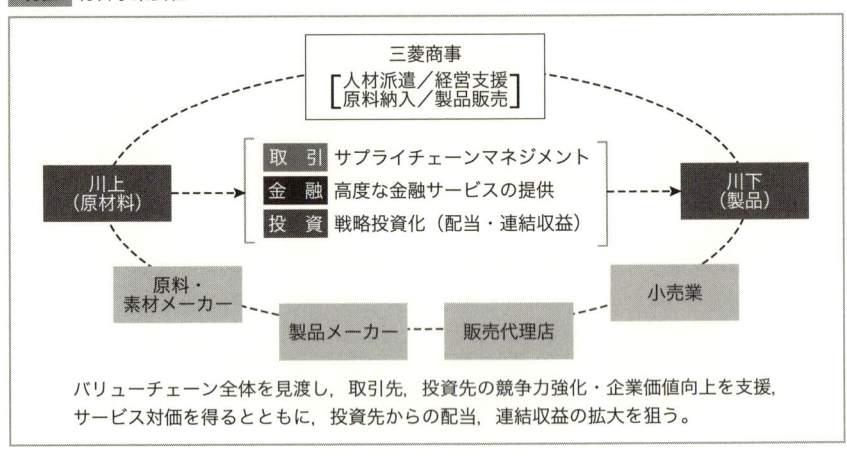

過去 仲介（貿易）事業者

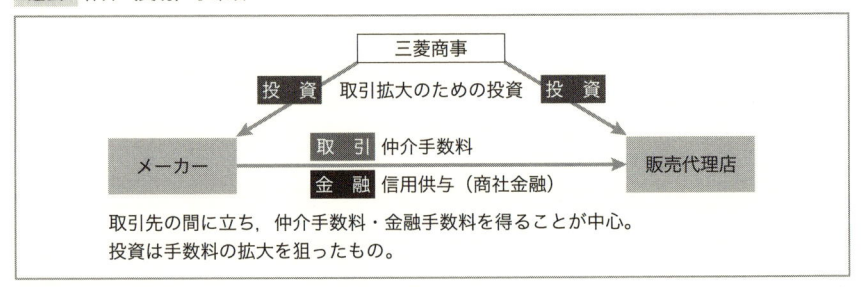

```
                          三菱商事
              投資  ←  取引拡大のための投資  →  投資
              ↓                                    ↓
         メーカー  ─── 取引 仲介手数料 ───→  販売代理店
                  ─── 金融 信用供与（商社金融） ───→
```

取引先の間に立ち，仲介手数料・金融手数料を得ることが中心。
投資は手数料の拡大を狙ったもの。

現在 総合事業会社

```
                     三菱商事
              ［人材派遣／経営支援］
              ［原料納入／製品販売］
                  取引  サプライチェーンマネジメント
                  金融  高度な金融サービスの提供
                  投資  戦略投資化（配当・連結収益）

  川上  ──→                                     ──→  川下
 （原材料）                                            （製品）

  原料・
  素材メーカー    製品メーカー  ─  販売代理店    小売業
```

バリューチェーン全体を見渡し，取引先，投資先の競争力強化・企業価値向上を支援し，サービス対価を得るとともに，投資先からの配当，連結収益の拡大を狙う。

出所：http://www.mitsubishicorp.com/jp/ja/about/org/ 2011.10.05（三菱商事 HP より作成。）

　川上から川下まで三菱商事が直接かかわるのは米国子会社からの穀物輸入のみ。取引先，投資先の競争力強化，企業価値向上を支援し取引対価を得るとともに，各事業会社が確実に利益を上げることで，三菱商事が配当益と持分利益を得ることができる。（参照上図）

◆ 伊藤忠商事の中国展開

　大手総合商社としてはじめて中国国務院の正式批准を得て日中貿易に復帰し，「中国最強商社伊藤忠」という評価を確立しているのが伊藤忠商事である。同社の中国ビジネスの展開の一端を紹介する。以下の図にあるように

2009年3月期に大型投資を実行し中国現地子会社出資分3％を含め杉杉集団の株式を28％所有した。

　杉杉集団有限公司は，繊維事業を起源とし，資源・エネルギー，電子部品，食糧，金融，不動産等，事業領域を拡大している中国有数の複合企業グループである。伊藤忠は資本及び業務提携を機に，中長期にわたる強いパートナーシップを構築し，繊維のみならず他分野でも戦略的取組みを加速させる。杉杉と共同でグループ経営体制を構築することにより，伊藤忠の持つ経営管理やブランドノウハウ，先端技術，グローバルネットワークを中国市場で活かすことで，欧米を含めたグローバル展開を視野に杉杉の企業価値向上を実現する計画である。

　また伊藤忠商事物流統括部，伊藤忠物流（中国）有限公司は，台湾系頂新グループの中国大手食品メーカー康師傳との合弁会社・頂通（ケイマン島）ホールディングスと共同で物流ネットワークの構築を進めている。従来，商社の中国ビジネスは日本企業の製品販売や日本企業向けの原材料調達などを主な業務としていたが，同社は中国の内需拡大に対応した3PL（3rd party logistics 荷主の物流業務を受託遂行するサービス）を提供するだけでなくその物流機能と同社の国際物流ネットワークを結合させグローバルなサプライチェーンを提供する。

杉杉集団との相関図

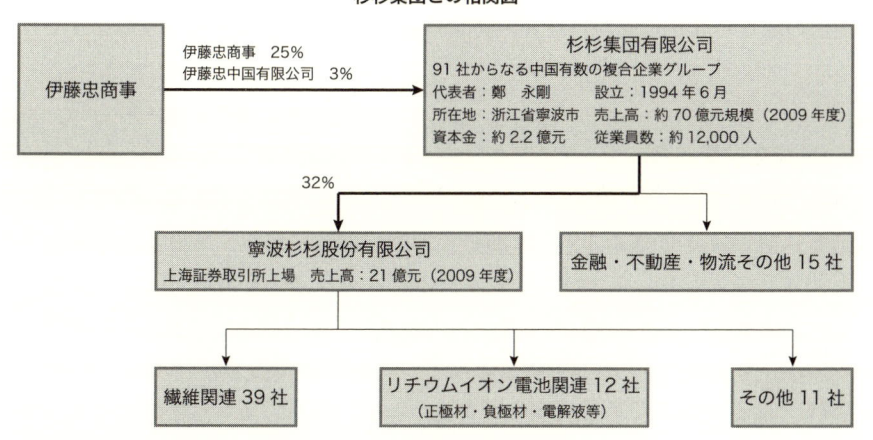

```
┌──────────┐  伊藤忠商事　25％    ┌─────────────────────────────┐
│          │  伊藤忠中国有限公司 3％│         杉杉集団有限公司        │
│ 伊藤忠商事 │─────────────────▶│ 91社からなる中国有数の複合企業グループ│
│          │                    │ 代表者：鄭　永剛　設立：1994年6月 │
│          │                    │ 所在地：浙江省寧波市 売上高：約70億元規模（2009年度）│
└──────────┘                    │ 資本金：約2.2億元 従業員数：約12,000人│
                                └─────────────────────────────┘
                                       │32％
                    ┌──────────────────┴──────────────┐
          ┌─────────────────────┐          ┌──────────────────────┐
          │   寧波杉杉股份有限公司   │          │ 金融・不動産・物流その他15社 │
          │上海証券取引所上場 売上高：21億元（2009年度）│          └──────────────────────┘
          └─────────────────────┘
                    │
        ┌───────────┼─────────────────┐
 ┌──────────┐ ┌─────────────────────┐ ┌──────────┐
 │繊維関連39社│ │リチウムイオン電池関連12社│ │その他11社 │
 │          │ │（正極材・負極材・電解液等）│ │          │
 └──────────┘ └─────────────────────┘ └──────────┘
```

出所：http://www.itochu.co.jp/ja/business/textile/project/01/ 2011.05.17

頂新グループと日本企業の関係

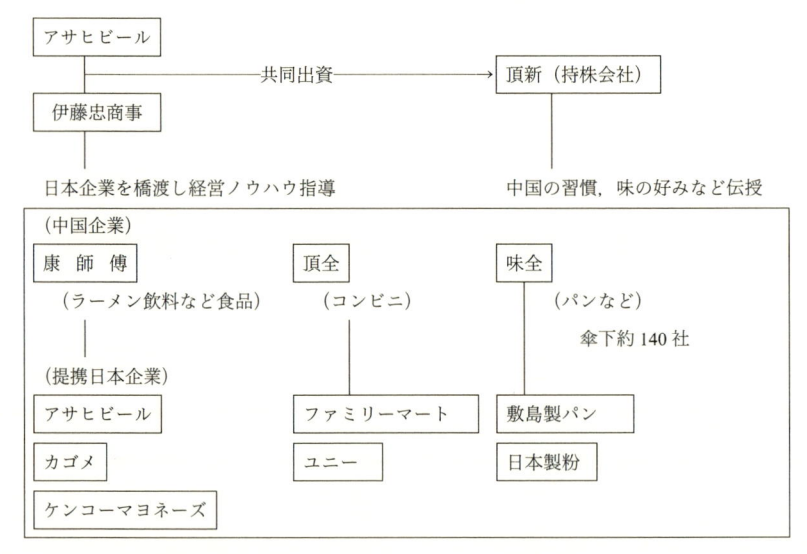

```
アサヒビール ────共同出資────▶ 頂新（持株会社）
    │
伊藤忠商事
```

日本企業を橋渡し経営ノウハウ指導　　　　　中国の習慣，味の好みなど伝授

（中国企業）

康師傅	頂全	味全
（ラーメン飲料など食品）	（コンビニ）	（パンなど）

傘下約140社

（提携日本企業）

アサヒビール	ファミリーマート	敷島製パン
カゴメ	ユニー	日本製粉
ケンコーマヨネーズ		

出所：同上HPより作成。

　同社はまた上記の頂新グループの持株会社・頂新にアサヒビールと共同出資している。そしてその関係を通じてアサヒビールが康師傅，ファミリーマートが頂全コンビニ，またカゴメ，日本製粉，敷島製パン，ケンコーマヨネーズが味全などの頂新集団の傘下企業との提携を結んでいる。伊藤忠が日本企業の進出の地ならしをし同時に自らの商圏の拡大をねらっているということができる。

（多様な投資形態）
　以上のような事例は直接投資が先行しているが，投資の形態は一様でない。例えば傘下の香港のファンドを通じて中国の会社に投資する方法，現地企業と共同ファンドを立ち上げて投資する方法などリスクを分散させる方式もある。直接現地の企業に投資するケースでも既存の製造業だけでなく対象産業が多様化してきている。また新興企業などへの投資は従来，海外の特定目的会社（SPC）などを通じて米ドルで投資することが一般的であったが，人民元建てによる投資が近い将来増大に向かう方向である。

このように中国への投資が活発なのは一つは先進国で成熟した一般的な業種でも中国では市場が巨大で成長余力があること，流通やサービス業の発展余地が多いこと，またITやハイテクなど新興分野でも成長がいちじるしく新興企業が急速に成長してきているなどである。また投資した企業が香港や上海の証券市場で上場した場合には企業価値が投資金額の数倍に上ることがある。中国では新規上場が非常に活発であり株式公開によるリターンが見込めることも投資が活発な理由である。

3. 日本企業，日本市場の国際化

国際化（英語：Internationalization）とは，国境を越え複数の国と人々が相互に結びつきを強め，共同して行動し，経済的，文化的に影響をあたえあう事象全般を意味する。ボーダーレスという言葉通り交通・通信手段の発達により人やモノ，カネ，情報が国境を越えて移動し，世界はますます小さく感じられるようになった。経済生活の面では外国から輸入された原材料，製品を消費し，製品を製造・加工し，また海外に輸出することがますます多くなり国境を越えた相互依存性が強まっている。

国際化は製品の輸出入だけでなく現地生産などの資本の直接投資や証券投資などの間接投資によっても促進されている。また近年，輸送，商業，飲食，ホテルなどサービス業でも日本市場，日本企業の国際化が進展している。

(1) 日本企業国際化の要因

製品を輸出する先兵ともいえるのが日本の輸出企業である。第2次大戦以前の輸出品は軽工業製品であり，商社をつうじて海外に輸出されていた。戦後は重工業製品が輸出品となり製造企業が直接海外に販売拠点を構築するようになる。そして1970年代以降，日本企業の国際化の条件が成熟化した。すなわち円高が急速に進行する。また主要な輸出先である欧米先進国との貿易摩擦が深刻化した。1980年代に経済摩擦の回避のため，日本の主要な輸出企業は欧米先進国で本格的な現地生産を開始する。特にホンダ，日産，トヨタなどの自動車産業や松下やソニーなど家庭電器製品の大手が輸出先であった欧米と中南米

やスペインなどの周辺国で現地生産を本格化する。これら企業は韓国や台湾ついで東南アジアなどではすでに合弁企業の形態で現地生産を先行させていた。

また1990年代以降，中国の改革開放政策の本格化と急成長，さらに社会主義経済ブロックの解体にともない，日本企業の海外展開は東南アジアのみならず，中国，東欧・中欧を含む欧州，米州へと多国籍化，多極化し深化していった。こうした主要な製造企業の海外展開は関連工業の中小企業の海外移転をも促進した。

さらに90年代以降の日本国内の景気の低迷，その長期化は国際化の促進要因ともいえる。それだけでなく日本国内の少子高齢化も日本企業の海外展開を選択させる原因となっている。

(トヨタの米国現地生産の事例と現在)
トヨタは米GM社と1984年カリフォルニア州フリーモント市にGM閉鎖工場に合弁会社NUMMI社を設立し，カローラのほかシボレー，ポンティアックなど米車を生産。「カイゼン」，「チームコンセプト」，定期的な配置転換などトヨタの生産管理や品質管理方式を現地工場に導入した。

GMは自動車生産の管理システムをトヨタから学習し，一方のトヨタはUAW（全米自動車労働組合）とのパートナーシップを構築することで，トヨタ生産方式をスムーズにアメリカに移植することができた。そして翌年にはケンタッキーに100％出資の子会社を設立するなど，現地化の学習経験により蓄積した情報を北米展開にわたって適用し北米でのオペレーションを円滑に進めていったということができる。

しかし2009年GM社の経営破綻についで合弁解消が決定され，2010年閉鎖が決定した。これにより同社の歴史的使命も一応終了したが，新たなミッションすなわち電気自動車の開発・生産のために利用する計画も検討されている。

(2) **国際化の諸側面**
(英語を社内公用語化)
2010年，楽天，ファーストリテイリングが相次いで英語を「社内公用語」にすることを発表し話題になっている。また英語TOEICの高得点が入社と昇

進の条件になったこと，さらに新入社員の大半を海外で募集することが報道された。

すでに日産では1999年ルノー社と提携以来，社内の経営会議では英語が公用語になっている。このほかにも三菱自動車工業や旭ガラスなど社内の公用語が英語になって久しいが特に話題にもならないほど静かに英語の公用語化が進んでいた。楽天などの急成長企業でも国際化を急がざるをえないのは，それほど日本の市場が低成長であり成熟化したためといえる。

（海外の金融・保険，サービスその他産業の日本市場参入）

1990年代以降，金融・証券・保険，不動産，飲食・ホテルやサービス業，運輸，流通など多様な分野に欧米のグローバルな産業企業だけでなく金融資本の進出が加速化した。日本政府が規制緩和を進めたこと，また日本の市場規模が米に次ぐ世界第2の市場だからである。例えばゴールドマンサックス，UBS（投資銀行），リップルウッド（投資ファンド），フェデックスキンコーズ（運輸），フォーシーズンズホテル，スターバックスやアクサ，アメリカンファミリー（保険），ウォルマート，カルフール，そして2000年代後半以降はアパレル業界など多岐にわたる。再建中の日本コロンビアや旧長期信用銀行のリップルウッドによる買収，ゴルフ場の買収など金融資本のドラスティックな経営手法が話題になった。他方，日本の市場に新しいビジネスモデル・スタイルを確立し評価されたものもある。また誕生間もない米発祥のインタネットビジネスも日本市場に参入し市場の開発を先導した。以下代表的な事例を略述紹介する。

◆ 外国企業の日本市場への浸透

・流通

　ウォルマート：2002年西友子会社化　大型店展開

　カルフール：メーカーに直接取引要求

・製薬（世界第2の市場，独の5倍）

　米メルク社：萬有を完全子会社化

　スイス・ロシュ社：中外製薬買収

独ベーリンガーインゲルハイム社：エスエス製薬子会社化
・金融
シティバンク：1998年日興証券に資本参加（日興コーディアル証券） 2007年TOBで株式買収，吸収合併　外貨預金の取り扱いなど個人営業中心で成功
その他の英仏独スイス等外資：法人営業，世界的ネットワークを駆使しデリバティブなど金融商品に注力　cf.日系金融機関は日系企業以外に顧客少ない
・投資会社
買収ファンド各社：買収，売却で利益
リップルウッド社：新生銀行（旧日本長期信用銀行を10億円で買収，その後4000億で売却により莫大な利益），日本コロンビア，日本テレコムを買収（後，ソフトバンクに売却）
・保険　1998年金融ビックバン以降自由化進展し外資が参入
損保　AIU，チューリッヒ，クレディスイスetc.　経営不振の日本の生保を次々買収
・不動産　不動産投信（REIT）の金融商品化の嚆矢
・ホテル　フォーシーズンズホテル：藤田観光と提携「フォーシーズンホテル椿山荘」，後解消
・中国企業　ラオックス，レナウンに資本参加，支配株主に

なお近年の外資系ホテルの開業は世界的ホテルのシャングリラホテル，ザ・ペニンシュラホテル，ザ・リッツ・カールトンなど，2013年現在も増加している。東京に集中していること，ビジネス客対象に加え，リゾート客対象用も増えており，外国企業の日本市場浸透とともに東京の国際化を象徴しているといえる。

（食の国際化）
寿司は日本の伝統食材だが最近では日本の食文化として海外でも普及している。ところで寿司ネタの多くが海外で加工されたものであることはまだ多くの

人に知られていない。食材の原料のエビや魚の多くは海外で捕獲され現地で加工・処理され輸入される。その一部は現地から日本以外の国へも出荷されている。こうした資源の捕獲，畜養，処理加工，技術指導，そして輸出入に日本の商社が介在してこそ日本の伝統食文化が維持されているのである。我々の生活が企業の国際的活動により支えられているということができるが，食の国際化は国際化の一面にすぎない。利益を追求する事業活動はもとより国境を越え追求されていく。現代の経済は日本から海外へ，海外から日本への双方向の国際化の動きにより営まれる多様な事業により支えられている。

(3) 事業活動の国際化と企業間のグローバルな競争

国際化は日本の製品が国際化されるだけでなく，海外の製品やサービスが日本の市場で販売・供給され海外の企業が日本で事業を展開する双方向の活動である。製品を低コストで生産しまたより多く販売するために国内外で事業活動を展開するのは企業として自然の活動である。日本企業が国内だけでなく海外で事業を展開するのと同様に海外の企業が日本の市場で事業を展開する。海外の人々が日本企業の製品を愛用し日本企業は国内外で製品を生産する。同じく外国企業の製品を日本や他国の人々が愛用する。製品の製造販売だけでなくサービスも国境を越えて多くの国の人々が互いに国境を越えた事業活動を展開しているのである。

したがって企業間の競争も国境のない競争となる。競争の舞台が世界であるため国内の敗者と勝者は世界でも敗者と勝者である。企業間の世界市場での競争は必然的に国境を超え世界を一つのシステムとして事業を遂行するグローバルな企業を輩出させる。すなわち世界的企業ないし「グローバル企業」は世界を舞台に研究開発，生産，販売そして財務活動の最適な立地を選択する。そしてグローバルな企業の間の競争が世界中の企業のグローバルな競争の中心的な競争となり前者により後者の競争環境が規定されるといってよい。製品のユニバーサル化，世界標準の商品，世界共通ブランドはグローバル企業の戦術的な武器でありグローバル企業間の競争を象徴している。グローバルな企業にとって世界の消費者がマーケティングの対象だからだ。世界の人々がアップルやマイクロソフトなどが開発した新製品を世界で同時に購買し同じ製品を使って

相互に通信し共感する生活が世界共通の生活スタイルとなる世界が生まれている。

(4) 「現地化」遅れる日本企業

海外に設けた事業拠点で，幹部に現地人を登用するなどして，現地人材（現地社員）を中心とした構成にし，現地に根差した企業文化を育むことを「現地化」という。コミュニケーションの円滑化やモチベーション向上が図れるとされる。日本経済研究センターの調査（2006年7月5日）によれば，日本企業の「現地化」が遅れている。アジア地域の日本企業を対象に資材調達，雇用の両面から欧米企業と比較調査した結果を報告している。以下のとおりであった。

欧米勢はタイの地場企業との取引に積極的で，日本企業のようにタイに立地する同じ日本企業から主に調達するやり方との違いが浮き彫りになった。生産に使われる機械設備でも日本企業は日本からの輸入に依存する傾向が強い。

雇用戦略については，アジアに事業展開する日米欧企業の本社・子会社，合計約20社に幅広くインタビュー調査をおこない，日本企業は（1）本社が海外の日本人駐在員だけを直接管理し，現地人のマネジャーや社員は対象外（2）世界的に共通した人事管理システムは利用しない——という特徴が見られた。
（参照 http://www.rieti.go.jp/jp/papers/contribution/fukao/03.html 2011.05.17）

このように日本企業の内向きの傾向，「現地化」の遅れが指摘されている。

(5) 市場環境の変貌と日本企業の対応

2010年，15年ぶりの1ドル70円台水準に。円高の対応策として海外生産比率を一段と高めること，また一段と現地化，いわゆるグローバル化を超える「グローカル化」が日本企業に求められている。1970年代後半以降，日本の家電産業や自動車産業をはじめとする輸出比率の高い産業企業の海外現地生産が急速に進展した。東南アジアでの部品生産やノックダウン生産はすでに開始されていたが，ついで80年代以降の欧米先進国での現地生産はそれまで輸出先であった現地での本格的な生産という意味で日本企業にとって本格的な国際化の第1段階であった。

ところが 1990 年のソ連邦の解体，世紀転換期の諸事件さらに 21 世紀に入り世界の市場環境の大きな変貌は日本企業の予測を超えるものであった。すなわち 70 年代以降今日までの 4 半世紀以上の間に日本企業の海外生産は着実に進展した。この間，社会主義ブロックの突然の解体，EU（欧州連合）の拡大発展等の世界構造の転換，また環境問題の深刻化，中国，インド，ブラジルなど発展途上国の台頭，そして欧米特に米英仏伊の既存産業企業の国際競争力の後退，国際通貨価値の変動等の諸変化に対し日本企業は国内外で変化に着実に対処してきた。多くの企業が現地生産を開始し M&A により海外企業を吸収し，提携を進めている。にもかかわらず次々と困難な課題に直面し対応に苦慮しているのが現実である。

なかでも 2007 年米のサブプライムローン問題，2008 年のリーマンブラザーズの経営破綻はユーロ高，円安の局面をもたらしたがその後，2010 年再び多くの企業の為替予想を上回るユーロ安，円高が進行している。そうしたなかで国際化を進めている企業を以下紹介する。

4. 先進企業国際化の事例

国際化を進める企業は製造企業や大企業に限らない。その動機や理由も一様ではない。日本の主要な大企業が 1980 年代以降，生産拠点を海外に移転し国際化を進めた理由の一つは低廉な労働コストの利用や自動車産業のように欧米企業との連携強化による貿易摩擦の回避であった。その後，環境対応や電気自動車の開発費の分担のため，車台や部品の共同利用による規模の効果の実現のためなどの理由で連携が強化されている。円高を利用した逆輸入のための海外拠点の活用もおこなわれており依然としてコスト削減のための海外生産の重要性は高い。以上のほか近年非常に活発なのは，各種産業の中小の企業が市場の開発のため，あるいはサバイバルのために海外に活路を求めて進出していることである。

(1) 大企業の事例

（日産）

　日産は製造企業で売上高，生産の海外比率の最も高い企業であるが，急激な円高に対応して国内の生産拠点の追加投資の見直し，海外への移転を進める。2011年3月期の海外生産比率が7割を突破する予定である。2010年，看板小型車「マーチ」の国内生産をタイに移管した。移管に先行して2008年からタイ従業員を日本に派遣し指導・訓練した。最終検査工程は一部，追浜に残すがタイ工場が追浜工場に代わるマザー工場になるためである。2010年秋より日本で販売されるのはタイ産である。タイに移管することで原価を3割削減できるという。また円高を活用できる。自動車業界では一部車種を海外から輸入するケースはあったが，主力量販車の全面移管は例がない。同年7月，英国での同車の生産も停止，18年の歴史が幕を閉じた。今後，欧州はインド，米国へはメキシコから供給する。メキシコ，インドそして中国，タイの4国で生産されたマーチが世界160カ国で販売される。

　ところで日経新聞の報道によれば日産はルノーに加えダイムラーとも部品の共通化や環境技術開発で協力する。そのため相互に株式を持合い提携を強化していくという。また日産・ルノーはロシアの自動車大手の工場で共同生産や車台開発を進めるという。このような多角的かつ多国間の提携は日産のみならず日本と欧米自動車産業に共通の戦略である。それは環境問題への対応のための低燃費エンジンや電気自動車の開発に莫大なコストを要すること，また発展途上国の自動車企業の台頭に対抗するためコストの大幅な削減が共通の課題となっており多角的かつ多国間の連携が必要になっているということができる。

（家電産業の事例―企業内国際分業体制の構築―）

　1985年プラザ合意後円高が急伸，1ドル230円台から1年後，150円台に。これを契機に家電産業の生産拠点の海外移転が急速に進行する。1960年代後半以降，松下（パナソニック）が韓国ついで台湾に合弁会社を設立するなど業界では先行していたが，その主要な地域は限られていた。85年以降は家電業界主要企業のほぼ全社が生産拠点の海外移転を進めた。しかも移転先はNIESからASEANにシフトしていった。特にマレーシアとタイへの移転が中心で

あった。移転は生産コストのより低い地域へ生産の中心が移動することである。そして90年代以降，ASEANに代わり生産拠点の移転先の中心となったのが中国であるが，2010年現在は中国からベトナムなど他の地域への移転も進められている。

・移転先拠点のシフト：
　NIES⇒ASEAN⇒中国⇒ベトナム⇒インド⇒後発発展途上国
・事業の中心機能のシフト
　　製造⇒販売・事業推進・財務支援⇒研究開発

　そして移転先である生産国の市場の成長が現地市場の販売促進や財務支援のためのサービス業務，さらには研究開発業務の現地化を促すようになる。すなわち上記のように国・地域レベルでの投資の重点が生産機能から販売・営業などの機能にシフトする。NIESからASEAN，さらに中国への生産機能のシフトと反対に他地域・国への生産機能の移転後も現地でのサービス業務と研究開発への投資が増加する傾向がある。たとえばマレーシアから生産機能が中国へ移転後もサービス業務や研究開発への投資が増加するなどのケースである。ただ中国だけは異例である。90年代以降投資先の中心になったが，成長速度がきわめて高く現在は市場としてもアジアの中心になり，生産から販売・金融業務への投資まで日系企業の投資規模が最も拡大している。

　なお家電製品は複数部品から構成されている特性から部品生産と完成品組み立てに国際分業を利用することができる。同時に先行地域・国から後発地域・国への国・地域間の機能のシフトも進んでいる。すなわちNIESに高精度部品の生産や研究開発機能を集中する一方，ローテク部品の生産はNIESからASEAN，中国へ移転され，そしてタイ・マレーシア等で完成品を生産し輸出する，というように海外への生産拠点の広範かつ多角的な移転によりアジア全域での企業内国際分業が構築されている。

　以上の企業内国際分業の状況については十分に把握できないが，産業構造審議会報告によると1989年から2000年まで約10年間に生じた変化を総括して次のようにまとめており，企業内国際分業の進展の一端を見ることができる。

・輸出については海外への生産移管や海外市場の低迷から減少し，逆に輸入

については大幅な伸長傾向
- 白物家電のような差別化の度合いの低い成熟商品は逆輸入の増加，輸入浸透度の上昇傾向
- 家電産業における海外生産比率は上昇傾向。アジアでの生産拠点数が他地域に比べ著しく増加
- 最近では中国を中心とした現地需要に対応する海外進出が増加
- 現地企業の成長によって現地や域内で調達できる部品点数が増加してきたこともあり，調達比率が上昇
- 在アジア製造拠点からの日本向け輸出比率は上昇してきている。ASEAN4が顕著
- 日本向け輸出のうち約9割が同一企業グループ内の販売となっている

(参照：産業構造審議会新成長政策部会『アジアを中心とした国際分業の現状と課題』平成13年9月20日)

以下の事例は企業内国際分業の進化と同時に海外子会社の機能の進化を代表する事例である。

◆ 松下電器産業（現パナソニック）の台湾子会社，台湾パナソニック

1960～70年代には台湾国内市場への供給が台湾松下電器有限公司（台湾パナソニック）の主な役目であった。さらに台湾の安価な労働力を生かし，製品輸出もおこなった。80年代中期以降，安価な労働力という優位性を失い積極的に構造の転換に取り組んだ。台湾の学校や研究機関との提携関係を深め，独自の技術の開発を目指している。また中国の安い生産コストを活かし，中国で低価格商品を製造している。中間価格帯の製品は基本的に台湾製であるが，一部は中国製である。両岸（中国と台湾）の分業体制により，台湾工場を試作品を作る拠点へと転身させ，中国工場の量産化をサポートしている。同時に台湾市場のシェアと製品品質の維持のため，高価格商品は日本から輸入するとともに，一部は台湾で製造している。

また同社の役割の一つとして中国と日本を結ぶ架け橋となること，松下電器の「大中華圏市場」展開に向けたサポートを拡大することがうたわれている。

(参照：http://investtaiwan.nat.gov.tw/matter/show_jpn.jsp?ID=5117&MID=5 2011.05.17)

◆ シャープの海外の研究・開発拠点

- Sharp Laboratories of Europe, Ltd.（英国）
- Sharp Telecommunications of Europe, Ltd.（英国）
- Sharp Laboratories of America, Inc.（アメリカ）
- Sharp Technology (Taiwan) Corp.（台湾）
- Sharp Software Development India Pvt. Ltd.（インド）
- Sharp Electronics (M) Sdn. Bhd.（マレーシア）

2000年現在の海外の開発拠点は以上6拠点。上記のマレーシアにある家電設計子会社SEM社は事業体制強化のためマレーシアで製造しているデジタルAV機器の設計に着手した。また，アナログAV機器設計を移管する計画であった。現地化を加速化することで国際競争力を高める考えであった。このように研究開発の強化，現地化が進められた。

ところで同じ同社ホームページHP（2010年12月24日現在）によれば海外事業拠点は26カ国・地域60カ所に達する。また技術開発拠点が2000年より4カ所に減少しているが上記台湾子会社は清算，マレーシアSEMは研究・開発拠点ではなく海外子会社に分類されている結果である。2011年5月17日現在の同HPから中国に開発拠点を1社設置していることがわかる。理由は台湾での生産縮小と中国への移転，インド，ベトナムへなど新興市場に対する取り組み強化のためとしている。（参照：http://www.sharp.co.jp/corporate/info/outline/g_organization/index.html 2011.05.17）

◆ 電機産業の苦境と明暗，迫られる国際戦略の再構築

ソニー，パナソニック，そしてシャープの3社の2012年3月決算の赤字が合計で約1兆5千億に達する。大手電機8社で好調なのは日立である。家電をめぐる国際市場の環境が激変し消費家電中心企業と総合電機企業との業績が明暗を分けた。3社のつまずきは集中投資したテレビ事業の不振である。10年ほど前に1インチ当たり1万円した液晶テレビの価格は同1000円ほどに急降下した。さらに直近の円高が国際競争力を低下させた。国際戦略の再構築を迫られているといえる。

同じ電機のNECは約1000億円の赤字である。すでに同社は中軸であった

PC事業を分離し中国レノボと合弁会社（2011年発足，レノボ51％，NEC49％出資）へ移管し再建を目指している。また携帯部門の売却もレノボと交渉中である。そこで3社についてもその国際戦略の動向が注目されている。

シャープは受託製造サービス（EMS）世界最大の台湾のホンハイ（鴻海）精密工業と提携し，12年7月，シャープから分社した堺ディスプレイプロダクト（旧堺工場）に鴻海が出資した。そしてシャープ本体への出資交渉も進んでいたが難航の末頓挫し，迷走の末，一転してサムソンの出資を受け入れた。社債償還期限の13年秋までに財務内容の改善が急務であり，今後同社の強みの国内外の液晶テレビとパネル工場の売却も予測される。

ソニーは世界140カ国で事業展開し国際化が最も進んでいるが，先進国市場はすでに成熟化しておりサムソンに押され後退している。すでに国内外のテレビ工場の売却を進めてきたが，テレビをはじめ消費者向け製品についてはソニーの経営資源を先進国から新興国市場中心へシフトする方向が検討されている。他方，オリンパスと医療機器事業で合弁会社ソニー・オリンパス・メディカルソリューションを発足させたが，国際競争力の強い業務用機器を収益の柱として強化していく方針である。

またパナソニックは三洋電機の完全子会社化をテコに環境エネルギー事業を，日立はスマートシティ，水処理，交通システムなど社会インフラ事業（グループ）を強化していく方向である。日立は事業本部（グループ）の再編強化だけでなく新たに中国・アジア太平洋地区総裁ポストを設置した。総裁は同地域における予算，人事，収益管理，投資，事業再編およびアライアンス，ブランド管理など，従来の本社機能の一部を担うなど，経営体制を一新した。

(2) 中小企業の事例

中小企業白書によると，2008年度の中小製造業の輸出額は02年度の2倍の5兆円で，売上高に占める輸出の割合も7.3％に3ポイント上昇した。中小も海外市場の開拓を着実に進めているといえる。

中堅・大手企業と同様に，中小企業もアジアを中心とした海外事業の比率を増やし，低迷する国内市場や円高に対応する為の必要な行動を取り始めたことを示している。また価格の面で海外市場に適合した製品を作り，現地売上高を

高めようとしている。

ただ中堅・大手企業と異なる点は，海外に開発や生産拠点を移行するのではなく，海外企業に生産委託する，海外企業から部品を調達するなどして，第3国への販売，現地売上高を高め現地適応しようとしていることである。

◆ 船舶用機械の福島製作所

1920年創業，福島市の甲板用機械の主力メーカー。同社の売上は，約80億円で，3割強は韓国や中国の東アジア向け。コスト競争力を高めてアジアでの売上高を40億円に高める。

造船需要が旺盛な中国，シンガポールなどに生産委託。今後1〜2年間で造船所を持つ複数のメーカーを選定し，油圧機器などの基幹部品を除き，現地に部品の半分を任せる。製品の組み立ても委託する。

人件費などのコスト抑制で価格競争力を高め，円高・ドル安の影響も回避する。価格の安い新興国向け製品の開発も進め，成長する現地市場の開拓につなげる。また製品価格を15〜20％引き下げ，現地の造船メーカー向けに販売する。

◆ 寺本鉄工（精密機械，福井市）

同社は，1〜2年後をめどに中国企業に生産を委託する。自動車用コネクターを作る設備が主な対象で，現地の行政機関を通じて委託先の選定を始めた。価格を現行の3〜5割に抑えた中国向けのモデルを開発し，組み立てや部品の加工を任せる。金型などは日本から供給する。

◆ シンコー電気

磁気ヘッドのシンコー電気（新潟県魚沼市）は，年内にも中国企業にLED（発光ダイオード）の基板に使うサファイアの研磨工程を任せる。加工に必要な道具を無償で譲り，技術も指導する。国内の生産委託も開拓してサファイア基板の生産能力を5倍に高め，韓国や中国の電機メーカーなどに売りこむ。

（参照：日経記事「中小，新興国に生産委託 コスト抑制・円高対応」2010年9月8日）

いずれにしても海外への生産委託や部品の海外調達は，一つの参考になる。他の中小企業も，国内市場だけに依存しない経営を進める必要があるが，海外展開と現地適応と同時にコア技術の保守と両立することが重要な課題である。

(3) サービス業の国際化

市場の成熟そして飽和は一般に企業が国内から国外の市場へ事業を展開する要因であるが，日本企業にとっては国内市場が国際化し国際企業の製品だけでなく発展途上国の低価格製品とも苛烈な価格競争を展開しなければならない競争市場になっていることも国際化を加速する要因である。また急速な少子化，高齢化が進行しており，日本の大企業だけでなく中小企業，新興企業，また製造業に限らずあらゆる産業にとっても海外出店，海外展開が企業存続のために避けて通れないハードルになっているといえる。しかもそれは「日本式経営」が簡単に通用する世界ではない。日本の企業が未だ十分な経験をしていない国際経営の領域である。

以上の事情は製造業だけでなく以下紹介するサービス，コンビニエンス，外食チェーンといった近年，国内で急成長した分野の企業にとっても状況は同じである。ただサービス業の海外展開は製造業の海外展開よりも20年ほど遅れて開始された。国内需要を中心に成長したサービス業，流通業大手は家電や自動車製造業など伝統企業よりも歴史が新しい。当初の出店が現地の日系企業やその従業員を対象としていたことも多い。しかし海外展開の必要性は急速に拡大している。現地の顧客開発，市場開発そして現地化が必要になっている。

（縮小する国内市場，魅力的なアジア市場）

2009年のコンビニ業界の国内売上高は，前年比ほぼ横ばいの7兆円後半。市場的にもすでに飽和状態となりつつあるというのが現状である。先行きの伸びが期待できない今，海外の市場に新天地を見いだそうと懸命である。2009年8月，業界3位の「ファミリーマート」は，海外店舗数が国内を上回った（2009年10月現在：国内7601店，海外7805店）。業界トップの「セブンイレブン・ジャパン」は，アジア，米国，北欧など計14カ国に約2万4000店を展開中。

日本の外食企業の約1割強が中国に進出している。「吉野家」の海外店舗は，中国，台湾，米国を合わせて現在400店弱。今後，東南アジア，豪州などへの海外戦略を計画している。2003年に中国進出を果たした「サイゼリヤ」は，中国，台湾，シンガポールなどに約50店舗を展開中である。「デニーズ」のセブン＆アイ・フードシステムズは，2009年，北京の1号店「オールデイズ」をオープン。カレーチェーン「CoCo壱番屋」は，中国や台湾，韓国などに50店規模の海外展開を目指す。このように国内市場の低迷を打破するための海外進出は，同時に大きなビジネスチャンスでもある。そうした中で近年，海外出店の多い外食チェーンについてどのように国際化を進めているか後述した。

（海外展開する観光産業）
　我が国を取り巻く国際観光市場は大手外資系ホテルが国内に参入し高い競争力を発揮している一方，国内のホテル，伝統旅館ともに経営不振の状態が続いている。大手外資系ホテルは世界各国で3000ホテル以上，また100カ国81カ所に海外事業展開しており，日系ホテルは海外事業展開，売上高の両面において外資系ホテルと比べると依然，小規模である。
　こうしたなかで注目されたのは2010年12月18日，石川県の和倉温泉・加賀屋が台湾に海外進出を果たしたことである。

◆　加賀屋
　ホテルの基本コンセプトは，日本の加賀屋をそのまま伝承・継承する全館日本式仕様である。着物を着た接客係（台湾人）が夕食を提供する。人材育成には注力しており，日本人スタッフが常駐し，現地スタッフの指導などに当たる。現地スタッフの客室係の採用においては，日本語検定2級以上を条件とし，日本への理解がよりスムーズにできる人材の確保に当たった。加賀屋の台湾進出は，「おもてなし」という我が国独自のホスピタリティーの付加価値輸出と考えることができる。我が国では当たり前と思われる，おじぎをはじめとするおもてなしの心を「ジャパン・ブランド」として世界中に発信し，新しいサービス産業の一つの可能性をみせている。（参照：www.meti.go.jp/report/tsuhaku201

2/2012honbun.../2012.03-3.pdf（通商白書））

（海外に進出する外食産業）
　外食企業の海外進出は，圧倒的に中国が多く，次いで台湾，シンガポール，米国という展開。最近（2010年）ではタイやインドネシアなどの東南アジアへの出店が増加している。出店数が多いのは以下のように中国では，「味千ラーメン」，「王将フードサービス」。香港では「ワタミ」，「モンテローザ」，イタリアンの「サイゼリヤ」や宅配ピザの「トロナジャパン」など。台湾では，カレーの「壱番屋」，「和民」（ワタミ）。タイでは定食屋の「大戸屋」，「すかいらーく」。特にラーメン店は「8番ラーメン」（88店）や「味千ラーメン」（8店）等のように激戦区といえる。シンガポールへの出店は，「牛角」に加え，「和民」，スパゲッティの「洋麺屋五右衛門」も進出してきている。（参照：http://sky.geocities.jp/kaltimjp/firstfood2.htm 2011.05.01）

◆　お好み焼きチェーン「道とん堀」，タイ進出
　2010年12月14日（火曜日）。地場商社とFC契約。道とん堀は日本国内で，「道とん堀」（約300店），「哲麺」（20店），アイスクリーム店「ブルーシールカフェ」などを展開している。

◆　ワタミ
　2010年9月9日（木）。シンガポール店，好立地でブランド浸透図る。当面の課題は，相次いで開業した影響によるサービス産業での人手不足。またワタミは他国での店舗展開も積極的に進めている。シンガポールでは直営店を設けたが，今後はマレーシアのようにFC契約での多店舗展開を急ぐ。直営店に比べると利益は低いが，急激な成長を遂げるアジア地域で早期にワタミブランドを浸透させるためには最適な手段と判断した。12年までに海外100店舗を達成したい考えだ。
　ワタミの海外店舗は同上現時点で，シンガポール（2店舗），香港（14店舗），台湾（8店舗），上海（3店舗），広州（1店舗），深セン（2店舗）の計34店舗。海外事業の年商は今期が約60億円，海外売上高比率は5％。5年後

にはそれぞれ 200 億円，約 7 ～ 8％まで引き上げる予定。

◆　日本レストランシステム（NRS）

2010 年 2 月 26 日（金）海外初進出，シンガポールでパスタ店出店。シンガポールで現地資本と合弁会社を設立し和風スパゲティ専門店「洋麺屋五右衛門」の店舗展開に乗り出す。将来的にはほかの東南アジア地域への進出も視野に入れている。NRS は 1973 年設立。2007 年にはコーヒーチェーン「ドトール」と経営統合して持株会社「ドトール・日レスホールディングス」を設立し，NRS は完全子会社となった。（参照：http://nna.jp/free/news/..... 略 ..2011.05.17）

(4)　**先進事例：味千ラーメンの国際化**

日経 BP によれば中国に進出している日本の大手外食チェーンで，店舗数が最も多いのは 2012 年 9 月現在 503 店を展開する牛丼チェーンの吉野家である（台湾を除く。店舗数は同社ホームページより）。しかし，国内では吉野家よりはるかに小粒だが，中国では 600 店以上を展開する日本の外食チェーンが存在する。九州の熊本市に本社を置く重光産業である。「味千（あじせん）ラーメン」の屋号で，地元熊本を中心に国内に約 100 店を構える中堅ラーメン・チェーンだ。40 年前の 1968 年，熊本県庁前のわずか 7 坪（約 23 平方メートル）の敷地に開店した小さなラーメン屋から出発した。

中国進出は香港に 1 号店を出したのが 96 年。それから 12 年余りで，FC 店舗数が日本の 5 倍を超える中国最大のラーメン・チェーンに大化けした。出店地域も香港，上海，北京，広州など沿海部の大都市から，四川省成都市，雲南省昆明市などの内陸部まで，全国的な広がりを見せる。2014 年までに 1000 店の展開を目指している。

ただ懸念材料は反日運動だ。10，12 年に反日運動で店舗が暴徒に襲撃された。11 年には上海でスープ原液の使用が虚偽宣伝とされ行政処分を受けるなど逆風が強まり，12 年には 40 店が閉店している。

◆　中国でラーメンと言えば豚骨スープ

07 年 11 月，米誌『ビジネスウィーク』の恒例「アジアの成長企業ランキン

グ」で，トップ企業に選ばれたのが合弁企業の「味千中国」だった。また07年3月の香港上場では，有望銘柄として初日終値は公募価格を3割上回った。味千ラーメンが，なぜ中国で吉野家を上回るほどの急成長を実現できたのだろうか。

「東洋経済オンライン」の記事によれば，日本生まれの味千が成功した理由を味千中国の潘慰社長はこう語る。「完全な中国式マネジメントを実現できたから」。日中合弁とはいえ，実は味千中国は限りなく純粋な中国企業に近いといえる。日本側の出資比率はわずか4.4％。製品開発以外，従業員も大半が中国人だ。

成功したもう一つの理由は，味千中国の経営陣は出店環境にこだわったことである。味千中国の価格帯は高い。これが受け入れられる中・高所得者が足を運ぶ場所であることが必須条件なのだ。こうした経営判断には，ローカル経営陣ならではの立地に対する勘がフルに生かされているという。(参照：http://business.nikkeibp.co.jp/article/pba/20090123/183717/ 2011.05.17)

◆ 本当の収穫はこれから，広がる華僑人脈の輪

では，味千中国の成長は，現実問題，本家の重光産業にどれくらいの果実をもたらしているのだろうか。味千中国は味千ブランドの商標料や，独自調味料などの購入代金を日本側に支払っているが，この額は07年度で2億円。重光産業の年商のわずか1割強にすぎない。その一方で，重光産業が中国での商標権保持者であるため，味千中国に代わって偽物対策に費用を投じなければならない。だが，味千中国の躍進ぶりを目にし，世界各国の華僑企業家から「自国でも展開したい」というオファーが相次いでいる。(参照：http://www.toyokeizai.net/business/strategy/detail/AC/b98cd30f4276130f8ede543729fe507c 2011.05.17)

味千ラーメンの事例は成功例であるが，類似メニューを作るのも簡単な業界である。今後ブランド化や高利益の維持をはかるためのさらなる工夫が必要となる。また上述のラーメンスープの成分と製法が虚偽表示であると政府系メディアも報道したため大ニュースになった。今後メディア対応が必要になる。

以上は日本の食文化が高いブランド価値をもち，高い評価を得ている一例で

ある。ただいまだマクドナルドやケンタッキーフライドチキンのような世界的ビジネスモデルを確立している企業はない。今後も持続的に成長していくためには合弁形態であれFCであれ日本式サービスのマニュアル化，標準化を確立することが必要になろう。そのためには人材の育成が成功のために重要な条件であるということができる。

(5) 期待される寿司チェーンの国際化

　寿司が米国やフランスで人気の和食メニューになり久しい。最近では中国でも人気がある。すでに寿司はグローバルな食品になっているということができる。しかし寿司を提供するその多くの店が韓国人や中国人の経営する店だといわれている。なぜ寿司発祥の地である日本の企業がマクドナルドやスターバックスのように寿司のグローバル企業として進出できないのかと残念でもあるが，それはともかく国内の寿司店は多くの個人営業が廃業する一方，大規模店の多店舗展開やフランチャイズ形態などによる企業が急速に台頭している。そしてこれら企業がその食材を多くの国から調達確保している点では国際化している。したがってこれら企業に期待されるのは次に海外で多店舗展開することである。そこでこれら企業の食材の国際化，次に出店の国際化に着手しつつある企業の取り組みについて紹介する。

（寿司ダネの開発輸入）
　日本は刺身や寿司など生魚を食べる習慣がある。なかで最も多く食材になっているのがマグロである。そして日本国内で消費されるマグロの約6割が外国産といわれる。なかでもオーストラリア産のミナミマグロが重宝されている。同国の水産業者は日本向けにミナミマグロを「蓄養」している。蓄養とは巻網で漁獲された幼魚を生簀で育てて大きくすることである。捕獲にあたっては日本の海外漁業財団が技術提供し巨大な網の中でマグロの群れを捕獲し網の中で泳がせたまま生簀まで運ぶ方法をとる。蓄養中に日本の商社が来て買い付け商談をおこなう。そして6～8月に水あげしエラやヒレを切り落とす。ここでも日本の技術者が指導役として駐在している。それらの99％は日本に輸出される。残りはシンガポールやアメリカの日本食レストラン向けに出荷される。

そのほかチリ，中国，インドネシア，タイなどでも寿司ネタの開発，加工輸出がおこなわれている。いずれも日本に出荷するために手間をかけ工夫をしているが，ここに日本ならではの食習慣・食文化を海外に輸出するヒントがあるといえる。以下の企業の事例からその可能性，課題について考察する。

◆ 元気寿司

　東日本を中心に3種類の回転寿司チェーンを展開している。ネタの質も高く値段もやや上の「千両」，中程度の「元気寿司」，1皿100円均一の「すしおんど」である。不況下の現在では100円均一の回転寿司が人気である。人件費の安いタイでサーモンを加工するほか，蒸エビはベトナム，穴子は中国，甘エビはインドネシアとタイ，イクラはアラスカでネタとしてすぐ使えるように加工し輸入してコストを抑えている。日本近海でとれるものは国内で加工するものもあるが，それだけでは1皿100円でやっていけない。海外現地加工工場では日本人の好みにあうようにネタを仕上げコストを抑えている。

　同社は2010年日本以外ではハワイで直営店をもつほかフランチャイズ展開している。廣田会長によると，現在，元気寿司の海外展開は，6カ国45店舗である。香港はそのうち元気寿司の店舗名で16店舗目。また，5月に初めて香港に進出した高級回転すしの千両を含めると，元気寿司チェーンは17店舗になる，とのことであった。

　香港では安くておいしい回転すしが大変な人気だ。ここでは元気寿司を知らない人がいないくらいである。高級回転すしの千両がオープンした位置は，香港の金融の中心である中環（セントラル）のIFCモールの高級ブランドショップの並びである。店内は通常の元気寿司と違い，黒を基調としたシックな雰囲気で，ブランドショップの隣でも全く遜色ない店構えである。廣田会長は「香港の方は舌が肥えているので，ネタも最高級品を使っている。必ずや香港の人にも認めてもらえるだろう」と話していた。また，近々，中東のクウェートに店舗を進出させる予定。このように海外展開に積極姿勢である。

（参照：http://www.tochigihk.com/s 2011.05.17）

◆ カッパクリエイト中国人留学生採用

　多数の企業がしのぎを削っている回転寿司チェーン業界で2010年11月30日現在第1位が「カッパ寿司」のカッパクリエイトである。同社は2010年春，上海などへの出店をにらみ中国人留学生を20人ほど採用する。13年までに50人規模の中国人社員の確保を目指している。これは彼らを店長候補として教育し店舗経営のノウハウを学ばせ，その後幹部として母国に戻すためである。海外展開で先行する吉野家ホールディングスやサイゼリヤといった大手外食チェーンは，主に進出先で現地の店舗運営を担う人材を確保し，育成してきた。海外展開で出遅れたカッパ・クリエイトは，外国人社員に日本で独自のサービスを習得させる手法により，現地で機動的な出店を可能にする作戦だ。

（参照：NIKKEI ONLINE　2010.11.17）

　またかっぱ寿司ではタッチパネル式の端末から注文し会計の際もタッチパネルの会計ボタンを押す。これは日本国内店で実施されているが海外では国内以上に有用なシステムであろう。

◆スシロー81％株式を英投資ファンド・ペルミラが取得

　2012年12月，回転寿司売上トップあきんどスシローの株式の81％が日系投資ファンドのユニゾン・キャピタルから英ファンドのペルミラ・アドバイザーズ傘下ファンドに約10億ドルで転売された。外食産業で12年最大のMAである。ペルミラは世界12カ国に事務所を置き国際展開に強いファンドである。スシローは元々清水兄弟が経営していたが，内紛があり一度ゼンショーが筆頭株主になった。その後ユニゾン系ファンドによるTOBがおこなわれゼンショーから持株を引き継いでいた。ペルミラが取得したのはファンドとしてもスシローの国内のみならず海外展開の将来性を評価したからだ。外資ファンドによる買収を契機にスシローが今後，世界ブランドに飛躍できるか否か注目される。

　もっとも多店舗展開の代名詞でもあるハンバーガーチェーンなどファーストフードやFC化による飲食店多店舗化を可能にしたのは，原材料等の購入のサプライチェーンを確立し，セントラルキッチンでの集中調理や食品製造・サービスのマニュアル化を大胆に実現してきたことによる。

ただ多様な食材を使う寿司の製造・サービスのフォーマット化は簡単でない。サプライチェーンの確立，食材の仕入れ，仕込み・保管（衛生管理），サービス，店舗デザイン，ブランドなどスシロー自身が寿司レストランの業務プロセスの事業革新を率先して実現できなければ成長・発展は不可能である。もっともすしネタの半分は輸入品であり，寿司作りのプロセスの大半はすでにフォーマット化されている。スシローが世界ブランドになるのは意外と速いかもしれない。

Ⅲ. グローバル企業への途

1. グローバル化の段階，意義

(1) グローバル化の途，プロセスと日本企業のポジション

　国際化，多国籍企業に関する理論はいわば汗牛充棟の感がある。またグローバル化の進捗，そして情報化の進展にともない多国籍企業のありかたも変化しつつあり，それを反映し新しい理論展開がみられる。本論では一応，世紀転換期の情報化以前の代表的理論から集約した多国籍企業像を示した。すなわち既述のバーノンやストップフォード＝ウェルズらの代表的理論から企業の国際化，多国籍化は，その成長，海外進出度合いに応じて3つの型，段階に分けられた。1. 調達・輸出型⇒2. マルチナショナル型⇒3. グローバル型，である。そしてそのマネジメントは1. 調達・輸出型は海外に調達・販売拠点を持ったり，製品の輸出をしたりするが，あくまでも事業の軸足は国内にある。海外への進出規模が小さいので，自国中心の事業戦略がとられる。2. マルチナショナル型は海外に複数の製造や流通拠点を持ち世界中で製品を販売する。海外拠点に本社権限が一部委譲される。3. グローバル型は国を越えて一つの組織として機能しており，グローバルで統一された事業戦略が不可欠となる。

　なお1と2の間に，海外に販売拠点をもつが生産拠点を移転しない段階，また2と3の間に人事，財務，研究開発，購買など部門も海外移転する段階をそれぞれ一段階の第2段階，第4段階として区別してグローバル化を5段階に区分することもある。いずれにしてもこうした段階区分は製造業の企業のグローバル化を念頭におこなわれたものである。

　今日ではサービス業や情報産業のグーグルやフェイスブックに代表されるように設立後まもない企業が数年でこうした段階を飛び越えてグローバルな企業に成長するようなことがおきている。その意味でこうした段階区分も過去のも

の，情報化革命以前のものということもいえる。ただ現在までの大多数の企業の国際化，グローバル化の発展段階の区分を説明するものということができる。こうした段階を飛びこえてグローバル化した企業は少数である。

いずれにしろ日本企業の多くは1.の調達・輸出型であり，人事部門が海外に移転することはほとんどないが近年マルチナショナル型から第4段階に移行する企業が増えている。そして最近ではグローバル競争を勝ち抜くためにグローバル型を目指す企業も多数認められる。その背景には，欧米のみならず韓国，インドや中国などの後発国企業がグローバルなレベルで大量仕入れによる調達コスト削減と経営リソース（システム，人材）の最適配置を進め国際競争力を高めていることなどがある。

また海外の現地会社機能の進化の段階を類型化すると，1.海外の販売機能の地域統括会社機能のタイプ（＝国内の国際事業部の販売統括機能が移転）⇒2.海外の地域統括社への支援機能を中心とするタイプ（＝国内の人事，法務，財務などサービス機能が移転）⇒3.持株会社機能や統括機能を有するタイプ（生産，販売，研究開発そして本社機能を有し，そのトップは世界全体を視野におこなわれる戦略決定を分担する），以上のように類型化される。

日本企業の海外地域統括本社の多くは1のタイプである。ちなみにトヨタもまだ3のタイプに達していない。トヨタは2010年の米トヨタ車急加速事故とトヨタ批判に直面した。この問題を国際化，グローバル化の問題の角度から分析すれば，現地化への対応の遅れが原因の一つである。現地統括管理会社である北米トヨタへの権限委譲が充分でなかったために顧客のクレームに迅速に対応することができず事態を紛糾させる結果になったといえる。

(2) グローバル化の諸概念

企業のグローバル化の定義とグローバル化の戦略を説明する代表的な理論を紹介する。後者は積極的に国際化した企業の国際戦略のポジションを明らかにすることを意図したものといえる。論者により多国籍化ないし国際化とその戦略の進化・段階を区別し表現する用語は一様でなく同じ用語が論者により異なる段階を表現していることもある。今後もまた新たな用法が出現する可能性がないではない。ただもともと英語として global, international, multinational, world などの形容詞の意味はほとんど同じである。相互に置き換えることが可能であり，筆者としては用語表現に問題を感じないではない。したがって進化段階を区別して使う論者の用法を紹介するとともに一般的に使用される表現，代表的なものでは multinational, global などの表現をグローバル化の広義の表現として排除しないことを改めてことわっておく。

（国連 UNCTAD ほかの定義）
　国連の "World Investment Report" によればマルチナショナル企業，多国籍企業 multinational corporation とは「2 カ国以上の国において資産を所有する企業」である。最も広義といえる。この他にハーバード大学多国籍企業研究会では「売上上位 500 社以内，6 カ国以上に製造子会社を所有する企業」と定義する。
　ちなみにアメリカの経済雑誌の "Fortune" は毎年世界の企業の売上上位 500 社 "Fortune Global 500" を発表している。2011 年版では米のウォルマートがトップであり，英ロイヤル・ダッチ・シェル，米エクソンモービルが 2, 3 位，そしてトヨタ，日本郵政が 8, 9 位である。上位 500 社を国別で見ると，上位 5 カ国は米 133 社，日本 68 社，中国 61 社，仏 35 社，独 34 社であり，日本は 2 位で多国籍企業が多い国であるといえる。
　一方，グローバル企業とは何か，というと多国籍企業の場合と違って一様ではない。また多国籍企業とグローバル企業はどう違うかなど，それに関する議論を以下紹介する。

（マイケル・ポーターの概念）
　ポーターの概念は戦略論，組織論の視点から産業レベル，企業レベルでの戦略，組織の違いによりグローバル戦略とマルチドメスティック戦略，それに対応する企業をそれぞれグローバル企業とマルチドメスティック企業として区別する。前者では世界を単一の市場としてグローバルな対応と本社による子会社コントロールが必要になる。後者は各国の市場ごとに対応がとられ現地会社へ大幅な権限委譲がおこなわれる。
　また海外拠点の配置（分散，集中）とその同種類の活動の調整の高低の 2 次

マイケル・ポーター：多国籍企業の分類

	分散	集中
高	世界志向企業 世界志向の戦略： 機能別の国際分業によりグローバルな規模の経済をめざす	グローバル企業 本社志向の戦略： 国内と海外で標準化された製品・サービスを展開　＊2
低	マルチドメスティック企業 現地志向の戦略： 国によって競争戦略が違うのでそれに合わせて対応　＊1	輸出中心企業 輸出中心のビジネス展開

縦軸：（国別の活動が関連しているか）活動の調整
横軸：活動の配置（海外拠点がどのように配置されているか）

＊1　小売業，日用雑貨，卸売，保険等
＊2　民間航空機，テレビ，半導体，複写機，自動車等
出所：ポーター『グローバル企業の競争戦略』より作成。

元から多国籍企業を4分類した。すなわち「輸出中心企業」，「マルチドメスティック企業」，「グローバル企業」そして「世界志向企業」である。そして今後のグローバル企業戦略の方向性として世界志向企業の方向に向かうとした。

　（バートレット＆ゴシャールの概念）
　多国籍企業の経営のグローバルな規模での統合とローカル適応（現地環境への適応）の2次元から多国籍企業を，1.「マルチナショナル型」，2.「インターナショナル型」，3.「グローバル型」，そして4.「トランスナショナル型」に4分類。以下のように定義。
　1．マルチナショナル型：多様な現地市場のニーズに対応する戦略が競争優位性を有する企業。フィリップスやユニリーバなど。
　2．グローバル型：規模の経済性を追求することに競争優位性がある企業。フォードやパナソニックなど。
　3．インターナショナル型：技術重視に徹し，知識の移転に競争優位性のある企業。

4．トランスナショナル型：他の3つのタイプの要素をすべて兼ね備え，さらに現地拠点を中央の出先機関として運営するのではなく，ビジネスチャンスをつかむ重要な武器として現地のノウハウを利用する。

グローバル統合／適応フレームワーク～企業分類～

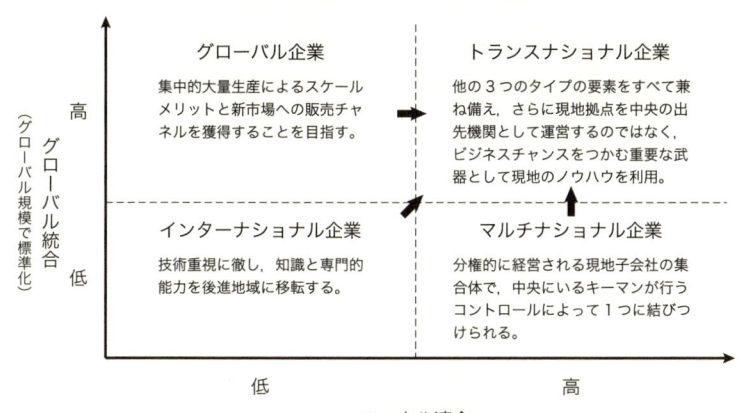

グローバル統合（グローバル規模で標準化）：高

グローバル企業
集中的大量生産によるスケールメリットと新市場への販売チャネルを獲得することを目指す。

トランスナショナル企業
他の3つのタイプの要素をすべて兼ね備え，さらに現地拠点を中央の出先機関として運営するのではなく，ビジネスチャンスをつかむ重要な武器として現地のノウハウを利用。

インターナショナル企業
技術重視に徹し，知識と専門的能力を後進地域に移転する。

マルチナショナル企業
分権的に経営される現地子会社の集合体で，中央にいるキーマンが行うコントロールによって1つに結びつけられる。

ローカル適合（現地市場環境への適応度合い）：低→高

出所：バートレット＆ゴシャール著，吉原英樹監訳『地球市場時代の企業戦略・トランスナショナル・マネジメントの構築』（Managing Across Borders, 1989）日本経済新聞社，1990年。

多国籍企業の4類型とその特徴

	マルチナショナル	グローバル	インターナショナル	トランスナショナル
能力と組織力の配置	分散型，海外子会社は自律（徹底した現地主義）	中央集中型，自国中心主義	能力の中核部は中央集権，他は分散	分散，相互依存，専門化。左記3つの欠点を除去して利点のみ組み合わせ。
海外事業の果たす役割	現地化の徹底	親会社の戦略を実行	親会社の資源・能力を適宜海外子会社に移転。	海外の組織単位ごとに役割を分けて世界的経営を統合
イノベーション戦略	現地市場向け開発を現地リソースの活用で行う。各国市場間の相互関係なし。	自国で開発したナレッジ・能力を海外に移転して応用。現地適応は極力避ける。	中央で知識を開発し，各国に移転（一方向のみ）。	共同で知識を開発し，世界中で共有。

出所：バートレット＆ゴシャール著，同上（1989）。

また各4類型を，①組織や能力の配置，②海外オペレーションの役割，③イノベーション戦略（知識の開発と普及）の3つの観点からその特徴を上のように明らかにした。

(IBM会長パルミサーノの概念)
Globally Integrated Enterprise（GIE，地球的に統合された企業，グローバル企業）は2006年にIBMのCEOであるサミュエル・J・パルミサーノが使用した用語である。パルミサーノは企業による国際化の対応モデルを，以下の3段階で説明した。
1．国際企業（International Corporation）
2．多国籍企業（Multinational Corporation, MNC）
3．グローバル企業（Globally Integrated Enterprise, GIE）

国際企業は19世紀のモデルである。多国籍企業は20世紀のモデルであり，各国の子会社がある程度の自立性と各地域固有の機能を持ち，本国の本社機能は共通機能に絞られる。各地域で個別適応が可能である反面，世界レベルではサプライチェーン，購買，人事などのバックオフィスで相違や重複が発生したり，世界レベルの対応の遅さなども発生しうる。他方グローバル企業（GIE）は21世紀の企業に求められるモデルであり，世界（地球）全体で一つの会社として全体最適化を繰り返す。企業のリソースは，グローバルである。企業の各機能は，コスト，スキル，環境などにより地球上のどこにでも配置でき，また変更できる。この新しい企業組織では，全てが結合され，仕事は最適な場所に移動できる。このためには知識・情報などの地球規模の共有が必要だが，ITによって実現できるとする。

このようにパルミサーノの概念は企業機能の最適化と統合のレベルから多国籍企業とグローバル企業を区別し後者を高次の形態としている。彼の概念が有用といえるのは彼自身が世界全体を対象に国際事業を遂行していることから，グローバル化の現在のあり方と方向性をリアルに表現していることにある。まさに世界全体を対象に最適な経営を遂行すると同時に世界各国で現地の創意工夫が生まれるような運営，個別最適が追求されている企業をグローバル企業と

いうことができよう。

(3) グローバル化の意義と日本企業の課題

　以上のようにグローバル化のレベルが企業の海外進出の程度，またその戦略と組織，さらに経営機能の最適化と統合度などの次元から評価されるという意味でもまた論者により用語が異なるという意味でも多義的であり，グローバル企業のグローバルの意義は広義であるといえる。

　論者による厳密な用法の相違を別として，もともと「多国籍」とか「グローバル」の意味を単に経済活動が地球規模に拡大するという意味で用いるならばそれは複数の国で地球規模で事業活動を展開する企業であり，またそれが最も分かり易い用法であるといえる。また同時に企業機能の世界的な最適化と統合を基準とするパルミサーノの用法も妥当であるといえる。グローバル企業間で企業機能の最適化と統合が競って追求されている現実を表現しているからである。

　なおグローバル企業や「グローカル企業」すなわちグローバルでありかつローカルな企業の中枢企業の拠点，その法人の国籍，その株式の所有と経営の分離の状況，また所有主体の国籍，そしてその子会社の所有形態が完全所有か少数所有か，また合弁形態であるかといった問題はグローバル化やグローカル化の段階の進化の一つの尺度であるがその絶対的基準ではない。特にその法人としての国籍が概念上の問題になることは少ない。そもそも超国家的な存在を志向する組織である所以である。例えばIBMは国際化が最も進んだ企業でありグローバルに事業展開している代表的企業の一つだがその海外子会社は米本社の完全所有が原則であり，その意味では米国中心の企業である。しかし同時にグローバル企業（米系グローバル企業）とであるといえる。

　ところで，以上の紹介したグローバル企業の理論モデルが国際化，広い意味でグローバル化を志向し模索する日本企業にとって，その国際経営の戦略決定の有用なツールとなるか否かであるが，その問題に答えることは容易ではない。現在国際化をせざるをえない状況に直面しているのは大企業だけでない。様々な産業の中小の企業にとっても同じであり準多国籍化ないし準グローバル化の問題に直面している。そしてそれぞれが直面する問題，解決すべき課題は

多様であるといえる。国際経営の現場で直面する問題がきわめて多様だからである。多くの事例を紹介後述したのは検討に資するためである。その多くの問題のなかで少なくとも日本企業に等しく課題といえるのは後述するように人事管理の面で最も国際化が遅れていること，解決しなければならない問題であるということである。世界レベルで人種・民族を問わない最適な人材を活用しなければ国際競争に勝ち残ることはできないからである。

（日本企業の課題）

IBMやコカ・コーラは世界市場と同時にローカル市場を拠点とし戦場としている。世界全体を対象に最適な経営を遂行すると同時に世界各国で現地の創意工夫が生まれるような運営がおこなわれるようにしている。日本企業に比較して，人事政策や商品展開など一歩も二歩も現地化が進んでいる。進出先の文化や価値観を受け入れその国に溶け込むことがグローバル化であるが，そうした日本企業はほとんどないといってよい。重要な権限を事実上，日本人が独占し，トラブル対応が遅れたことでトヨタが米国で批判を受けた。トヨタの事例が象徴するように現地社会に適応することは簡単でないが最も重要なのである。

ところで事業活動がグローカルすなわちグローバルかつローカル，地球的かつ地域的に受容され持続可能な経営が遂行されているか否かがグローバル企業の重要な問題である。特に人事管理の方式がグローカルに受容されることがこのためには重要な要件であるが，記述の理論ではグローバル化の条件として普遍的に前提とされていることでありあえて強調されていない点である。欧米系のグローバルな企業のトップに欧米系以外の出身者が就任していることは珍しくないがこのことがあえてグローカルの条件として強調されていないことを証明している。

ところが日本ではこの反対である。実は日本企業のグローバル化のためのハードルになっているのが日本企業の人事管理の方式であり，日本人以外には簡単に受容されない方式であるということである。日本企業のトップに外国人が就任していることはきわめて少数であることがそれを証明している。日本企業のグローバル化の課題を検討する場合にその人事管理方式が国際的に受容さ

Ⅲ. グローバル企業への途　71

れる条件を満たしているか否か現状に照らして検討することが必要だということである。

　マルチドメスティックないしグローカルで事業が持続可能であるためには企業の統治構造や人事など経営のスタイルや価値が一国中心ではなくグローカルに受容されるものでなければならない。それ以前に人事管理の国際的に受容される標準が確立されなければならないということが一条件であるといえる。そうでなければ優秀な人材が他国のグローカルな企業に流出してしまう。日本企業がグローバルになるためには日本企業の経営スタイルや文化がローカルにも受容されなければならないということである。もとより，日本企業が外国企業の文化，価値を受容し経営スタイルを欧米化することはグローバル化の途である。日本企業は明治以来，近代化に邁進してきたがそれは欧米化とほぼ同義であったといえる。しかし追いかけても追いつかないというところがある。その原因は時間差や距離ではなく思想の違いあるいは「文化の違い」なのであろう。その違いや隔たりの存在は簡単には如何ともしがたいものであるが，人事管理を国際化し経営スタイルを変革することは不可能ではない。そう考えなければグローバル化に踏み出すこともできない。

　もちろん日本企業がグローバル化するためのいま一つの途は日本企業のスタイル，日本企業の文化をグローバルに発信し普遍化することである。日本の経営文化が経営文化として世界的，人類的に普遍的な価値を有することを証明することでもあるということである。ただそれが世界に受け入れられることは簡単でなく多くの時間がかかる途である。

（日本の優良企業はグローバル企業か？）

　毎年，米誌のフォーチュンとフィナンシャルタイムスから「世界最大500社」（Global 500）が発表される。多数の日本企業がそのランキングの上位に位置する。ただラージェストではあるといえるがグローバル企業の意味での「グローバル」といえるか問題である。以下のランキング入りしている日本の主要な最大企業がグローバルであるか，グローバルというには問題があるとすれば何か，また課題は何か簡単に記す。

・自動車：トヨタ，ホンダ，日産　海外生産，同売上比率が高いがさらなる

グローバルな最適化と統合が求められている。
- 家電：ソニー・パナソニック・東芝・日立・NEC・キャノン・シャープ　自動車同様，国際的に展開しているが，インテルやDELL，サムスンなどとくらべ利益率が低い。国内需要，部品の逆輸入による低調達コストによる国内利益に依存。国内外市場とも競争は苛烈でよりいっそうのグローバルな最適化と統合が求められる。
- 金融：三大メガバンク　国際競争力は圧倒的に弱い。政府による保護が強かった分，国際的に通用する企業が育たなかったといえる。海外支店の営業は現地日本法人対象。シティグループ，ゴールドマンサックスのようなグローバルな商業銀行，投資銀行が日本にない。
- 製薬・医療：日本企業の開発力・販売力は圧倒的に弱く，日本トップの武田薬品でさえ世界のトップ10に入らない。グローバル企業とはいえずグローバル企業の買収対象になっている。
- ネット，SNS：日本のネット企業は国内組がほとんどである。アマゾンやヤフー，グーグル，フェイスブックなどのように世界的に展開していない。
- アパレル，ブランド品など：ファーストリテイリング（ユニクロ）などが先行するギャップやインディテックス（ザラ）に挑戦し展開途上である。ナイキやアディダスといった世界的ブランドやルイ・ヴィトンやプラダ，グッチ，エルメス，カルティエといった高級ブランドの分野で日本企業は皆無である。
- 日用品：日本で強い花王，ライオンも世界展開ではP&Gに及ばない。現地市場への適応度は低い。今後，買収されるリスクもある。
- 食料品：コカ・コーラ，マクドナルドなどのような世界展開している企業がない。現地市場への適応が必要。

以上のように，総論的にみると，世界的にラージェストな日本企業も多くは国内中心である。グローバルに展開していて，かつ，大きな成功を収めている企業は意外と少ない。ただ現在グローバルな展開の途上にある企業も輩出しているということがいえる。

Ⅲ. グローバル企業への途　73

　すでに論じたようにグローバルであることは国籍や所有と経営の分離や支配の問題とは別の問題である。世界のグローバルな企業には株式所有・支配の面では依然として家族・同族支配の企業も存在する。また，次にみるようにグローバル企業とはいえ英米，仏，独などその母国の政治や政策とまったく無縁とはいえないことも付記しておかなければならない。

◆　IBM 社の事例—多国籍企業とグローバル企業は何が違うか？—

　多国籍企業とグローバル企業の違い，前者から後者への進化について日本 IBM 社の事例をつうじて紹介する。
IBM の国際経営は米本社の機能をコピーして現地法人を展開するスタイルであった。日本 IBM は米 IBM の 100%子会社であるが，米国 IBM 本社と同じ機能（研究開発，生産，営業，マーケティング，営業業務，サポート，人事，会計，総務，等々）を全て持っていた。その意味で IBM は日本だけでなく多くの国にコピーの法人を持つ「多国籍企業」であったといえる。日本 IBM はそれら現地法人のなかでも米 IBM につぐ売上げを誇る企業である。

　日本 IBM が変貌するのは 2000 年前後からである。グローバル化が進み，インターネットで距離の壁がなくなると，IBM は各国の現地法人間で機能を分担し，世界全体で一つの会社として機能するようになる。日本 IBM は国内の製造拠点を次々と売却し購買部門も中国に移転した。社内コールセンターも中国に移る。そしてプロジェクトの開発も中国やインドからネットをつうじてデリバリーする体制を進める。そして 2007 年には米 IBM の直轄管理となった。日本 IBM 一社でほぼビジネスが完結したスタイルから米本社が統括する仕組みに変わった。日本 IBM の社員は日本の顧客とビジネスをおこない，バックオフィスのインドと連絡をとり，開発は中国でおこなう。またアメリカやイギリスの上司や同僚と TV 電話の会議に参加する。

　このように IBM は多国籍企業から脱皮しグローバル企業になったということができる。一国内の業績，その国内組織にこだわるのが多国籍企業であるが，経営資源（人，モノ，カネ＋情報）が最適に国際配分され 24 時間 365 日統合されている企業がグローバル企業であるといえよう。

◆ 三菱自動車，プジョー・シトロエン（PSA 社）提携の小史と資本提携断念の事例

両社の提携小史：
- 2007 年：PSA 向けの車両に三菱自のディーゼルエンジンを搭載開始。
- 2008 年：両社の合弁によるロシアへの工場進出で合意。
- 2010 年：三菱自の電気自動車（EV）「i-MiEV」（アイミーブ）を秋から PSA ブランドで OEM 供給。ルノーのライバルである PSA が EV の遅れを挽回することが三菱自との連携に向かう一因であった。
- 同年 3 月両社交渉打切り発表。

（参照：http://lalettremensuelle.fr/spip.php?breve673 2011.05.17）

　三菱自動車工業とプジョー・シトロエン社は資本提携交渉を進めていたが断念。ただ業務提携関係は維持すると報道された。PSA 社の 3 割の株式を所有するプジョー創業家が否定に転じ政府と銀行団も同調したためであるという。小史のように両者の関係は業務提携締結後強まっていたが資本提携にいたらなかった。

　そもそも三菱自はクライスラーついでダイムラーの 2 社との資本提携解消後，三菱グループの支援を得て再建途上であった。新たな提携先から出資を得れば三菱グループの負担も軽減される。また PSA も三菱自同様，単独では自動車産業のグローバルな競争を勝ち抜くことは困難であった。業務提携が今後も維持されるのはこのためであろう。交渉破綻の理由は PSA 側が要求する持株比率が三菱側の許容水準を超えること，提供される資本が三菱側の要求水準を満たさなかったためであろう。

　いいかえれば支配権をめぐる対立を止揚することができなかったことが一因ということである。PSA と三菱自はそれぞれプジョー家と三菱グループが支配株式を所有している。フランス企業でありプジョーのライバル企業であるルノーと日産の両社がともに所有と経営の分離した企業であること，そして両社のグローバルアライアンス（連携）がグローバル統合とローカル適応をともに高める方向を進めているのとは対照的である。株主価値最大の論理からは資本の充実と競争力強化が求められるが必ずしもそれが貫かれないのは支配の論理

が優先するからであろう。

2. グローバルな経営構造構築の途

(1) グローバル化の困難な途―米国と中国でのトラブル―

2010年春,トヨタのトップが米国議会の公聴会で査問を受けた事件は日米の企業文化の隔たり,相違を象徴する事件であった。日本では会社トップが国の立法機関で証言を求められることはない。多くの日本人がこの事件を奇異に受け止めたであろう。他方,米国では会社のトップは強大な権限を有するが同時に強いアカウンタビィリティー,説明能力と説明責任が求められる。日本の経営トップは強大な権限を個人的に発揮する存在ではなく合議機関の最終的意思決定者であるといわれる。日本の企業が伝統的な経営組織や統治構造,そして思想を継承していることはトヨタのような世界的企業でも同じである。今後海外で事業展開する日本企業がトヨタと同様な問題に直面する機会が増えることが予想される。

同時にこの事件は日本本社と米支社間のコミュニケーションの問題と権限移譲の問題点を考えさせる事件であった。本社と現地が情報を共有していないこと,本社が米国法人の意思を把握していないこと,そして現地法人が臨機応変な対応をとれなかったことがいたずらに問題をこじらせたともいえる。

本当の意味での企業がグローバル化するためには,一度現地に権限委譲が正確におこなわれ,その上で本社が現地の情報を的確,正確かつ迅速に吸い上げ,臨機応変に決定し処理できる体制を構築することが欠かせないのである。

◆ トヨタの挫折とセンチメントな問題

トヨタの問題は経営管理の国際化だけでは対応できない海外経営の難しさを改めて考えさせた事件であるといえる。アメリカ経済が不況であること,特に自動車産業の経営が不振であること,2009年GM,フォード両社が事実上,経営破綻したことと2010年のトヨタの事件は無関連ではない。アメリカの象徴的な会社2社がトヨタに生産台数トップの地位を譲ったことは戦勝国のアメリカ人にとって愉快なことではない。事件の背景にセンチメントな問題がある

ということである。トヨタ車暴走事故を契機に事件を政治問題化し議会に喚問し，トヨタバッシングすることは議員にとって手柄となる。そしてそのショーを見ることでアメリカ人の鬱憤が晴らされるのである。トヨタの経営陣がこうした米国文化を理解し備えていたとはいえない。リスク管理思想の甘さが露呈したといえる。

（日本バッシングとリスク）

　国際経営の難しさの一つは政治経済，社会の些細な事件を契機に異なる文化や国の企業が攻撃の対象になることである。こうしたリスクは商業リスクとは無関係のリスクであるが競争企業につけこまれる。外国で受け入れられるための地道な努力が必要であるが経営努力だけで解決できない問題がある。

　トヨタの事例は実は他の日本企業にとっても他人事ではない。アメリカでトヨタが受けたバッシングと同じように日本企業が韓国や中国などアジアの国々でバッシングの標的になる可能性は少なくない。経営管理の国際的な分権体制を確立することが必要なことはもちろんであるが，国と国との政治・外交関係が良好でないと経済関係は悪化し困難な経営環境に直面することがある。

◆　中国でのトラブル事例

・SK-II クロム検出報道事件

　2006年9月，人民日報ウェブ版が中国広東省の輸出入検査検疫部門が米P&G子会社マックスファクター社製造（主に日本で製造）のSK-IIについて，化粧品への使用が禁止されている重金属のクロムとネオジムを検出したと報道した（欧米，日本また台湾，香港でも安全上，問題にされていない。後日，中国当局も事実上発言を撤回）。返品・返金を求める消費者が販売コーナーに殺到。P&G上海支社入口のガラスドアが破壊される騒ぎになった。

　事件の背景として日本政府が先に同年5月末，食品の残留農薬規制を強化した結果，中国農産物の対日輸出が減少していた。日本側ではこれに対する報復措置ではないかとの見方が広まった。もちろん憶測ではあるが，こうしたトラブルの根底には日中間の政治，経済，外交のつまずきがあり，中国側の政府，報道のありかたが消費者の過剰な反応を引き起こしたといえる。

・トヨタの広告が中国を侮辱？／トヨタ，公式謝罪

2003年12月に起きた事件である。自動車の広告が思わぬ騒動となった。1枚は2頭の石の獅子がトヨタ車に敬礼やお辞儀をするポーズをとっており，「尊敬せずにはいられない」とのコピーがついている。もう1枚は，トヨタ車が雪道で中国の国産車とみられるトラックを牽引している。

これらの写真が「中国の象徴である獅子に敬礼させたり，トヨタ車が牽引するのが人民解放軍の車に見える」などとして，一部の中国人がインターネットなどを通じて「中国人を侮辱している」と問題視した。騒ぎが大きくなったため，トヨタは「配慮が足りなかった」と陳謝。広告は現地の代理店が作成したものだが，トヨタもとにかく謝っておけば市場は安泰だからと大人の対応。

微妙な問題であることは確かだが対日感情が悪化しているなかで起きた事件である。トヨタはこれ以上の対応はとれなかったともいえる。

◆ 日本への経済制裁，97％が賛成（環球網アンケート）

2010年9月尖閣諸島で中国漁船が違法操業，海上保安庁巡視船の停止命令に対し巡視船に体当たりした船長を拘留した事件について，中国の有力ネット（共産党系）のアンケート結果である。

ちなみに事件後の中国政府の対応は報復的である。日本は事態が紛糾しないよう低姿勢に終始した。経過を略述するとつぎのとおり。

日本：船長逮捕

中国：即時釈放要求／レアアースの事実上の輸出制限／在中国トヨタの販売促進費用を賄賂と断定し罰金を科すと決定／予定されていた日本人大学生の上海万博招致の中止を通達／フジタ社員4人を拘束（軍事施設を撮影したとの理由）

日本：船長釈放　後不起訴処分

戦前，日本と中国の関係が深刻な対立そして戦争へ発展した背景の一つは，日本の進出・侵略と中国の度々の日貨排斥である。1915年の対華21か条要求から1931年の満州事変の間に9回の組織的な日貨排斥運動が起きている。戦前の日貨排斥にかわって日本へのレアアースの出荷制限である。外国と対立し

た時に大衆の排外主義に火をつけるのが中国の為政者の常套手段である。ネットアンケートの意見と政府の対応は奇妙にも一致している。日本製品を一方的に排斥することは中国の利益にもならないと思われるがそうした指摘は報道されない。政治が優先する。

今後も日中間の衝突が経済的な報復を引き起こす危険がある。日本企業もこうしたリスクを考慮しておかなければならない。

(2) グローバル経営の構築の事例

日産は日本企業が外国の経営スタイル，文化を受容した代表的事例である。資本提携によりルノーが43.4％の株式を所有しているから外国企業に支配された企業というべきかもしれない。この点を保留してそのグローバル化を同社広報の情報から紹介したい。

(日産・ルノーの統合組織)

ルノーが日産の株式の43.4％を保有，一方日産はルノーの株式の15％を保有する。そして2002年3月28日，共通戦略の決定とシナジーの実現と管理を目的とするルノー・日産BV（オランダの株式会社略称，非上場）を設立した。同社の登記上オフィスはオランダにある。ルノーと日産両グループが共同で，且つ対等の立場で運営される。ルノー・日産BVはまた，アライアンス・ボードの登記上の本社であり，アライアンス・ボード・ミーティングはパリと東京で定期的に開催されている。

アライアンス・ボードメンバー（AB）は，ルノーと日産のエグゼクティブ・コミッティー・メンバーで構成されている。ABの役割は，シナジーの創出を促し，ルノー，日産各社の戦略的な方針及び，事業計画を承認する。また，両社の共同活動の意思決定をおこない，アライアンスの進捗状況の把握に努める。一方で，日産とルノーのマネジメントはそれぞれ独立しておこなわれる。

そしてステアリング・コミッティー（SC）が，シナジーの発掘，共同事業の統括，事業の優先順位決定，ABミーティングへの提言，提案の策定をおこなう。また，各担当領域でのベンチマーキングの実践，決定事項の実施状況の監督もSCの役割である。さらにSC傘下の組織としてクロス・カンパニー・

チーム (CCT) が新しいビジネスの機会，シナジーを発掘し，ライン組織の活動実施状況を監督する。またファンクショナル・タスク・チーム (FTT) はアライアンス組織の日常活動を支援し，促進を図り，ルノー・日産間の業務や基準の調和を図る。

タスク・チーム (TT) はアライアンスプロジェクトを実行する。また，具体的な任務及び納期を有し，SC を支援する。

・**アライアンスの戦略的運営**
：ルノー・日産アライアンスは，下図のような組織で戦略的に運営されている。

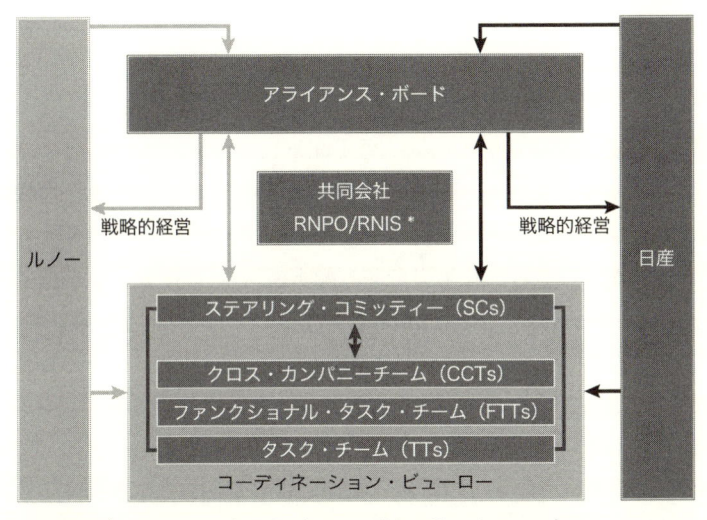

[図：アライアンス・ボード／共同会社 RNPO/RNIS／ステアリング・コミッティー (SCs)／クロス・カンパニーチーム (CCTs)／ファンクショナル・タスク・チーム (FTTs)／タスク・チーム (TTs)／コーディネーション・ビューロー／ルノー／日産／戦略的経営]

* RNPO（ルノー・ニッサンパーチェシングオーガニゼーション）
  RNIS（ルノー・ニッサンインフォメーションサービシズ）
出所：http://www.nissan-global.com/JP/COMPANY/PROFILE/ALLIANCE/RENAULT03/ 2011.05.17

（日産・ルノー統合の成果と問題）

このように日産の広報によれば日産が完全にルノーと組織的に統合されているということができる。ルノーが日産の支配株主であり日産の主要役員もルノー出身であることから両社が対等であるのは形だけである。すでに見たよう

に 1999 年，経営破綻寸前の日産はフランス・ルノー社と資本・業務提携を締結した。日産は先進国市場での過剰生産の問題，世界的な環境規制への対応，そして円高への対応といった三重苦ともいえる状況にあった。現在もこの点は変わらない。

環境規制がますます厳しくなるなかで電気自動車 EV の開発に巨額の開発費を捻出するのはきわめて困難な状況である。ルノー・日産はこの EV 事業にバッテリー製造を含めて約 5000 億円の投資を予定している。両社の提携の効果はコストの節約だけでない。世界に先駆けて EV の量産化を米国で 2010 年開始したようにそのビジョンは世界に向けられ実現されている。EV の開発に日産・ルノー提携の意義が最大限発揮されたといえる。

日産は単独でこのようなグローバルな戦略遂行を実現できただろうか？日産はルノーの傘下に入ったことで，EV のような世界各国の産業，政府との広範な協力を必要とする事業に参加することができたということがいえよう。

ただ見方を変えれば完全にルノーの支配下に入ってしまった日産がルノーの金の卵であり続けなければならない存在だということである。提携締結当時「小が大を飲む」ともいわれたが，提携後 9 年余り 2008 年前期までの間にルノーの日産株から得られた果実である配当所得は 3688 億余りに達する。ルノーの利益に対する日産の貢献度がきわめて高いのである。高い技術を有し規模もルノーに勝るにもかかわらず経営破綻に陥った日産はルノーと提携することで生き残った。提携とはいえ実質買収されたも同様といえる。グローバルな戦略なきがゆえにグローバルな格下企業の軍門に下ったともいえる。ただこうした見方も国籍という観念にこだわる見方といえるかもしれない。

以下最近公表された両社アライアンスの成果について略述紹介する。

・2010 年 4 月 7 日　ルノー・日産アライアンスとダイムラー AG，幅広い分野で戦略的協力
・2010 年 9 月 23 日　日産・ルノー：車台共同開発で 10 車種統一，部品調達先も絞る（参照：www.bloomberg.co.jp/news/123-L96EMD1A74E901.html）
・2012 年 5 月 4 日　日経記事：「日産・ルノー連合，ロシア自動車最大手アフトワズの株式過半取得」

上記は両社のアライアンスにより実施された布石の一端にすぎない。提携

締結後10年以上経過したが，両社アライアンスに基づく世界戦略は着々とぶれなく実施されその成果が実現されてきたといえる。アフトワズの支配権を取得し最後の新興国市場ともいえるロシアに橋頭保を築くことは，先行するGM，フォルクスワーゲン（VW）に追いつき追い越そうとしているともいえよう。

◆ 仏ルノーとの融合，新段階に

日産自動車が2013年後半に導入する新設計手法「コモン・モジュール・ファミリー（CMF）」は資本提携先の仏ルノーとの車の一体開発の加速である。

これまで両社は部品の共通化に取り組んできた。日産「マーチ」とルノーの「クリオ」，日産「ラフェスタ」とルノー「メガーヌ」は車台を共有している。ただ他の使用部品は異なっていた。これも共有化すればさらにコスト削減効果が得られる。VWはすでにグループのアウディ社やチェコのシュコダ社，スペインのセアト社などと部品を共有化している。日産がこのVWやトヨタと対抗するためには部品の共有化により両社に匹敵する規模の生産を実現しなければならない。

部品の共有化，開発で一体化を進め，さらに生産部門を統合することで一層コスト削減は実現される。しかし両社の異なる生産方式を擦り合わせることは簡単ではない。事実上，日産が主導するほうが時間はかからないであろう。ただコスト削減分を先進技術の研究開発や商品競争力の高い新車開発に配分しなければVWやトヨタなどに対抗することは難しい。

◆ 欧米で進むEV技術の「国際標準化」争いと日産

日本の経済力の規模に比し国際社会のなかでの日本の発言権は欧米に比し小さい。同様に技術の国際標準化を決める争いでも国際機関のなかで欧米に比べ影響力が小さい。EVには駆動モーター，蓄電池などに加え，急速充電設備といったインフラ面でも新規の技術が必要とされることから，国際的な普及に向け技術の標準化の動きが急速に進められている。そのため今後普及が進むEV関連の技術については他国に先駆けいち早く自国に有利な形で国際規格を構築しようと各国が躍起になっている。

標準化をめぐる争いではフランスのプレザンスが強いことからルノー・日産を通して日仏が間接的に関係を構築していることはプラスの要素である。日産は米国のEV充電インフラ開発プロジェクトに参加することが報道されている。すなわちEV4700台を提供し大規模な実証実験に参加するという。そして米政府から14億ドル（約1120億円）の融資を受けた。日本の充電方式を広め米国と密接な関係を構築する好機である。（参照：『エコノミスト』2010.11.23号）

このように日産はEV技術の国際標準化争いでは日系企業のなかでトヨタやホンダよりも先行しているといえる。これもルノーとの連携がなければ不可能であったといえるかもしれない。

◆ EVのプロモーション

通常の新車と異なり「リーフ」ではマス広告は少ない。EV車のよさを顧客に伝えるために「電気を使った生活」を提案し顧客と双方向のコミュニケーションを図るようにした。地方自治体やNPOとの連携を進め，ワークシップや試乗会をおこなう「全国ツアー」をおこなっている。リーフ発売前にイベントを通じて接した消費者は10万人にも及ぶという。（参照：『週刊東洋経済』2011.01.08号）

ただまだまだ売上がのびていない。2011年11月一部改良し，車体重量を80kg軽量化し航続距離が14％上昇し，228kに伸びた。価格も28万円引き下げる。国と自治体の補助金を得られれば実勢価格が200万円を切る地域も出てきそうだ。今後，量産でコストを下げ消費者へ価格引き下げなどで還元する好循環を築けるか注目される。

(3) 日本企業グローバル化の多様な歩み
（グローバル化の地道な企業努力）

地道な努力で国際化を進めている事例，成功した事例を紹介する。輸出中心から転換し現地化を進める事例，国内で蓄積されたノウハウを生かした海外事業の創業，そしてマルチドメスティック化，グローバル化のための人材育成の事例である。もとよりグローバル化を進めるうえで文化の壁をこえるのは容易でない。そこで国籍や民族や宗教を異にする従業員に共通の企業文化を確立す

ることが重要になる。

◆ ヤマハ発動機

同社の主力事業はオートバイと発動機であるがホンダに約10年遅れて1955年創業。ホンダに海外販売でも遅れたが，現在懸命な努力で市場開発と現地化をすすめようとしている。

125cc以下のオートバイ生産はすべて海外に移管したが，先進国を除く世界137の国や地域での同社製品の販売・普及は現在のところ本社海外市場開拓事業部でおこなっている。ただ本社海外事業部は輸出中心を転換し現地化を進めている。

そのために布石となるのが人材育成である。入社4年目までに日本人社員すべてに海外経験をさせる。また同社は2013年4月の新卒採用から秋採用を導入することを明らかにした。主力の二輪車事業などで海外の売上比率が9割を占めており，海外の大学を卒業した優秀な者を採用するためだ。(参照：www.asahi.com/business/update/.../TKY201201120556.html 2012.08.31)

また日経産業新聞に連載された記事は同社海外営業マンの地道な努力を紹介し感動的である。概略を紹介する。すなわち，船外機の営業マンはウガンダで地元の漁師に魚の取りかたや保存法を指南し，信頼を少しずつ勝ち取りながらゆっくりと漁師のネットワークに入りこむ。ヤマハ発は1960年代からそうしたやり方で市場を開拓しシェアを引き上げてきた。

ガーナではメンテナンス部隊が定期的に村を訪問し丁寧にメンテナンスの方法を指導。ヤマハ発がこれだけ懸命にとりくむのは船外事業の先に控える二輪事業につながる可能性があるからだ。新興国で事業展開に懸命なのは新興国こそ残された成長市場だからだ。(参照：『日経産業新聞』2011.10.19)

◆ ヤマト運輸

同社は国内で確立されたノウハウ，サービスを海外でユニバーサル化を進める戦略である。世界の総合物流市場ではフェデックスやUPSが先行し日本でも急成長しているが，宅急便のようなきめの細かいサービスは日本ならではのものであり，可能性は高い。

日本では佐川急便と宅急便市場を二分するが，海外売上高は全売上高の1.5％，約183億円（2011年，3月期）と総合物流最大手の日本通運の10分の1にも満たない。ただ日通の海外事業は日系企業，海外日本人顧客中心であり，ヤマトが宅急便で日系企業，日本人のみならず現地の法人，個人の顧客の市場開拓の余地は充分ある。

現地化のために重視しているのが人材育成である。市場拡大のために必要なのは質の高いサービスである。そこで現地社員に挨拶からはじまる日本的な応対の基礎を教育する。日本から派遣された指導官に認められてはじめて正式採用となるという。

◆ 住友電気工業

同社は世界34カ国にグループ従業員18万人をかかえる。8割が外国人である。2007年以降，海外グループ会社の外国人幹部人材の把握をおこない，日本での集合研修やエリア毎の研修など，グローバル人材の育成に取り組んできた。また経営理念や住友事業精神，モノづくりの基礎などに関する全世界共通の教育ツール「Basic Training Program」や，多言語で発行している「グローバル社報」，国内外の幹部社員を対象にした社内SNSシステムなど，グローバルな価値観の共有やコミュニケーションの強化にも取り組んできた。

プレスリリースによれば，新たに世界共通の幹部登用制度をつくるため，マネージャー以上の外国人幹部400人の人事データベースを一元化する。従来，外国人の人事は海外法人や事業本部の裁量にまかされてきた。これを見直し，国際間移動に道筋をつける。海外で戦略立案を実行できるリーダーが欠かせないが，そのために世界共通の人材活用のルールを作ることが必要になったからである。（参照：http://www.sei.co.jp/news/press/11/prs934_s.html 2012.08.15）

このように企業文化の確立，世界共通の人材登用のルールの作成への着手はグローバル化への布石である。

（マルチドメスティック志向の日本企業）
◆ 資生堂

資生堂のホームページから同社の世界戦略を紹介する。

資生堂は，1957年に台湾で化粧品の販売を開始したことを皮切りに海外進出をすすめ，2009年12月現在では世界の73の国と地域で事業を展開している。世界市場でプレステージ・ブランドとしての存在感を一層高めるため，重点施策として世界中で調査を実施し，商品はもちろん，ブランドイメージの向上を図るコミュニケーションのあり方から，デパートカウンターでの対応といったさまざまな要素を検討し，グローバルブランド「SHISEIDO」の革新に向けた全体像を構築してきた。店頭でグローバルブランド「SHISEIDO」を表現する花椿マーク，SHISEIDOロゴ，シンボリックサインを展開している。（参照：http://www.shiseido.co.jp/ir/library/s1003jig/html/jig002.htm 2012.05.17）

　このようにブランドイメージの向上，浸透を重点とする戦略である。最重点のマーケットが成長率の高い中国である。資生堂の化粧品を取り扱う専門店は5000店規模に迫り，売り上げは2ケタ増で伸びている。また中国市場の10％前後のシェアを有し，仏ロレアル，米P＆Gと首位争いを繰り広げている押しも押されもせぬトップブランドである。商品だけでなく，人材の現地化も着々と推進した。200人の中国人トレーナーが，1万2000人の美容部員を教育している。2008年には日本以外では初めての研修センターを上海に設立した。

　また資生堂は海外の小国への進出を加速している。2009年，エジプトやラオス，モロッコ，アゼルバイジャンで高級化粧品の販売を始めた。国内化粧品市場が成熟する中で，今後の成長が期待できる地域にいち早く足がかりをつかみ，ブランドイメージを確立して将来の収益源を育成する狙いだ。新規市場への進出に加えて，既存地域の強化も図っている。北米の化粧品メーカー，ベアエッセンシャル社の買収である。1800億円もの巨額を投じた。

　なお販売強化のために資生堂の企業文化を理解した美容部員の教育・育成が必要である。2012年7月25日東京・台場で実施された「BCコンテスト世界大会」は世界88の国と地域で活動するBC（ビューティーコンサルタント：美容部員）が，日頃培っている美容技術・応対力を競い合うもので，今回で第3回である。参加総数約2万300人（国内約8500人・海外約1万1800人）の中から1年以上をかけて選抜された32人（国内16人・海外16人）のBCが，「おもてなしの心」から生まれた自身の所作や技を競ったという。

　このように世界中のBCを集め資生堂文化を理解する美容部員を育成しブラ

ンドの浸透を徹底しようとしている。その意味で集中的でありかつ世界の多様な化粧文化に適応しようとする典型的なマルチドメスティック戦略であるが，今後もブランドの徹底と現地適応のバランスをとることが必要になろう。

ただ12年秋，尖閣諸島国有化で反日運動に火が付き，中国国内は買い控えにあい売上が減少している。日本国内売上も低調で11年3月期より3期連続減収減益である。実は国内では資生堂のブランド価値の低下が進行しており店頭販売価格の値下げも実施している。価格低下とブランド維持は両立しない。他方，美容部員を派遣しカウンセリング販売を続けることはブランド維持のためであるが高コストの構造的要因でもある。中国での売上回復の見込みが不透明のなかで国内営業の立て直しの新しいモデルが模索されている。

◆ 味の素

同社の海外戦略は，当初は輸出中心の事業展開であった。日本国内で製造されている商品を海外現地法人をつうじて日系人向けに販売した。しかし日系人以外に受け入れられなければ販売を増やすことができない。そこで，本格的に販売を増やすために現地の味覚に合った調味料を現地で生産することにした。こうした戦略転換によって多数の国で日本製品の姉妹商品が開発された。

同社の強みはグルタミン酸ナトリウムをベースに国により異なる味覚の微妙な違いを形式化し，それに適合した商品を開発・改良できる技術力である。同社の工夫はそれだけでない。現地の味覚に合わせた新商品を単に開発するだけでなく，調味料を使う習慣がまったくない消費者に対し，それを使って料理をする食習慣を根付かせたことである。食品スーパーや地元の食料品店で調理実演をおこないながら，調味料の意味を説明するなどして，その使い方を伝えるという啓蒙活動を展開した。このように基礎技術を多くの国で応用し現地に適応させる戦略である。

◆ キッコーマン

1957年米サンフランシスコに販売会社，1973年独デュッセルドルフにデモンストレーションのための焼肉店開店など早くから国際化に取り組んできた。欧米における日本食に対する健康食としての評価が高まり良い成果があがって

いる。ただキッコーマンは欧米における成長が今後これ以上見込まれない場合も想定して新たなマーケットとして中国をはじめとするアジアに注力している。中国では台湾企業と合弁で2002年に出荷を開始した。さらにブラジルをはじめとする南米での展開を進めようとしている。

ただアジアにおいては醤油文化が既に存在するということが問題でもある。そこで同社はあえて現地の既存の製品に合わせるのではなく日本と同じ醤油を売りこむことにしている。2010年上海万博において日本の料亭を再現し中国人に提供したのも日本食文化の普及と日本醤油の普及を並行して進める戦略からである。一方、日系人が多く居住するブラジルをはじめ南米では、日系人を対象に売り込むだけでなくスーパー等の店頭で現地料理への醤油の活用法を示していくなど地道なブランド浸透を目指している。

◆ 吉野家

世界で約500店舗を展開している吉野家。国内店舗数が1172に対し2012年1月末現在507店に。海外店舗展開の歴史は、1975年の米国でスタートした。1980年代には米国で会社更生法を申請したものの、その後、力強く復活。台湾を皮切りにアジアへと進出していく。1990年代には未開拓の地域に出店を加速し、海外での店舗数を順調に伸ばした。2000年代になると、進出した国や地域で吉野家ブランドが広く認知されるようになる。また、各国・地域で蓄積してきた出店ノウハウをもとに、グローバル体制を確立。将来のビジョンに「日本初の食のグローバルブランドを目指す」を掲げ、海外1500店舗を目指してさらなる事業拡大を推進している。(参照：http://www.yoshinoya-holdings.com/ir/about/global/index.html 2012.8.31)

吉野家が世界で販売している牛丼は日本食の一つであり、日本食そのものに対して世界では安心・安全といった付加価値のある食事というイメージが定着している。吉野家には創業100年を超える歴史の中で守られてきた食材、タレ、レシピなどがある。これを吉野家ブランドとしての信頼感や安心感につなげ、競合他社との差別化を図り、独自のノウハウとして海外でも展開している。

吉野家は海外事業を展開する際、現地の文化により近いものにしようとす

る姿が伺える。例えば，インドネシアにおいて「甘くて塩味」が好評であるという市場調査結果が出ると，牛丼だけでなくそのような味付けのメニューを作り，さらに食材はすべて「ハラル」（イスラム教徒が摂取できる食物）であり，牛肉も殺し方がイスラムの教えに従ったものを使用しているなど現地にあったサービスの提供にも取り組んでいる。

ただ海外店舗数は多いものの，フランチャイズチェーン展開が中心であるためか，収益への貢献度は高くなく，海外売上比率は約6％にとどまっている。

◆ モスフード

モスバーガーの海外展開は1990年に台湾に合弁会社を設立し，本格的にはじまった。その後シンガポール，香港，タイ，インドネシア，中国，オーストラリア，韓国と8つの国・地域に進出しており，海外店舗数は293店（2012年3月末現在）にのぼっている。モスバーガーの中核メニューはすべての国で販売しているが，現地法人と協力しながら各国・地域独自のメニューも開発している。

一方で，現地で評判のいいメニューを我が国に逆輸入することもあり，国内店舗の活性化にもつながっている。日本流の良質なサービスを提供するため，従業員の教育にも力を入れており，新規出国の店長，マネージャーなど現地法人の幹部は我が国で研修を受け，現地採用の社員，アルバイトには現地で教育をおこなっている。現地語に訳したマニュアルやオリエンテーションビデオなどのツールを用意しており，さらには現地法人には必ず日本本部からの駐在員を置くことで，同社の理念や企業目標を海外店舗に浸透させることにも注力している。（参照：2012年通商白書）

◆ 現地化するコンビニ

セブンイレブンが「本家」である米サウスランド社から買収した海外店は米社のライセンスを受けているが運営手法に問題が多い。国内店舗と比べ売上高が半分以下，4分の1の国もある。それを底上げするために日本で培った物流や店舗運営の手法，例えばきめ細かい商圏調査とそれに合わせた品ぞろえ，弁当などの商品開発のノウハウを提供する。

インドネシアでは現地の出店規制の関係から飲食業の免許で営業している。そのため始めから「カフェコンビニ」業態で，マクドナルドやケンタッキーが競争相手である。バンコクでは店の軒下に屋台がびっしり並ぶ。その奥にコンビニがある。屋台と共存してこその商売だ。

ファミリーマートのジャカルタ店はおしゃれな外観でプロ歌手のライブも開くなど日本国内のコンビニとはコンセプトが異なる。他の店でもイートインコーナーは学生や地元民のたまり場スポットになっている。学生はそこで宿題をしたり，焼き鳥を食べながら談笑したりして時間をすごす。焼き鳥は最も売れる商品の一つ。売上の7割はファーストフードを中心に店内で消費されている。

インドネシアに限らず東南アジアでは国ごとにコンビニに求められるコンセプトが異なる。上述のように国内とは市場環境が違うし品揃えも現地の事情に適応しなければならない。したがって海外では日本流をそのまま持ち込むのではなく，まず優良な提携先企業を見出し良好な関係を作ることがフランチャイズ事業成長の正否を分けるカギである。現地の消費財の価値を知っているのは現地人であり現地パートナーとの綿密な連携が重要になる。また現地の事情を知る人材を雇い，人材を育てることが必要である。

(グローバル志向の日本企業)
◆ マキタ

電動工具最大手のマキタは愛知県岡崎に主力工場がある。1970年にアメリカに進出以来，世界30カ国以上に40社を超える海外子会社を設立，販売網やアフター・サービス体制を充実させ，業界のリーディングカンパニーとなっている。また，海外生産も活発で，1985年に稼動したアメリカ工場をはじめ，中国，イギリス，ドイツ，ブラジル，ルーマニアで電動工具等の製品を生産しており，現在ではグループ生産の半数以上が海外生産となっている（同社HPより）。世界の電動工具市場シェアでは約20％（日本国内は40％），1982年にはルクセンブルグにも上場した（後，上場廃止）。現在米ナスダックに上場。海外売上高85％超で円高，国内の高い人件費が足かせである。マキタの主要戦略はつぎのとおりである。

：1995 年　中国江蘇省昆山に工場進出。年間 1500 万台，マキタの 3 分の 2 を生産。世界の輸出基地となっている。
：国内工場の岡崎工場を世界の工場の「マザー工場」化し技能や生産技術を輸出
：国内工場で設計，生産設備の配置，組み立てなど量産化技術など確立
：世界中の工場から研修生を受け入れものづくりの心得を錬成
　今後，国内外工場の役割，位置づけを再検討すること，新製品開発が課題

◆　YKK（吉田工業）

　富山県黒部市に大規模な生産拠点を置き，世界 70 カ国／地域 122 社に拠点を持つ。ファスニング事業，建材事業，工機の 3 部門によるグローバル事業経営と世界 6 極による地域経営を基本としている。特にファスナーの世界市場で本数 25％，金額で 45％のシェアを誇るトップ企業である。海外進出の歴史は古く，1936 年の北中米への輸出開始，1959 年ニュージーランドに第 1 号海外現地法人（ファスナー製造販売）設立以来，海外での事業展開はすでに半世紀以上の歴史を持っている。NASA の宇宙服，ルイ・ヴィトン，ナイキ，アディダスなどさまざまな企業の製品で使われている。

　中国における事業展開が本格化したのは 1990 年代以降である。2002 年蘇州に工機会社を設立した。その動機がユニークである。同社会長によれば「YKK の偽物が氾濫するのを止めなければいけないという意味もありました。我々の作った本物の YKK のファスナーを提供していくと同時に，偽物も減らしていくことが目的でもありました」とある。

　同社の現地化も特色である。現在では，中国 13 社従業員合計 9000 人ほどで，230 人ほどの幹部がいるが，その中の半分，110 人は中国人である。最高意思決定ができるトップマネージャーはまだいないが必ず中国人のトップが出てくると語っている。現在，YKK グループは世界に 122 社があり，6 極のトップのうち，日本は日本人の現会長，アメリカはアメリカ人である。（参照：http://www.ykk.co.jp/japanese/business/me.html 2011.05.17，『月刊中国 NEWS』09 年 11 月号）

◆ セブンイレブン

　もともとセブンイレブンは米国発祥のコンビニエンスストアである。1973年イトーヨーカ堂の子会社ヨークセブン（現：セブンイレブン・ジャパン）がアメリカの Southland Corporation（サウスランド社／現：7-Eleven, Inc.）からライセンスを取得して，日本で事業を開始した。その後子会社セブンイレブン・ジャパンが売上，利益とも親会社イトーヨーカ堂を上回る親孝行会社となり，ヨーカ堂グループの再編により組織された持株会社セブン&アイ・ホールディングス傘下の中軸会社となった。

　セブンイレブン・ジャパンが日本におけるコンビニエンスストア最大手となったのは，習慣のちがう米国の流通システムをそのまま日本に持ち込んだからではない。日本で成功したのは日本に通用する仕組みを開発し定着させたからである。それだけでなく流通業界の常識をくつがえす流通革新を実現した。最初の革新は商品を仕入れる仕組み作りであった。余分な在庫を抱えずに済むよう商品を小分けして配送してもらう方法を考案した。この方法は卸売業者から猛反発を受けた。また共同配送の仕組みも他社の商品を運ぶなど考えられないと反対された。それでもこれらの仕組みがコスト面でメリットが大きいことを理解してもらい受け入れられた。

　そのほかセブンイレブンおにぎりや弁当の販売，POSシステムの導入，メーカーとの提携によるPB（独自商品）の開発，店舗周辺の住民構成やその日の天候や近隣の学校のイベントなどに合わせたきめ細かい販売をおこなうなど，需要の開拓や流通効率性の向上に努めて高収益を実現した。こうして，もともとアメリカで誕生したセブンイレブンの業態は，日本市場で独自の発展を遂げた。1991年には当時経営に行き詰まっていたライセンス元のサウスランド社を逆にイトーヨーカ堂およびセブンイレブン・ジャパンが買収し子会社化した。

　その結果セブンイレブンは，同社HPによれば2012年7月末現在，青森，鳥取，四国4県以外の国内1万4311店，同年6月末現在国外3万3067店，世界で約4万7400店舗を数え，店舗数は年間に1800〜2000店舗ずつ純増し続けている。

　セブンイレブンの強みは「マーチャンダイジング（MD）」「店舗設備」「店

舗オペレーション」「情報および物流システム」の4点の事業インフラである。今後，セブンイレブン・ジャパンはセブンイレブン・インクと連携して各国へのサポート体制を整え，事業インフラの共有と各国の実情に合わせて事業インフラを最適化する経営を推進することを志向している。

また，情報交流を活発に進め，商品開発や資材調達の共有化も推進する。現在，すでにグローバルMDで開発したワインを日本，アメリカ，中国で販売している。国際的な商品の開発である。またグローバルMDの第2陣としてコーヒーの共同開発にも着手した。全世界のセブンイレブンの力を結集することで，世界中から優れた商品を有利な条件で調達する体制を確立している。

(参照：http://www.7andi.com/challenge/107_1.html 2011.05.17)

◆ サンリオ

サンリオの海外営業利益は2010年3月期，124億円。ロイヤリティ収入が急増していることが大きい。海外利益急増の理由はキティちゃんグッズを販売する収益モデルからロイヤリティ供与に転換したことが大きい。従来は直営店で販売するスタイルであった。コントロールが利く反面，店の拡大スピードが遅くなり客を逃してしまう。そこで物販を縮小しライセンスを供与する形に変えた。

2010年11月26日，ニューヨーク米感謝祭パレードでスパイダーマン，スヌーピーと並び見物客の注目を浴びたのはキティちゃんの巨大バルーンだ。キティちゃん熱の浸透は欧州でも米国に劣らない。なぜキティちゃんは海外でも稼げるのか？

まず「現地化」の推進である。本社主導の体制を見直し，現地オフィスに権限を大きく委譲した。これで大きく変わったのがデザインである。同じキティちゃんを題材にしても国により好みのデザインは大きく異なる。また前述の物販からライセンス供与へのシフトも成功要因である。キティちゃん製品が世にあふれるようになったのはコラボレーションを結ぶ企業が大幅に増大したためである。

キティちゃんのようなシンプルでかわいいキャラクターは日本だからこそ作れるキャラだ。日本で生んだキャラを海外へ輸出するパターンを今後も続ける

が，将来的には海外で開発されたキャラを海外で販売することも視野に入れている。(参照:『週刊東洋経済』2011.01.08 号)

(4) 日本発のコンセプトは可能か？―日清カップヌードルと AKB48―

　世界の経済が不安定である。モノがあふれている。またブランド価値も剥げ落ちた商品も多い。小売りが低迷するなかで求められるのは新しい価値をもつ新しいコンセプトの商品である。いままで検討してきたグローバル企業のモデルの用語を使えば，モノづくりを中心とした「輸出依存型経済モデル」でもない，また独自のアイデンティティを強く打ち出し，それに従わないものは拒絶するというルイヴィトンのような欧州モデルでもない新モデルが求められる。日本のマーケットでカルフールやウォルマートが失敗したように欧米の価値を押し付けるような商法も受け入れられない。そこで以下，過去のロングセラー商品と J ポップの進化をつうじてどのような商品が世界に通用するか考えたい。
　例えば日清食品の「カップヌードル」は，中国起原の麺から開発された即席麺「ラーメン」をベースに 1971 年開発された。同社の創業者が米国出張中，バイヤーが同社のチキン麺を割り紙コップに入れお湯をかけフォークを使って食べるのを見たことが開発のヒントになったといわれる。それは中国麺でもラーメンでもない「ヌードル」と称して商品化された。中国風でも欧州風でもない日本風の新しい価値の商品が誕生したのである。発売以来 40 年，現在世界 80 カ国を超える国で消費されている。
　他方音楽の世界では山口百恵がいまだ中国で最も有名な歌手であるように日本のポピュラー音楽や「J ポップ」がアジアの多くの国で受け入れられて久しい。松田聖子，桑田圭介，そして中島みゆきなど日本では前の世代のアーティストが現在もロングセラーの歌手である。2010 年開催上海万博のテーマソングがシンガーソングライター岡本真夜の楽曲の「パクリ」であったことは象徴的であるといえる。また日本のアニメーションがアジアだけでなく世界中の家庭のテレビで視聴され人気番組になっているが同時にそのテーマソングがアニメとともに浸透している。
　アジアで日本のポピュラー音楽が長きにわたりヒットしていることは，音楽・芸能の分野だけでなく商品開発にあたりヒントになるといってよい。米英

のポップスと日本の歌謡曲が融合するなかで歌謡曲の多様化とともに多くのジャンルのポピュラーやJポップが生まれた。日本の伝統的な演歌ではなく日本のポピュラー音楽やJポップがアジアの国々で受け入れられているのは、アジアの国々が日本同様の西欧化の歩みをたどると同時に日本と同様に伝統的なアジア的文化が継承されているからであろう。

　最近の事例ではAKB48のヒットが参考になる。AKB48は秋元康氏が全面的にプロデュースするグループであり「世界の秋葉原」を拠点に活動している。AKBは秋葉原のAkibaからとった略語である。秋葉原に専用劇場を持っていて毎日、公演がおこなわれている。2005年にデビューしたが最初から人気があったわけではないが、今では席がとれないほど予約が多い。現在はシングルCDが売れない時代といわれているがAKBの新リリースCDは毎回のようにミリオンセラーを記録している。成功の理由の一つはCDに添付されている「握手券」である。握手券が欲しいため1人で5枚や10枚、なかには100枚も買う人がいる。また「AKB総選挙」はファン投票でAKB48のCDシングルに参加するメンバーを決定するイベントであるが、その投票権を得るために多数のCDを買うファンがいる。成功の理由はそれだけではない。秋葉に会いに行けるアイドルということでファンとアイドルの距離感が近いことが成功の秘密である。

　またAKB48がテレビ、雑誌などで人気が全国区になるとAKB48の地域姉妹版ともいえる派生アイドルグループを地方でプロデュースしている。例えば大阪の難波を拠点とするNMB48、名古屋の栄を拠点とするSKE48、博多を拠点とするHKT48など地方へもAKB48と同じようなアイドルグループを作り組織を拡大している。地方の人にも会いに行けるアイドルというコンセプトを提供することでファンが拡大しているといえる。さらに注目されるのは2013年2月、日中関係が悪化するなかで上海の姉妹グループとしてSHN48がデビューした。これはJKT48（インドネシア・ジャカルタ）、TPE48（台湾・台北）に続く海外3組目である。秋葉原から世界への発信である。

　このように日本のオリジナルな強みは欧米の新しい知識や流行を柔軟かつ積極的に取り入れ日本流にアレンジし新しい価値を作りだし支持されているところにあるといえるが、それは日本企業のトランスナショナルな発展の途への一

つのヒントにならないだろうか？

3. 日本企業・日本製品グローバル化の課題

(1) 日本製品のブランド化
（日本産品の販売―コスト優位戦略の破綻と日本企業が生き残るための戦略―）

　そもそも日本の製造業の発想・戦略は低コスト・大量生産を武器に市場を獲得するアプローチであるが韓国をはじめ後発国の追い上げにより最も国際競争力の強かった家庭電機をはじめ多くの産業で国際競争力を喪失した。もうコスト優位の戦略は破産しているといえる。

　日本企業が生き残るためには，結論からいえば，これまでの戦略と反対に高くて売れるものを作ることも必要である。ラグジュアリーブランディング（高級ブランド戦略）である。そのためには高価でも買ってくれるファンを作り販売する仕組みを築きあげていくことが必要である。

◆　ブランドの価値

　ブランドの価値には合理的とは思えないところがある。それは高価格であること，そして高価格自体が価値をもつことがあるということである。その根拠は一つはヴェブレンのいう衒示的消費ないし誇示的消費，いいかえれば他人に見せびらかすための価値である。また高価なものを買えるという自己満足である。さらにメッセージ価値がある。高価なギフトに気持ちを表現する価値である。

　ブランド品の事例が参考になる。スコッチ・ウィスキーとルイヴィトンの事例が対照的である。前者は価格が下がったためにブランド価値の毀損した事例である。価格低下が価格以上に価値の毀損をもたらした事例であり，後者は価格維持に努めて価値の毀損を防ぎ未だに多くのファンを引きつけている。

　スコッチ・ウィスキーの価格は円高・ポンド安で大幅に下がった。スコッチ・ウイスキーには多数のブランド，平行輸入があるために価格競争を防ぐのも容易でない。そのために特に日本で顕著であったのはスコッチ・ウイスキーの価格低下以上に価値が低下したことである。スコッチの代名詞でもあった「ジョニ黒」は現在価格2000円前後となり贈答品の代名詞でもあった時代が遠

くなったことを物語っている。ギフトとしての価値はもはやなくなったのである。

　他方，ルイヴィトンは1978年に東京，大阪に出店以来，一度も値引きやセールをしたことがない。円高でも価格は低下していない。ファンは商品に惚れているから価格の低下にはむしろ抵抗を感じる。ルイヴィトンも価値を毀損させるバーゲンセールはやらないし，価格維持を最重要な課題として小売管理に努めている。日本国内販売を代理店から直営に替えたのも一つは価格維持の徹底のためである。

◆　ラグジュアリーブランドの価値

　ところでファンを作るためにはその商品にストーリー性が欠かせない。いわば商品にまつわる神話である。1912年のタイタニック号沈没の際，ルイヴィトンのトランクにつかまり助かった話し，また数十年後船内の遺品を引き上げたら残っていたヴィトンのトランクが出てきて，中を開けたら一切水が入ってなかった話しなど，今になっては真偽を確認しようはないが，ほんとのように語り継がれていることに意味がある。こうした神話は時計，バッグ，化粧品などいわゆるラグジュアリー商品に多いが，工業製品であるスーパーカーのフェラーリや高級車のダイムラー・ベンツ，ロールス・ロイスなどにも創業者にまつわる伝説やサブストーリーなどが語りつがれている。

　実はこうした神話に弱いのは一部の奢侈品愛好者だけではない。消費者神話は信じる者が多くいること，また現に効果があること，消費者の行動がなかば盲目的な信頼や安心の上に選択されていることを象徴している。ほとんどすべての消費者はブランドであれば疑いをもたず信用し購入している。こうした製品のブランドに対する信頼がブランドの強みであり，ブランドの強みの半分は消費者の盲目的な愛好であるともいえなくない。だからブランドは両刃の剣でもある。ブランドの構築には時間と費用がかかるが一度ブランド価値を失うと回復するのは容易でない。食品偽装で多くの食品企業が長年培ったブランド価値の崩落を経験した。全国的なブランドであった不二家や雪印の例はその顕著な例である。一度失った信用を回復するのは容易でない。

　日本人はブランドに弱いといわれるのは一理ある。それは日本が後進国で

あったため舶来品信仰が永い間，日本人の消費者の精神を形成していたからだ。ただ日本が先進国の仲間入りをするようになり工業製品の品質や国際競争力が高まるとともに工業製品では逆に日本製品が海外でブランド力をもつようになった。ただ消費財，特にラグジュアリー製品には依然として欧米先進国の製品に対する信仰が残存しているといってよい。それは欧米文化にたいする信仰が依然として根強いことと無関係ではない。

（日本製品のブランド化への途，神話の創造）
　先進国と後進国の縦の関係に加え欧米文化の優位が後者の消費者の前者の文化と製品に対する消費者信仰を再生産し続ける。この先進国に日本が仲間いりし，日本の工業製品が欧米で支持者を増やした。次いで非欧米，特にアジアで支持者を増やし日本製品もブランド化しつつある。では日本の非工業製品や奢侈品，サービスが世界でブランド化することは可能だろうか。またそのためには何が必要だろうか？世界に誇れる日本文化は何だろうか？以下列記してみた。

京都　浮世絵　着物　禅　盆栽　日本刀　日本食　寿司　漫画（アニメ）漆器（ジャパン）　生花（華道）　和菓子　柔道　武士道　忍者　カレー　カップ麺　日本米……

　これらは世界で日本のものと知られているものだ。なかには盆栽，漆器，インスタントラーメン，カレーのように中国，インド伝来のものは日本独自とはいえないが，日本でアレンジされ日本文化，日本食として定着発展したものだ。カレーなどは固形もレトルトも本国のインドでインド人に愛好されている。カップラーメンは世界中でヒットしている。
　結論からいえば，日本産の消費財やサービスが海外で支持されるためには日本文化を伝えること，日本の香りがするものを消費者に提案していくことである。そのために前述したように神話やストーリーが必要だ。そのための地道な努力が必要であろう。日本の製品にはこうしたストーリー，神話が余りに少ないと思われる。このことは日本人の陰徳や正直なことを尊ぶ日本文化を反映し

ているが，少々馬鹿正直なところは直していかなければならない。日本製品を追随する台湾や韓国のメーカーが日本の香りを利用し消費者の誤解を利用したマーケティングをおこなっているのは皮肉でもある。

◆ 高品質のほかにも売るものはある―日本らしさを活かす―

中国人観光客が日本で日本製の高価な炊飯器をわざわざ買って帰るのは日本製品＝高品質のイメージが受け入れられているからである。同じ製品のメイド・イン・チャイナは中国でも買うことができるのに中国人が作った同じモノではなく日本で買うのである。それは日本人のモノ造りの姿勢を信じ評価しているからでもある。

また製品の高品質を保証する日本人の姿勢はサービス，接客の質を支える基盤でもある。日本式のサービス，接客は国際競争力の基盤にもなることができる。上記の韓国や台湾のものまねに対抗し差別化を実現するのは日本人の精神である。日本式のサービス・接客，真のサービスこそまねのできない日本文化，日本の香りを伝えるといえる。

(2) **日本ブランドの輸出**
◆ 資生堂，加賀屋とおもてなしの価値の可能性

この意味で資生堂の成功は象徴的である。中国，香港，シンガポール，タイなどアジアでは資生堂をはじめとする日本ブランドが品質の高さで高い評価を受けている。わざわざ日本語のパッケージのまま，直輸入であることをアピールして販売しているほどである。それは日本製イコール高品質というイメージが定着しているからである。

こうした成功の原因が「OMOTENASHI」教育である。「おもてなし」は同社の基本理念の一つであり古くから実践されている接客術でもある。もともと茶の湯の精神である，「表なし」つまり表面に出さない奥ゆかしい行動様式が基本になっているという。それが今 OMOTENASHI として海外ビジネス展開の武器になっている。美容スタッフの顧客対応の行動指標である「おもてなしクレッド」（Cred＝信条）として海外で現地の言語に訳されて実践されている。資生堂以外ではカネボウも海外美容スタッフに対しおもてなし同様の接客

Ⅲ. グローバル企業への途

法の指導をおこなっている。(参照:『プレジデント』2012.7.30)

　おもてなしの姿勢はまた日本旅館に伝わる接客姿勢でもあるが，こちらのほうこそ元祖であるといってよいかもしれない。おもてなしのサービスで重要なのはなによりその精神にはちがいないが，海外に輸出するためにはサービスを外国人にもわかるように教育し有形化しなければならない。先駆的に実践しているのが老舗中の老舗の和風旅館，石川県和倉温泉の加賀屋である。加賀屋は，2010年末，台北の北投温泉に「日勝生加賀屋」をオープンした。台湾式にアレンジするのではなく，まるごと日本仕様の輸出ということで話題を集めた。開業前には，現地採用の従業員を日本の加賀屋で修業した。正座から着付け，配膳はもとより，同旅館のDNAとして受け継がれているおもてなしの接客教育に約半年かけた。(参照:『日経産業新聞』2011年5月13日)

　ちなみに"これをすればお客様は喜ぶにちがいない"と考えているうちはまだおもてなしではないという。マニュアルを超えて一人一人が自然にお客様の希望を叶えることができるようになった時，本当のおもてなしであるという。精神を教えそれを体得させ，自然にサービスに表れるようになることが理念である。

　なお，おもてなしの精神をサービスに生かせる業界は他にある。飲食サービスだけではない。サービス業全般に必要な精神である。またサービス業ではない産業のモノ作りにも流通にも必要な精神である。

　例えば，宅配便サービスの利便性，きめの細かいサービスはすでにアジアでも受けいれられるようになっている。そのほかコンビニやホームセキュリティサービスなどなど，日本流サービスの普及が可能な分野はまだまだ残っていると思われる。こうした日本流のサービスとその精神は日本人には当たり前のものである。そのためにサービスが悪いときに初めてそこに違和感を感じる。それでもなかなかその価値に日本人が気づいていないが海外では感動される。そこに海外で受け入れられる可能性があるといえる。

　これまでMade in JAPANといえば，モノや技術であったが，実は世界の人の心に届き，最も大きな効果を発揮するのがおもてなしの精神かもしれない。

◆ おもてなしを売り込む星野リゾート

　日本旅館ならではの運営手法を取り入れたホスピタリティ事業の手法を，世界に発信して外国人観光客を集客しようというのが星野リゾートである。同社はホテル運営の基本に後述のような欧米式の合理的な手法を導入し，経営破綻した日本旅館の再生に成功し注目されている。これまで観光地の日本旅館約30軒の再建を手掛けてきたが，都心に初めて進出する。三菱地所と組み東京大手町で2016年をめどに高級旅館「星のや東京」の運営に乗り出す。訪日外国人を中心にビジネスから観光まで幅広い用途の利用客を取り込み，将来的には海外でのホテル運営の受託につなげるねらいである。館内はエントランスに入ると靴を脱ぐなど和風にこだわる。全84室は畳敷きで，天然温泉の浴場も設ける。日本式のおもてなしをホテル運営の基本にして海外展開のモデルにする。

　最新の同社HPによれば2014年にはインドネシア・バリ島に進出し，ホテル運営を受託する。日本から総支配人などを派遣し，旅館で培った日本流の運営手法や接客術，ノウハウを持ち込む。海外展開の第一歩となる。

◆ シマノのものづくりのこころ

　トヨタ，ホンダ，ソニー，キャノン，パナソニック，任天堂等々のコーポレイト・ブランドは代表的な日本の世界ブランドである。その多くが円高により国際競争力を低下させているが，円高の影響を受けず依然として高い競争力を発揮しているのがシマノである。

　シマノは自転車部品の世界のトップブランドである。大阪の町工場から生まれた世界トップブランドである。2012年自転車の世界3大レース（グランツール）の一つ，ツール・ド・フランスで個人総合成績の1位から3位の表彰台をシマノのDi2を使用した選手が独占した。またチームの総合順位トップ10チーム中，シマノを使用するチームが7チームを占めた。

　世界規模のレースでの優位はそのまま膨大な数の世界規模の消費者の需要に訴求効果をもつ。シマノは何が強みなのか。その秘密が硬く軽い部品を精緻に加工することができるシマノの「鍛造」技術である。金属を叩いて強度を上げる技術であるが，そこにものづくりの精神が体現されている。シマノの技術水

準の高さとその精神を表徴するのがプロダクトブランド『デュラエース』と呼ばれる自転車のブレーキや変速機，フレームなどのコンポーネントのブランドである。

　それは最先端技術を駆使して製造されるが，5年ごとに更新され，しかも40年間，何世代もかけて受け継がれてきた技術である。そこには高性能を追求してやまない妥協なき精神，『こころ』が体現されている。だからこそいまだアジア新興国メーカーが追随できない分野だと言われ，シマノの業績を支えているのだ。

　多くの日本メーカーが円高で苦しむなか，円建てでも商売を続けられる希有な存在だ。また中級以下の部品はアジアで生産，海外で販売しており，円高の影響をほとんど受けない。『こころ』のこもった製品を作り続けることができれば，円高という逆風は全く関係ない高い競争力をもつことを象徴する製品である。

Ⅳ. 情報化と経営

情報化社会の出現と特色

　情報の収集とその活用が企業の利潤の追求のために重視されるようになってすでに久しい。コンピュータが小型化され企業のオフィスでその利用が普及し一般的になった動機の一つは計算事務の合理化であった。計算機に代わりコンピュータが用いられることで事務経理のための人員とコストの大幅な節約が可能になった。その後多様なソフトウェアの開発・進化によってコンピュータの広範な利用が可能になることで、計算事務の代行にとどまらず生産、販売そして管理など主要な業務活動の多様な用途に活用されるようになる。いわばコンピュータがビジネスに必要な人間の頭脳の機能を徐々に代行するようになったということもできる。

　情報通信技術の発達はまた高速で大量な情報の送受信を可能にした。情報通信と情報処理の技術の高度な発展はもともとビジネスの世界が求めた利潤追求の所産であるということができる。それはビジネスの世界が震源であったがビジネスの世界にとどまらず社会全体を変革するほどの作用をもたらした。今日では情報機器を使った情報の利用が生活レベルにおいても一般的となり、私人間の大量な情報の送受信が低廉な費用で可能になった。

　企業間のみならず企業と個人の間で大量情報が双方向で送受信されていることが情報化のいまひとつの促進要因である。企業活動ないし事業活動と生活ないし消費活動との間の情報の交換がビジネス機会の追求を動機に広範かつ多様に促進されていることが現代情報化社会の特色である。情報の活用とりわけ消費の情報の迅速な把握と活用が企業活動の成否を左右し、情報が価値を有し企業に価値、利益をもたらすことが情報化を促進する。現代の社会が産業社会から情報化社会、商品生産が価値をもった産業社会からいわば情報が価値を生

む社会になったということができる。

1. 情報産業の発達と中核企業の登場と変遷

　情報化はきわめて急速に進展した。その間の情報化の進展した段階，プロセスにより情報化の基軸となり中心となった産業，企業は多様でありかつ多彩である。

　情報化進展の技術的基盤となったのは何よりもエレクトロニクス技術の発展である。まずマイクロエレクトロニクス機器の開発と生産過程におけるその利用（ME 化）が進展し，ついで生産部門だけでなく運輸，通信，商業，金融などの諸産業において事務をはじめとする多様な業務部門でその利用・普及が進行した。この産業技術を基礎とする ME 化の進展を前史とすれば，1990 年代以降のインタネットの普及，そしていわゆる情報関連産業の開花とネット企業の簇生は，情報化の歴史の本史であり，現在進行中である。事業所レベルでの情報技術の利用だけでなく事業所と消費者の間，消費者間ないし私人間の情報の交換が多種多様な需要を創出し情報関連企業の出現をもたらしている。

(1) 情報化の進展とその背景
　情報化の進展の背景，情報化を実現した技術，その進歩を略述すると以下のとおりである
　―情報化の前史―
・オフィス作業，情報処理の合理化の要求／オフィス作業への情報機器の導入とその合理化⇒OA 化
・IC，LSI 技術の進歩⇒
　通信のデジタル化そしてオフィスコンピュータ，通信機器の進化
　通信と情報処理の融合，オンライン化
　事業所と流通，金融部門とのネットワーク化
・生産過程の合理化⇒メカトロニクスの進化⇒生産の ME 化
　NC 工作機，産業ロボットなどの導入と自動化，FA 化
　オフィスと生産過程のネットワーク化（国内，国外）

・生産，流通，金融の全事業過程の合理化⇒
多様な用途のソフトウェア開発とシステム化の進展

　情報化の前史を略述すれば上記のとおりである。ビジネスの利用が情報技術の発展の基礎である。いわゆる OA 化，FA 化，そしてネットワーク化が現在の情報化社会前史の社会基盤を形成したということができる。OA 化，FA 化，そしてその融合が急速に日本で進展したのは 1970 年代後半以降であるが，欧米先進経済諸国や日本経済の成長率の低下と無関係ではない。低成長下のなかで生産コスト，間接コストの節約により利益の確保が追求されなければならなかったが，それはまず OA 化，FA 化による間接コスト，労働コストの節約をつうじて追求された。そしてそれは生産部門，産業企業にとどまることなく流通，金融，サービスを含む全事業部門に普及していった。

(2) 中核企業の登場と変遷

マイクロエレクトロニクス技術の発展を基盤に普及型コンピュータの開発と普及の嚆矢となった企業は IBM 社である。また IC，LSI の技術開発を先導した企業がインテル社である。IC，LSI の小型化，高性能化がコンピュータの小型化，マイクロ化とその多様な用途への利用の可能性の途を開いた。またそれを可能にしたのが多様な用途のソフトウェアの開発である。

　通信のデジタル化は通信手段と情報処理装置との融合を実現し，ネットワーク化ないしオンライン化され，そして自動化が達成されていた生産過程，その情報処理の過程との融合，さらにそのオンライン制御を可能にしまた実現した。

　オフィスの事務作業の合理化，そして PC 革命ともいえる 1980 年代以降の個人のプライベートなコンピュータ利用に途を開いたパイオニアは IBM でありまたマイクロソフト社（MS）である。IBM からオペレイティングソフト（OS）の開発を請け負っていた MS 社は IBM 互換機の普及にともない OS の事実上の独占的地位を確立し，各種のアプリケーションソフト（AS）においても高いシェアを獲得した。そして同社をはじめ同社の OS に対応する事業用のシステム，ソフトウェアの開発などではオラクル社，サンマイクロシステム

社，SAP 社などが台頭した。これらの企業は地球レベルでの通信と情報処理の融合の進展を基盤に自らも事業用のシステムの販売のみならず地球レベルでの開発のネットワークの構築を推進している。

(3) 情報産業企業の戦略と事業革新
（ハードメーカー）

　PC の普及の嚆矢となったのは IBM のオープンアーキテクチャー戦略，すなわち基本設計の公開であった。同業他社が IBM モデルの PC（IBM 互換機）を競って生産することで PC の普及を促進した。しかしその技術開放により，IBM が失ったものも大きかった。IBM 互換機が普及しても IBM の得られる利益は多くなかった。基本ソフトと中核半導体を MS 社とインテルに委ね，その外販も認めたため，利益の源泉や技術開発の主導権を失ったためである。また市場成長力を読み間違えことも要因である。後発 PC メーカーのデル社，ヒューレットパッカード社の攻勢にトップシェアを奪われた。パソコンの製造コストの 97％は部品調達コストと言われるが，後発 PC メーカーの多くの企業は生産を台湾，中国の OEM（相手先ブランドによる生産）受託会社に委託し，大量発注による外注コストダウンと低価格戦略により IBM のシェアを奪っていった。

　PC のコモディティ化（日用品化）と市場のこうした成熟化に対して IBM の戦略は，事業者顧客を重点とする政策に改めて回帰し，システム構築，ソリューション，保守，金融，そして営業の強化と再構築への転換であった。その方向転換を象徴する事件が 2004 年，中国企業・聯想社への PC 部門の売却と同社への出資と提携である。PC 事業からの撤退と事業転換をともなう事業再構築は同時に発展著しい中国，アジアの成長市場への橋頭堡を確保しようとするグローバル企業としての戦略によるものであった。

　IBM の PC 市場からの撤退の背景に認められるのは情報技術の進化と商品概念の変質である。現在ではオフィスや個人の端末からネットワークをつうじてサービス事業者のサーバーに収められている応用ソフトを呼び出して使う仕組みが普及しつつある。個々の端末でデータを蓄積するなどの手間もはぶかれる。こうしたシステムのパイオニアはサンマイクロシステム社であるが，こう

したネットワーク経由でソフトウェアや情報サービスを提供する「クラウドコンピューティング」サービスが新しい競争市場になろうとしている。こうした技術の進化や事業革新は既存のビジネスモデルに安住する企業を後退させ新規企業の参入と競争の激化をともなうダイナミックな市場構造が出現する。

また商品概念の変質としてはPCの家電化ともいえるその多様な用途の開発と実用化が進行している。PCが家庭用テレビや音響機器と接続して使われるようになってきている。こうしたAV機器との融合はPCの多様な用途の一つにすぎない。またインタネットとの融合も多様化が進みつつある。PCと携帯との融合やiPoneやiPadのような新しいコンセプトの商品が出現したこともPCの進化を象徴する事件ともいえる。

このような技術と市場の構造変化はハードメーカーのみならずソフトメーカーにとっても既存の事業領域の垣根を越えた新たな市場機会と競争環境をもたらす。また新規事業者の参入を促す。IBMやインテル、そしてMSなど既存の主要企業がクラウドサービス対応のIC技術、システム技術とサービス、ソフトウェアの開発などの新規の事業領域に取り組む一方、サンマイクロシステムなどがOSと応用ソフトウェアの開発に参入しIBM、MSの牙城に挑戦している。

(ソフトメーカー)

PCなど情報機器向けにOSと各種ソフトを販売しライセンス料を稼ぐ事業モデルを構築したのがMS社である。そしてMSのOSに対応する各種ソフトを開発する多数のソフトウェアハウスが台頭した。前述のサンマイクロシステム社、SAP社、オラクル社はソフトウェアハウスのなかで最大かつ世界的な企業である。このほか日本だけでも2004年現在でも大小7500社以上のソフトウェアハウスが存在する。ちなみにこれら日本企業の主要なビジネスモデルは、受託開発、パッケージソフトウェアの開発販売、そして人材派遣である。そしてソフトウェアの開発が元請企業を頂点とする重層的下請け構造のなかでその開発事業が遂行されていることが日本的特色である。

この日本独特の問題はさておいて、ソフトウェアの開発の工程が分割され元請けと外注先ないし下請けや孫請けとの間で分担され受託開発が遂行されてい

ること，しかもその開発プロセスが複数国の間で分業されていることがソフト開発産業の特色である。いわゆるオフショワリングとよばれる国際分業がそれである。その簡潔な省略された構造を示すとつぎのとおりである。

オフショワリングの構造
・元請け企業（本国）：顧客の要求を分析し仕様書作成＝ソフトウェアアーキテクチュア作成　保守・運用
・受託企業（国内・海外）：仕様理解―技術調査―詳細設計―コーディング―実装―単体・結合テスト　修正・追加

　元請け企業は委託先企業を選定し，複数社の場合は企業間の役割分担も決定する。委託先企業のプロジェクト管理，モニタリング，そして問題解決の能力を必要とする。また開発以上に重要なプロセスが保守・運用である。保守の過程で重要な改良・修正のための検討がおこなわれ，製造・開発プロセスにフィードバックされる。
　オフショワリングの深化にともない開発作業のますます多くが海外，とくに中国やインドなど労働コストが低い国でおこなわれるようになっている。

（ITサービス）
　日本ではシステム・インテグレーションと一般に呼ばれる。ユーザーの要望に応じてシステムの設計をおこない，必要となるあらゆる要素（ハードウェア，ソフトウェア，通信回線，サポート人員など）を組み合わせて提供することをいう。上述ソフトメーカーの受託開発の元請けの業務と重なる。事業者はハードメーカーから派生したメーカー系，商社や銀行などの情報処理部門から派生したユーザー系，親会社を持たない独立系や情報通信会社系に分類される。

◆　クラウド・コンピューティング
　日本IBM，日本HP，NEC，リコー，富士通などが代表的なシステムインテグレーターであるが現在最も重点事業としているのがクラウド・コンピュー

ティング事業である。従来はユーザーの手元のコンピュータで管理・利用していたようなソフトウェアやデータなどを，インターネットなどのネットワークを通じてサービスの形で必要に応じて利用する方式である。サービス事業者はデータセンターなどにサーバを用意し，ユーザーがネットを通じてソフトウェアやデータの保管・利用をできるようなシステムを構築する。ちなみに米国のアマゾンやグーグルのクラウドサービスのシステムは内製である。

　ネット環境が整いPCの小型化，モバイル化，無線通信が進むなかでクラウド化は必然の流れである。クラウドサービスによる電子書籍と音楽の配信でアマゾンが先行しているが，事業者のみならず個人ユーザーを対象に格安な料金でクラウドサービスのメニュー，領域を拡大しようとしている。

◆　クラウドとビックデータ利用のプラットフォーム

　「プラットフォーム」には多様な意味があり用法も進化中である。本来の車台，駅のフォームの意味から派生し，ヤフー，グーグルやフェイスブック，さらには楽天が「プラットフォームになる」と表現するように，多数の人に利用されることが共通項である。

　クラウド・コンピューティングの普及が加速化してきた今日ではクラウドのデータベース機能に加えてコミュニケーション機能など他のサービスを取り込んでサービスの幅を拡大しユーザーに提供できる。また後述するように例えばソーシャルメディア上のデータなど膨大な非構造化データ，「ビックデータ」を分析してマーケティングに利用することが可能になった。クライアントの事業者ユーザーに対するサービスとしてはクラウド・コンピューティングのビックデータの分析・利用が事業者に競争優位獲得の有効なツールを提供する。ヤフーとCCC（カルチュア・コンビニエンス・クラブ）がTポイントを共通化し情報プラットフォームを形成し顧客行動分析に利用しているように，全国の多様な顧客から実店舗だけでなくPCからもモバイルからも発せられる情報を分析利用するのは現在のところクラウドが最適最新である。

2. 情報産業企業の簇生

(1) インタネットの普及とビジネス機会

　インタネットはもともと学術研究の用途で開発され 1970，80 年代まで商業用利用の途がとざされていた。90 年代から商業用の利用が可能になる。コンピュータの個人利用を容易にする OS を相次いで開発するだけでなく，インタネットへのアクセスを容易にしたのが MS 社である。同社はネット情報を見るためのブラウザーソフトを無料配布しインタネットの普及とインタネットの市場化を加速化させた。パソコンが手軽に利用できるようになり，インタネットが急速に普及し個人のユーザーにとっても世界の時間的空間的な距離はいちじるしく短縮した。そしてインタネットを舞台に国内のみならず国境を超える後述の電子商取引など，新たな商品取引の形態や多様な情報交換のスタイルが生まれている。

　また携帯電話や PHS の高性能化あるいはコンピュータの小型化によって，ISDN や光通信，無線をつうじてネットワークに容易にアクセスすることが可能になった。いわゆるモバイルコンピューティングとは移動性のあるコンピュータ機器などを端末としてネットワークに接続する環境を総称した用語であるが，急速な情報化の進行のなかで携帯性と高速性のニーズに応えることが新しい価値を創造し事業化するビジネスチャンスにつながる。

　従来の情報発信は企業と企業，企業から個人への情報発信が主であったが，個人利用者自身が相互に発信することが日常的になり，インタネットは新たにいわゆるネットオークションを代表とする個人間の商取引の場として，また交流サイト，ソーシャルネットワーキングサービス（SNS）が急速に普及し，新しいコミュニケーションの場，そして市場媒体として注目されている。そしてそこが新しい企業が誕生する舞台となっている。

(2) 電子商取引，プロバイダーとパイオニア企業

　従来から企業間の取引の一部は EDI（電子データ交換）などの技術を使って電子化されていたが，インタネットが一般消費者に普及するにつれて，消費者

を直接対象にした電子商取引サービスが急激に成長している。エレクトロニックコマース（EC，電子商取引）という取引形態は商取引に関連する情報をすべてネットワーク上の世界に移しかえ電子化したものである。

電子商取引は大きく3つに分けられ，企業同士の取引を「BtoB」（B2B, Business to Business），企業・消費者間の取引を「BtoC」（B2C, Business to Consumer），消費者同士の取引を「CtoC」（C2C, Consumer to Consumer）と呼ぶ。BtoCの取引のなかで代表的なものが「オンラインショッピング」である。これは消費者のパソコンなどの端末と事業者のホストコンピュータがオンラインで接続され，消費者が商品情報のリストなど参照しつつその場で注文しクレジットカードなどを利用して決済する方式である。バーチャルモール（仮想商店街）はその進んだ形態である。こうした新しい商取引のスタイルはPCとインターネットの接続を前提としており，急速なインターネットの普及を反映しインターネットへの接続事業者として商用プロバイダーが雨後のタケノコのように生まれた。そしてインターネットの普及がインターネット広告の市場を拡大した。以下のようにインターネットを舞台に以上のような新しいビジネスモデルを確立した企業が成長し既存企業の市場シェアを浸食していった。

◆ Yahoo ヤフー

（米）Yahooは米国の総合ネットサービス企業。世界中でネット関連事業を運営するYahooの筆頭ないし主要株主になっている。なお日本のヤフーは米Yahooの筆頭株主でもあったソフトバンクグループが35.45％所有し筆頭株主である。ちなみに2011年3月現在，34.75％所有する米ヤフーがその所有する日本ヤフー株譲渡でソフトバンクと交渉中といわれている。

日本ヤフーはYahoo! Japanの運営やサイト内の広告・ブロードバンド関連の事業等を主力事業とする。収益の8割が検索型広告，2割ほどがオークションによる。親会社のソフトバンクはブロードバンドインフラ，eコマースのほか多角的に事業を展開しているが，その土台になったのは2001年に開始した「Yahoo!BB」のプロモーションをつうじた自社インフラの浸透である。450万をこえるBB接続契約者数を獲得し，ヤフーをつうじてインターネットの普及を加速させた。

◆ Amazon.com, Inc. アマゾン

同社は BtoC の代表的企業である。書籍の販売から出発したが，書籍以外にも，DVD や電化製品など様々な商品を扱っている。アメリカ合衆国・ワシントン州シアトルに本拠を構える通販サイトで，インタネット上の商取引の分野で初めて成功した企業の一つである。

創業者のジェフ・ベゾスには e コマース事業が将来的に大きなビジネスチャンスになるであろうという先見の明があった。1994 年にインタネット書店 Cadabra.com を開業したのも出版・書籍の市場に独占的な企業が存在せずネットで販売し市場を短期間で支配する商品として書籍が最適と考えたからであった。翌 1995 年 7 月には Amazon.com として正式にスタートした。

2007 年には電子書籍リーダーのアマゾン・キンドルを発売した。2011 年 5 月 19 日同社の発表によれば，キンドル向け電子書籍の販売部数が同社での紙版の書籍の販売部数を上回った。わずか 4 年でキンドルの普及を実証した。なお 2000 年には民間宇宙開発企業のブルーオリジンを設立。同社は低価格の宇宙旅行を実現し，多くの人々に宇宙旅行を楽しんでもらうことを目的としているという。

◆ 楽天

日本最大の e コマース事業者が楽天である。e コマース事業のほかにポータルメディア事業，クレジットペイメント事業，トラベル事業，証券事業そしてプロスポーツ事業を運営する。ネットを舞台に取引がおこなわれることが特色である。e コマースが売り上げの半分を占める。

楽天の e コマース事業の中心となっているのはインタネットモールの「楽天市場」の運営である。インタネット上には無数の売り手と買い手が存在し最適な取引相手を探すことは簡単ではない。買い手と売り手の間に立ち価格形成の場を提供するのが情報仲介業である。楽天市場は売り手に対し「仮想店舗」を構築し受注管理やマーケティング分析，顧客へのメール配信などのサービスを提供し，買い手には商品の販売情報を提供している。こうしたサービスの提供の対価として売り手に対して出店料とシステム利用料に応じた従量課金を徴収している。

◆ **eBay Inc. イーベイ**

インターネットオークションはCtoCの代表的形態である。有料でのオークションサービスが開始され，CtoC取引を仲介するサービスがビジネスの一形態として確立しつつある。

このインターネットオークションで世界最多の利用者を誇るのが米eベイ（eBay Inc.）である。1995年ピエール・オミダイアにより設立された。創業時の名称はAuctionWebであった。現在はインターネットオークションをはじめネット通信販売を手がける。2007年現在，eBayは世界28カ国に拠点を広げ，正規登録者数2億3000万人を超える。日本へは1999年10月に日本法人「イーベイジャパン」を設立進出したが，先行していたYahoo!オークションに太刀打ちできず，会員が集まらなかったこともあって撤退した。その後Yahoo!オークションと提携している。

(3) インタネット広告とパイオニア企業

1999年設立のバリューコマース社はネット広告の契約形態の一つ，「クリック保証型」インタネット広告の日本でのパイオニアである。また「アフリエイトプログラム」でも最大手である。クリック保証とは広告となる文章や画像などに広告主が提供するWebサイトへのリンクを設定しておき，リンクが一定回数クリックされるまで広告掲載をおこなう方式。契約期間中にクリック回数が予定数に満たない場合は掲載期間を延長する。広告の露出回数に応じて課金をおこなう「インプレッション保証型広告」に比べて，費用対効果がより明快なのが特長。アフリエイトはホームページオーナーが広告主ないし広告代理店と契約しページをつうじて広告主の商品の売上げが発生した場合に報酬が支払われるシステムである。

なお個人サイトに配信をおこなう広告サービスはクリック保証型の料金体系を採用していることが多い。ただし，バナー広告のデザインが悪い場合や，そもそも広告内容の商品やサービスに魅力がない場合でも，媒体が一方的にリスクを負担しなくてはならないという問題点がある。（参照：http://www.painfo.net/affiriate/hp.htm；www.valuecommerce.co.jp 2011.05.11）

従来のバナー広告，メール広告にかわって売上げが伸びているのが検索連動

型広告とSNS広告である。前者は，インタネット広告の一種で，検索エンジンで一般ユーザーが検索したキーワードに関連した広告を検索結果画面に表示する広告（テキスト形式）である。キーワードが検索されると，検索結果に「広告内容」を表示する。そしてクリックに応じて料金が発生し，広告主に料金が課されることとなる（クリック報酬型広告の形態である）。

　後者のSNS広告が急増した理由の一つはPCユーザーのSNSの利用時間が増大しているという当然の結果でもある。広告主が顧客の後を追うようにSNSに広告掲載を増やすためであるが，理由はそれだけでない。SNSの特性から広告主にとって顧客の地域，年齢，関心等のターゲットを絞ることができ広告効果を高めることが期待できるからである。

(4) Google（検索最大手企業）

グーグルは1998年検索企業としてスタートした。検索結果と連動する広告を提供し広告収入を得るビジネスモデルを確立し，その後，書籍，ニュース，地図などのサービスをウェブ上で無料提供し利用者を集めさらなる広告収入の増大を実現した。またGメールというサービスを無料提供しこちらも利用者を増やしネット広告収入ではシェアトップである。

　IBMが普及型パソコンを送り出し約25年，MS社がしばらく主役の座についていた。ここ数年はネットがパソコン，パソコンソフトの機能を吸収し利用者がネットに傾倒している。MSのビジネス基盤が揺らいでいるともいえる。グーグルは2006年ユーチューブを買収し，動画配信の8割強のシェアを持つ。ビデオのオンデマンドそして全文書籍検索サービス「ブックサーチ」の無料配信を開始し多くの支持をえている。ほとんどのサービスを消費者に無料で提供するという事業モデルを確立し消費者の支持をえて，付加価値の創造に成功したことは衝撃的といえる。将来は有料配信も想定されている。

V. 情報革命と経営の変革

1. 情報革命と経営

　18世紀末から19世紀前半にかけて産業革命は生産のありかたや労働のありかたを根本的に変革した。それだけでなく農業中心の封建制社会の土地所有者と農民という関係に代表される人と人の関係である社会関係を，資本所有者と労働者という社会関係を基本とする関係に変革した。情報革命は産業革命とその後に続いた変革と同様に広範な社会的変革をもたらす変革である。

　ただこの情報革命が生産のありかた労働のありかたに現に大変化をもたらしていることは確かであるが，資本や企業と労働や労働者・従業員との社会関係にいかなる作用をもたらすかについては未だ不明である。また本書の検討範囲を超えている。以下経営に与えている情報革命の影響を考察する。

(1) 情報革命と経営効率の向上

　情報革命が生産過程，オフィスの業務，流通過程の企業間関係と取引形態，そして消費者と事業者の関係にもたらした変革はまさに革命であり後戻りできない変化である。また情報革命が国や民族の異なる人々の間の交流の速度を格段に高速化したという意味でも世界革命である。その変化は反作用してまた経営に変化をもたらす。

　以上の角度から経営における情報革命の影響と意義について事例をあげたうえで整理したい。

　すなわち生産活動やオフィス業務のIT化，合理化と高速化は生産性や経営効率の向上のうえで最重要な要因である。また事業者にとって消費者のニーズを的確に把握し消費者に商品・サービスを生産・供給，提案するうえで情報技術を駆使した情報の活用がなくてはならないものになっている。生産過程に

おけるロボットによるロボットの生産，無人化された流通配送センター，POSによる売上管理と在庫管理と受発注の同時点処理に象徴されるように，情報技術の利用による生産過程から流通過程に至る的確なニーズの把握，情報伝達の迅速な速度と情報のフィードバックが，経営のスピードアップと経営効率の向上をもたらし，製品・商品開発や利益計画においてもなくてはならないものになっている。情報技術の利用なくしては企業間の競争に生き残っていけないということができる。

(2) インタネットの発達とオフィス革命

　情報の双方向の利用が政府機関や学術機関そして事業者だけでなく，一般市民ないし消費者等の広範な人々にも可能になり，その利用が促進されたのはインタネット技術の発達による。その広範な利用は事業上の利用により先行され，事業者相互間，事業者と消費者間，そして消費者相互間の情報流通の順に進化してきた。またインタネットの事業上・商業上の利用により企業内の国際分業体制の確立とそのスピーディーな運営が可能になったことも重要な変革であるといえる。広い意味での労働といえる経営活動の国際分業，すなわち最高意思決定から中層レベルの意思決定，そして下層レベルの意思決定，さらに現場労働，ルーチン的業務の遂行に至る労働過程の広範な国際的な分業と協業を可能にしたといえる。

　企業のオフィス業務のうち計算事務や定型的な顧客対応事務は従来からBPO（ビジネス・プロセス・アウトソーシング，外注化）や共同計算センターの設立，その分社化とそのグループ企業による共同利用などのかたちで，間接費用の削減をはかってきた。さらにこうした事務労働も情報技術の進化でコストの安い地域，海外に移転することが可能になった。例えば10年以上も前から中国大連にはソフトバンク，光通信やデル，GE社などのコールセンターが設置され，労働コストの安い現地従業員を採用し，インタネットやIP電話等の利用により日本企業からの計算業務や顧客対応業務を請け負っている。ちなみに日本からの電話での予約や注文に対して日本語の堪能な中国人が応対するため顧客には中国人と話していることがわからないのである。

　また従来国内から移すことのできなかった本社機能や業務も，コストの安い

国に移転することが可能になった。最も先行しているのが米国である。大前研一氏によればGE社では本社機能の大部分をインドに移管してしまった。GEのインド本社には1万人以上が在籍し，米本社の間接業務をBPOの形で請け負っている。これによって本社人件費を大幅に削減し，収益力を向上させているのである。

ネット書籍販売大手のアマゾンでも，インドに本社機能を移管している。赤字続きであったアマゾンが2003年に黒字化したのは，コストの高いバックルームを人件費の安いインドに移転した効果が大きいとされる。

もう一つのオフィスの組織革命はWeb型組織が適合するということである。その理由の一つは情報が価値をもち情報のスピーディーな伝達が要求される現代のビジネスでは従来のピラミッド型のような意思決定に時間のかかる組織は適応しない。時間がかかっていては手遅れなのだ。その意味で社員一人一人が一定の責任と裁量を持ち，スピーディーに意思決定・判断を実行しながら，事業を推進していくことが重要になる。特にグローバルな企業にはピラミッド組織は適合しないことが理由でもある。このように現代の組織ではまた社員一人一人が事業者的視点で物事を捉え，考え，判断し，実行する，そうした文化・思想が求められているといえる。

(3) 情報革命による産業組織・事業構造の変革，SCMマネジメントの形成

情報革命が産業組織，事業構造にもたらした作用も革命的である。その変革主体は創造的な企業が中心であるが個人による事業の参入も不可能ではない。革新的な製品，製造過程の創造的変革によるだけでなく商業やサービスのプロセスの革新により事業上の大変革が生起している。情報技術の利用とそうした革新から事業構造，事業組織の新しい形，新しい事業モデルが誕生し価値の創造に成功した新しい企業が誕生している。変革の遅れた伝統的な企業を駆逐し産業組織に変革をもたらした。以下紹介する。

◆ アップル社iTunesソフト

まず代表的といえるのはアップルのiTunesである。パソコンによる音楽配信を可能にした。CDの店頭販売からネット販売へと音楽販売の構造転換を引

き起こした。iTunesは2003年4月開業以来1年足らずで，週に150万曲以上売り上げる巨大ショップに成長した。アメリカにおけるネット楽曲販売のシェアの80％以上を占める。

◆ デル・ダイレクト・モデル

デル社では，顧客から注文を受けてから部品の購入・製品の生産を始め，2週間以内に顧客に届ける。顧客とデルの間には，代理店も販売店も存在しない。ユーザーとメーカーがダイレクトに結ばれ，注文販売なので在庫も売れ残りもない。デルはこうしたビジネスモデルによって製品価格の低廉化，納入時間の短縮，顧客ニーズに応じたカスタマイズを容易にするなどを実現しパソコン出荷シェア世界一の座を手にした。

◆ シスコ社VSCモデル

このVSCはシスコ・コネクション・オンラインというWebサイトを介して百数十の企業が協力するという，いわばVSC（バーチャル・シングル・カンパニー）といえるサプライチェーンマネジメント（SCM）を構築している。リアルな組織でなく「Web型」事業組織といえる。インターネット上では，見かけ上一つの会社である。顧客はシスコに注文し，注文した品物が届くが，実際にはシスコは生産も配送も他社に任せている。ネットを通じてオーダーが入ると，作業工程に応じて必要な会社にコンピュータから自動的に指示が出る仕組みになっているからである。

　顧客はシスコに発注⇒シスコのバックに多数の部品メーカー，配送・納入企業の存在⇒（配送）⇒顧客

このシステムを使えば，4，5人の優秀な社員で巨大企業の運営も不可能ではない。従来の機能別の組織に置き換わってシステムにより受発注がおこなわれ，アウトソーシングはシステムそのもので自動化されている。リアルな産業組織が企業内システムに置き換えられたといえる。

このようにデル社，またシスコ社の場合もインターネットを介して多数の会社

と取引しアウトソースされた部品が工場で組み立てられ製品としてユーザーに配送される。伝統的な垂直統合のモデルと反対に水平分業を徹底し両社は研究開発に特化したファブレス事業モデルである。こうした事業モデルはまさに情報技術の進歩とその利用を可能にするシステムを中核的に実現することによって多数の取引相手との水平分業を組織することを可能にしたといえる。

　こうしたファブレス化は技術変化の激しいハイテク産業のみならず，他の産業においても可能である。またサプライチェーンの情報化により顧客情報の迅速な把握と商品企画への活用，機会利益の喪失を減らすとともに在庫コストを削減し経営効率を向上させ成功した代表的な企業にセブンイレブンやユニクロがある。アパレル産業のような市場の流行が短期的に変化する産業においてはSPAといわれるサプライチェーンは特に在庫負担を軽減し商品回転率を向上する有効な手法である。こうした取引先の供給企業の生産と流通，消費の接点との間の経路を情報化しサプライチェーンを確立しその効率的な運営，サプライチェーン・マネジメント（SCM）を確立することはすべての産業に必要になろう。

(4) 情報革命と消費者革命

　アマゾンはインタネットコマース（電子商取引）というビジネスモデルを確立した企業である。アマゾンに続き日本では楽天が先行し成功すると，リアル店舗を有する在来の小売りも現在ではネット販売を併用強化している。例えばネットを使えば国内外で現地の書店で入荷するよりも早く新刊書を入手できる。売り手から見ればこうしたIT革命は革命的な販売インフラの出現であり，流通革命である。革命に乗り遅れた企業は生き残ることができない。一方買い手から見れば，わずかな費用でコンピュータを利用して多くの情報を無料で利用できる。また居ながらにして世界中から商品を買うことができるというコンシューマー革命である。クレジットカードが1枚あれば，日本に居ながら世界中のサイトでショッピングができ，現品はフェデックスやUPSあるいは宅急便で届けてくれる。

　消費者にとって情報化社会はこれまでに存在しなかった新しいサービスを生み出しているということもできる。例えば消費者はグーグルの提供するような

無料サービスを享受することができる。ところで消費者にとってはグーグルの無料サービスが事業者から広告収入を得る一つのビジネスモデルであることは重要でないし多くの者にとって関心もない。対価支払のないサービスである。こうしたフリーのサービスは利用者のうち5％ほどの有料利用者があれば商業的にペイするといわれる。

またiPhoneなどの情報端末は端末を利用する消費者自身が開発に参加したアプリといわれるアプリケーション・ソフトによりその多種多様な用途がつぎつぎと生まれている。事業者は開発に必要な技術情報を公開し，ソフトがヒットすると開発した消費者が一定の開発利益を得ることができる。こうした消費者による多様な用途の開発により利用者が増え端末が売れるという好循環の消費者参加型の製品はこれまでなかったといってよい。消費者が価値創造の脇役ではなく主体として参加する事業者・消費者の知識融合製品の開発といえる。いわば事業者はプラットフォームを提供し消費者の創造力の発揮を支援することで利益を得る消費者創造力支援ビジネスモデルといってよい。

2. 情報革命の進化と経営・マーケティング

(1) SNSの台頭

SNSとは社会的交流の場を提供するネットサービスである。人々が自分の情報を公開することでリアルな世界と同じような人間関係を構築できることが話題となり，企業による活用も進んでいる。日本で知られるようになる以前に米国では2005年にマイスペイスMyspaceのページビューがGoogleを上回り，2004年に始まったフェイスブックFacebookも公開後，急速に登録者数を伸ばし話題になった。後者は日本での普及は進んでいないが英語圏を中心に2013年現在，対応言語が70に達し世界で約10億人が利用しているといわれる世界最大のSNSである。フェイスブックの創業者マーク・ザッカーバーグは自身のサービス理念を"Helping people understand the world around them"「人々の取り巻く世界の理解を助ける」ことを標榜する。そのため実名による登録が規則で名前はもちろん出身校，住所，電話番号，画像などリアルな情報を入力することが勧められている。したがって個人を特定したり確認することが簡単にで

きる。それゆえ「実名による人間関係の地図」「あらゆる人間の情報を組み入れたもの」になる可能性があるとされる所以である。反対に日本ではフェイスブックよりも mixi（ミクシー）などの SNS の利用者が多い。その理由は，実名制をとらないこと，匿名制が好まれていることがあるが，商業的な利用効果の面では実名制のリアルな情報が大きな強みを持つ。今後は商業用の利用の増大からフェイスブックの成長が注目される所以である。

（SNS のビジネスモデル）
　SNS のビジネスモデルは大きく分けて「広告収入モデル」「ユーザー課金モデル」「他サイト誘導・連動モデル」である。広告収入モデルはインタネット広告により収益を得るモデル。ユーザー課金モデルは提供するサービスに対しサービス利用料という形でユーザーに対し直接課金し収入源とするモデル。他サイト誘導・連動モデルは SNS 内での広告収入や課金収入に頼るのではなく，SNS をユーザーの集客や定着のツールとして捉え，自社・他社問わず他のサイトに誘導，あるいは連動させることにより得られるシナジー効果（相乗効果）を期待するモデル。ディー・エヌ・エー（DeNA）が運営する携帯向け SNS のモバゲータウン（現モバゲー）は関連会社のサイト「モバオク」などの外部の課金サービスに誘導することで収益をあげている。

◆　**日本の SNS**
　グリーは 2010 年現在約 2000 万人の利用者がいる SNS の最大手の会社である。主に携帯電話向けに日記，メールなど無料で SNS とゲームを提供するサイト「GREE」を運営している。SNS と連動したゲームがヒットし広告収入と課金収入が増大している。グリーのシステムとして入り口は無料にして深く楽しむためにはお金を払うという方式をとっている。ゲームがヒットしゲームを有利にするために顧客が購入するアイテムが収益源だが会員が増えると広告収入が増える好循環である。
　日本の携帯電話は他国に比べ多機能でまた携帯電話所有率が高く市場が大きい。グリーは日本特有の携帯電話の文化に注目したことも成功の理由であろう。

ただ急成長の同社だが利用者離れも早いとされる。また SNS ゲーム市場も数年以内に飽和状態を迎えるとの見方もある。また携帯の主力が高機能携帯にシフトしているため，それに対応するソフトと新ゲームの開発が課題である。さらに海外市場の開拓が急務にもなっている。

すでに報じられているように，2010年，同業の DeNA は米のゲーム開発会社エヌジーモコ（ngmoco）の買収を発表，海外ブランド「mobage」を提供していく予定。仮想通貨「モバコイン」を導入し国内外とも共通通貨の展開を検討しているという。同じく SNS のミクシーも中国，韓国，そして独の SNS と提携を結んだ。他方グリーも SNS の "mig33" を運営する米 project Goth に出資。また中国最大のネットサービスの Tencent と提携を結んだ。（参照：日本経済新聞・朝刊 2011.01.27）

このようにフェイスブックやツイッターなど海外の SNS の日本市場での展開が着々と進んでいる一方，国内 SNS の競争も国内だけでなく世界へ舞台を移して進められようとしている。

◆ グリーの戦略

そもそもグリーの事業機会の発見は「無料」ということがキーワードである。無料で誰でも気楽に遊ぶことができることから事業の構想につながった。ゲームそのものは無料であるから収益源ではない。収益を伸ばしている要因はゲームに付随するアイテムやオプションサービスの課金，そして利用者が増えることで増大する広告収入による。以下グリーの戦略を紹介する。

第1に対象。携帯をもつすべての人が対象，ターゲット。

第2にプレイス（場所）。携帯が使えるところならどこでも使うように常習化させることをねらっている。空き時間や移動時間に短時間でも楽しめる要素に加えて，自分がプレイしていなくてもリアルタイムで進行するなど常に気になる要素を盛り込むことで，携帯をすぐ開きたくなる仕掛けを盛り込んでいる。

第3にプライス。ゲームに付随するアイテムやオプションサービスは非常に低額で高くても千円前後である。無料でも楽しめるがその価格が安いから時間の短縮のため技術の向上のため，またコミュニケーション相手に対する見栄な

どから高いと感じられない仕組みになっている。

　第4にプロモーション（宣伝）である。ターゲットの多さからCMによる認知向上に力を入れている。またユーザーが無料コンテンツのゲームにはまるように作っている。ユーザーの増大は広告収入増大をもたらす。

　第5にプロダクト（製品）である。その機能，内容は，①シンプルだが一筋縄ではいかない，②常習性がある，③コレクター意欲，見栄などに心理的に働きかける仕組み，④意欲，常習性を有料化へつなげる仕組みである。

　もっとも業績には陰りが見られる。12年第1四半期以降5期連続で営業減益である。理由はスマホ普及で主導権はアップルとグーグルに移っているからである。ゲームの開発会社がプラットフォームのグリー，DeNAを飛ばして直接スマホへの直接配信を志向するようになったからである。また海外展開を進めてきたが赤字が常態化し人員削減を実施している。

(2) PCと携帯の融合

　PCのモバイル化と携帯の多機能化，多機能携帯の「スマートフォン」の発売，そしてアマゾン社から発売された電子書籍閲覧の電子ブック「キンドル」や同じくアップル社からiPadの発売など，既存の製品の用途を超える新しい価値を提供する製品が続々と開発され世界でほぼ同時に商品化されている。2007年末以降，短期間の間にこれらの製品は普及し情報革命がビジネスの世界のみならず消費生活の隅々まで波及している。今後，このような情報革命の進展が出版・音楽ビジネスのみならず多くのビジネスの事業モデルに大きな影響を及ぼすことが予想される。

　これらの新しい情報ツールはますます機能的に融合が進んでいることと，一般ユーザーが開発した様々なアプリケーションを追加することで多様な利用価値を追加できることが特色である。またすでにマイクロソフトがフェイスブックに出資，グーグルがマイスペースに提携を申し込むなどの報道があるように，豊富なウィジェットを閲覧でき，多数のユーザーがプラットフォームとして利用することができるように相互に利便性を高めることができることが特色であり情報企業にとって重要な戦略だからである。

(3) 経営・マーケティングの進化

SNSにしろモバイル化にしろ情報伝達手段と方法の進化，利便性の増大によりコミュニケーションはより確実かつ簡単そして迅速になり経営のあらゆる側面でスピードアップが求められる。以下，まずSNSの管理面での影響，次いでマーケティングへの影響について述べる。

（社内SNSの導入）

SNSでは数々の機能を用いて情報発信を容易にし，情報の受け手を確認することを可能とした。そのため，これまでのツールにはない信頼感のあるネットワークの構築や，コミュニケーションの活性化，新しい人間関係の創出といった新たな特徴を持っている。社内コミュニケーションの促進や「情報の共有の充実」といった効果が伺える。日本において社内SNSが導入されてまだ数年しか経過していないが経営管理に有効なツールとしてSNSの活用が増えると思われる。導入の最大の目標はコミュニケーションの促進である。また「コーポレートカルチャー」の再構築ともいえよう。以下の事例では社内のコミュニケーションツールとして採用したSNSの思わぬ派生効果を紹介する。

◆ モスフードの社内SNS

モスバーガー・チェーンのモスフードは社内専用交流サイトを導入した。社員の一体感を高めるだけでなく社員から新商品や販促手法のアイデアが投稿されて大いに盛り上がっている。国内外の社員860人にSNSのログインIDを配布，インタネット上にサーバーを置くことで海外駐在員の社員も参加できる。

投稿者にはポイントが付与され，ポイントと交換される景品も増やした。ゲーム感覚で楽しみながら活発に交流できる環境をつくった。運営者側はSNS内でやりとりするテーマを2カ月ごとに変更する。新商品のアイデアがテーマの際に，海外社員から現地の商品が紹介され高い関心を集めた。今後のヒット商品や新サービスが社内SNSから生まれることもありそうだ。

（ソーシャルメディアとしてのSNSのマーケティング効果）

ソーシャルコマースのツールとしてSNSが利用されている。ソーシャルコ

マースとはソーシャルメディアを使って人々にコミュニケーションをとらせ，購入するのを助ける小売のことである。ソーシャルメディアをつうじて人々が共感し，それがモノの購入へと人を動かす。フェイスブックの強みはそこにある。実名制だからである。ネット上で交流をつうじた作り上げられた価値，確認された価値がリアルな世界に直接つながっていることである。それだけ実社会の企業から信頼を得ることができる。以下SNSを活用するマーケティングを紹介する。

◆　SNSの「ファンページ」を販売促進ツールとして利用

　企業が開設した「ファンページ」は「ファン」が集まり交流できるコミュニティのようなものだ。ユーザーと企業がコミュニケーションをとったり，キャンペーンなどを告知する場として活用されている。

　ネット通販会社でいち早くフェイスブックを販促の柱に据えたのが，エスワンオー（東京目黒区）だ。ネットマーケティング・広告事業の同社は，ファッション分野進出に当たってアジア市場をにらみフェイスブックを活用。同社のブランド「サティスファクションギャランティード」は日本では無名だが，アジアでは25万人強のファンを集める。ファンページ内のショッピングコーナーで英語と日本語で商品を説明し，気に入れば購入できる。佐藤俊介社長は「フェイスブックは航空路線でいえば"国際線"。世界に向けて旅立つには欠かせない」と説明する。（参照：http://sankei.jp.msn.com/economy/news/110215/its11021506250000-n2.htm 2011.05.17）

　コンビニ大手のローソンは，架空のアルバイト店員「あきこちゃん」が商品を紹介するファンページを展開。ファンページでから揚げの味アンケートを実施するなど，商品開発に活用する。フェイスブックを含む計27のソーシャルメディアを活用し登録者数は延べ860万人に上る。13年度中に登録者数を1000万人まで拡大する計画という。

　実名登録なのでまじめな利用者が多く，多様な機能を使った販促が工夫できると期待する。また米国などで始まった利用者の位置情報と連動し，地域の情報発信やクーポン配布などの新サービスも検討している。

　無印良品はファンページにコラムを配信しアンケートを集めるなどしてブラ

ンドへの共感を高めるために活用，スターバックスはフェイスブックアプリをつうじて割引クーポンを配信するなど，キャンペーンの一環として活用している。

◆ SNSを使ったソーシャルショッピング

スマートフォンの普及とともにSNSサイトへのアクセスのツールとしての有用性が高まった。ソーシャルショッピングとはSNS内でユーザー同士がショップ（もしくは商品）情報を共有することでお互いに「カシコイ」買い物をしましょう，という仕組みのことである。人のつながりでビジネスを成り立たせるところが「ソーシャル」という理由である。企業の側からファンページを利用した商品広告や商品に対する質問への回答等のサービスだけでなく口コミ情報の活用による販促に利用できる。

米Levi's（リーバイス）の例では同社サイトにユーザーがアクセスすると，フェイスブックのウィジェットがある。ボタンを押すと以下のとおり，

フェイスブックに連動⇒商品のページ閲覧⇒（商品を気に入り）「Like」（いいね）クリック⇒友人全員に情報が共有される

Likeを押すとボタンの右側の数字が一つ増える。この数字は，「いいね！」ボタンを押したFacebookユーザーの数である。この数字を見るとどれが人気商品なのかが分かるようになっている。

またFRIENDS STOREのコーナーにジャンプして「EVERYONE」と「FRIENDS」のタブが表示される。EVERYONEのタブのページはFacebookのユーザー全体の中で人気の商品を表示している。FRIENDSのタブのページではFACEBOOK上の自分の友人の中で人気の商品が表示されるようになっている。（参照：http://techwave.jp/archieves/51447138.html 2011.05.17）

(4) 動画共有サイトによるマーケティング

2010年11月尖閣諸島で中国漁船が海上保安艇に衝突する事件の映像が世間に衝撃を与えた。これはYouTubeにアップロードされた映像であった。

YouTubeは若者で知らない者がいないほど利用者が多い。また自分で撮影した動画ビデオを簡単にアップロードでき利用者も多い。

　もともとYouTubeは2人の若者がカリフォルニア州サンマテオで2005年に設立した動画共有サイトである。サービス開始からまもなく爆発的な人気を獲得し、映画会社がプロモーションビデオの配信に利用，またNHL（ナショナルホッケーリーグ）が試合のダイジェスト版を提供するなど商業的にも成功した。翌06年10月、約16億5000万ドル相当の株式交換でインターネット検索のGoogleに買収された。

　YouTubeの特徴は、一つの映像を世界中のネットワーカーが共有することである。また普通の人間でも企業でもCMを作成してこの世界的なメディアを無料で利用することができることである。任天堂がWiiのCMビデオをYouTubeにアップロードした。またスカイパーフェクト・コミュニケーションズ（現・スカパーJSAT）がGoogleと提携し日本の放送局としては初めてスカイパーフェクTV！（スカパー！）のパートナーページを開設した。YouTubeを通じて番組内容をアピールし、各サービスに誘導する狙いだ。ただ日本の放送局は著作権の権利処理上の複雑な問題からまだあまり活用していない。

　YouTubeを使うマーケティングはソーシャルメディアへの共有が簡単なため、拡散しやすいこと、すでに多くのユーザーが集まっており、コミュニティがあること、またブランド接触の時間を長くすることが出来るなど、メリットが多い。企業として魅力のある動画を作成，アップロードし多くの人に視聴されることで効果は莫大である。

　一方、YouTubeに比べ遅れていた企業のniconico動画活用も広がり始めている。niconicoは若年層の利用者が多く若者に届くメディアとして企業にとっての価値も高まっている。YouTubeが広告主を獲得し広告収入を得るビジネスモデルであるのに対しniconico動画はサイトの稼ぐ収益のうち7割が有料会員の会費で企業からの広告収入は1割にすぎないという。ただniconico動画を運営するドワンゴの主催するイベントのファン動員力は高く、協賛企業から獲得するスポンサー収入も多い。

◆ バイラル・マーケティングの効果

ソーシャルマーケティングの成功の秘訣は何だろうか？一つはユーザーがコメントを書き込み他のユーザーがそれを見ることで接触時間が長いこと，またいわゆる口コミや推奨といった形でユーザー相互が伝え合うことで消費者の信用度が高く宣伝効果があることである。こうした効果を利用した販売手法がバイラル・マーケティングである。もっともバイラル（口コミ）とステマ（消費者に宣伝と気づかれないようにおこなう宣伝行為。ステルスマーケティング）の区別はユーザーにとって簡単でない。後者はいわゆる「さくら」や「やらせ」の方法と同様にユーザーを欺くことであり倫理的ではない。米では報酬を受け取って製品のレビューを書いたブロガーがその旨を明示しなかった場合は罰金を課せられる。ユーザーの自然な推奨であればバイラルも価値はあるといえる。

3. 新トレンドと企業の対応

トレンドとは時代の趨勢，潮流，流行などの意味だが，企業にとってのトレンドの意義はそれが事業活動の成果と関わりがあるということである。流行を予測し新しいモード（方法，様式）をデザインすることが必要なのは服飾産業だけではなく等しく事業者に妥当する。事業活動の生産・供給と販売に即していえば，最新のトレンドである技術を利用し生産コストを下げ，また顧客の志向，トレンドを把握し生産と販売にフィードバックすることは事業成果を上げるために必要である。それだけではない新しいビジネスモデルを発見・創造するための原点であるという意義がある。

(1) 情報化の進展と新しい事業者の登場

情報化の進展にともないビジネスの生産現場，事務部門のみならず営業販売部門でも情報技術を利用し，企業のコストを削減するだけでなく企業間取引のコストを削減し，事業利益を追求することが一般的になったといえる。新しいトレンドの情報技術を活用しコストを削減し顧客を確保しなければ競争場裡でサバイバルすることができないからである。いわゆるB（ビジネス）内，B2B

（ビジネス・トゥー・ビジネス，企業間）の両場面で情報の利用の増大が情報技術を進化させ，また後者の情報技術の進化が前者の情報の利用を増大させる。

近年はB2C（ビジネス・トゥー・コンシューマー，事業者・消費者間）のレベルで情報技術，とりわけインタネット技術の利用が急速に進展している。事業者と消費者が双方向で情報をやり取りすることが可能になり，事業者と消費者の間で直接にインタネットを介した取引と決済が普通のこととなった。またインタネットを使ったマーケティングや事業者が消費情報を収拾・分析し製品戦略や販売戦略を立案し経営の意思決定に活用することも一般的な事業手法になっているということができる。

さらにC2C（コンシューマー・トゥー・コンシューマー，消費者間）のレベルでの情報を利用することからもビジネスチャンスが生まれ新しい事業者が登場している。またPCに代わるスマートホンの普及はSNSの普及を加速化する一方，ビジネスによるSNSの活用がそこに新しいビジネスチャンスを求める事業者を出現させた。

◆ 最新のマーケティングトレンド

最新のトレンドを次に紹介する。まず「オムニチャネル」と呼ばれるリアルとネットのあらゆる販路やツールを組み合わせ顧客に最もあう形で商品を販売する手法である。「すべての販売経路」の意味だが，実店舗やテレビ，通販サイト，SNSにスマートフォン等…の商品供給体制を一本化し小売資産を最大限活用し販売に結びつける手法である。例えば在庫がなくても消費者がスマホのアプリを介して注文すれば自宅に届ける。実店舗とネットの商品のデータベースを統合して販促に務める。

また「O2O（オンライン・トゥー・オフライン）」はネットで情報を得た消費者に実店舗での購入を促す手法である。小売業者がフェイスブックなどに専用ページを開き登録している消費者がページを見ると値引き情報など見られるようにする。位置情報で近くの提携店が表示され，入店時にポイントがもらえる。ネットから客を誘導する手法である。いずれにしてもネットが消費のスタイルを変える。消費の潮流をいち早くとらえた企業がサバイバルできる。

そしてインタネットの利用だけでなく新しい流通技術や手法など他のトレンドをパッケージして事業に活用することで新しい消費者ニーズを発掘し先行利益を実現し，競争優位を発揮している事業者が登場している。以下トレンドとそれに便乗する企業，あわせて問題点も紹介する。

◆ オムニチャネル・コマース，O2O の取組み

　韓国テスコ，資生堂，ABC マートなどがオムニチャネル・リテイリングの取組みを始めている。まだまだ模索段階であり，これから参画する企業は増えていくと思われる。小売業だけでなく，店舗を持たないメーカー，金融業でも可能である。システムや設備は不可欠。リアルとネットを繋ぐ顧客管理，店舗へのシステム導入など必要になる。

　日本マクドナルド，日本コカ・コーラがそれぞれのインタネット会員合計延べ 4200 万人に割引クーポンを活用して日本マクドナルドに送客する。O2O の仕組みの一例である。

◆ Lineの利用

　NHN ジャパン（2013 年 4 月から改名 Line）が運営する無料通話アプリ Line を使うユーザー数が急増している。開始から 1 年 7 カ月で 1 億人の大台を突破し，企業からマーケティングに活用できるプラットフォームとして注目されている。

　企業が Line を使用するためには公式アカウント（月額 350 万円〜）を利用しなければならない。ローソンや日本コカ・コーラなど活用する企業が増えている。ユーザーに企業を「友だち」として登録してもらうと，メッセージやクーポンを送れる仕組みだ。現在 670 万人以上の友だちを擁するローソンでは，1 回の投稿で全国の店舗に約 10 万人が来店するという。LINE の無料メッセージアプリとしての強みが O2O を実現する強力なツールにもなっているといえる。2012 年 12 月からスタートした新サービスの「Line@（アット）」は月額 5250 円。友だちの上限が 10000 人，スタンプがないなど制約があるがクーポンは利用できる。多数の中小事業者の利用が期待されている。

(2) **飲食，サービスの新形態と情報化対応**
(「宅食」「宅配」サービスの普及)
　現在国内の食料品市場は少子高齢化によって年々縮小傾向にある。しかも若者層の食事に使う予算が減少している。弁当で済ませることも多い。ただ単身世帯の増加などで外食や弁当で済ませる食の外部化は広がる。そのためコンビニやスーパーでは持ち帰り弁当を強化しコンビニやスーパーと外食産業との間で顧客争奪競争が激化している。そうしたなかで宅配をおこなう業者が増えている。
　もともと飲食店の宅配が姿を消したのは高度成長期に人手不足で配達用の店員を確保できなかったことが大きな要因であった。宅配が現在また復活してきたのも潜伏していた需要が復活したことが一つの要因であろう。その後，寿司が高価になったため安価な配達寿司をはじめ調理が難しいピザなどの宅配専門店による宅配が盛行した。
　現在は食の宅配化の流れが飲食の多業態に広がっている。外食産業のすかいらーくは「ガスト」などで導入，壱番屋の「カレーハウス CoCo 壱番屋」，そしてコンビニエンスのセブンイレブンも宅配サービスを導入し扱い店舗を増やす。
　マクドナルドではすでに海外 20 カ国で宅配をおこなっている。人口密度の高い香港，シンガポールでは成功している。日本では都心部では駐車場確保が難しく郊外や地方店を中心に展開する。ネット注文にも応じていく。
　高齢者に絞って弁当を宅配する事業を始めたのが「銀のさら」ブランドで知られる宅配寿司のレストラン・エクスプレスである。2013 年 1 月現在，取扱店は都内と埼玉の 5 カ所のみだが売上が堅調で 2015 年までに約 370 ある全店のうち 150 カ所程度に増やす計画だ。ワタミなどの先行店は配達前日に製造しチルド状態で届けるのに対し出来立てにこだわることで他社と差別化する。

(宅配サービスの発展，新しい事業モデルの誕生)
　こうした食の宅配だけでなく家庭用品や野菜，惣菜などの宅配化のユーザーが増大している。宅配化の進展は物流会社にとっても商機であるが，通販やサービス業のニーズをくみ取った事業モデルを構築することが収益力を底上げ

する。通販と物流の協業，相互のイノベーションが有効といえる。新たなビジネスモデルも誕生している。

◆ アスクル

2012年4月27日，アスクルとヤフーは業務・資本提携すると発表した。アスクルが約330億円の第三者割当増資を実施し，その全額をヤフーが引き受ける。この結果，ヤフーはアスクルの株式の42.47％を保有する筆頭株主となった。同社は法人向け文具販売で飛躍してきたが最近は競争激化で業績が低迷してきた。ヤフーと提携することでアスクルは最大のプラットフォームを利用することができる。最大のねらいはアマゾン対策であるといえる。

ヤフーと始めた消費者向け日用品・食品宅配サービスが「LOHAKO（ロハコ）」だ。1900円以上の買い物なら当日宅配が無料である。価格も安い。9割は法人向け商品と重なり，大量購入で仕入れ値を抑える。こうした安さと速さを実現できるのは法人向けの当日・翌日配送で鍛えた物流インフラを共有しているからである。まとめ買いに利用する消費者が需要を支える。

◆ ミニット・アジア・パシフィック

物流との協業による新たなビジネスモデルで消費者の支持を集めているのがミニット・アジア・パシフィックの「楽リペ」（靴の宅配修理便）である。同社は駅や商業施設の一角で靴修理の店を全国で約290店運営。利用者は年間約300万人にのぼる。靴修理の同社が物流会社の宅配を活用し，便利さを武器に潜在需要を掘り起こし支持を増やしている。お店に行けない，持っていくのが荷物になる，店頭で待つのが気になる，自分で梱包するのが面倒な消費者に対し，24時間オープン，自宅でも会社でも修理に出せる，等の利便性から，同社のサイト，楽リペの支持者が増えている。佐川の宅配網を活用し，靴を回収して修理して届けるまでの流れをパッケージにして提供する。仕組みは次のとおりだ。ネットの楽リペの注文サイトが佐川のシステムに直結しており，客が指定した靴回収の時間などの情報が瞬時に佐川のセールスドライバーに伝えられる。ドライバーが靴を回収し，佐川の物流センターの一角の靴修理工房で修理，そしてまたドライバーが宅配配達する。

なお同社はすでにオーストラリアに 230 店舗，北京と上海市で鉄道の駅構内に 10 店舗出店している。中国では経済成長にともない高級靴の修理ニーズも高くなっているが，同様のチェーン店は少なく日本と同質の高い修理サービスを提供すればニーズを開拓できると考えている。店舗数を 3 年内に 10 倍の 100 店舗に増やす。海外売上高の比重を引き上げていくという。

◆ 寺田倉庫

倉庫・保管業務をベースに多様な新サービスを展開しているのが寺田倉庫だ。トランクルーム運営ではパイオニアである。トランクルーム運営では顧客にトランクルームに来てもらい荷物を出し入れしてもらっていた。このためトランクルームの近くに住む人に利用者が限られていた。トランクルームをもっと利用してもらうために始めたのがサービスのパッケージ化だ。2012 年に始めたサービス「minikura（ミニクラ）」では利用者はネットで預入を申し込むと，自宅に収納用のハコが送られてくる。それに中身を詰めて送り返す。送料は無料。メニューは 2 つある。「hako（ハコ）」は箱に荷を入れ管理する。預かり料は 1 箱 20kg まで月 200 円。また「mono（モノ）」は収納品を 1 点ごと管理する。品物ごとに写真を撮影しネット上に掲載してくれる。月額 250 円。スマホで見ることができる。どちらも引き出すときはネットで申し込むと 3〜4 日で自宅に送られてくる。いずれも全国どこからでも顧客が利用できることが特徴だ。

また集客が見込める百貨店に受付カウンターを設置し冬物衣料など最大で 20kg200 円で預かる。顧客が申し込むと必要な分量のダンボール箱が自宅に送られてくる。ダンボールに入れ送り返す。2013 年 3 月から三越伊勢丹新宿本店を手始めに百貨店とのコラボを拡大する計画だ。まずは衣料品を対象とするが今後は保管の対象を拡大する予定。

また世田谷に全室ワインセラーのトランクルームを新設し営業を開始した。インタネットでの申し込みに対し宅配便で回収するサービスにも乗り出した。利用者はボトルが必要な時にネットで返送を依頼することができる。

◆ オイシックス

　野菜の宅配は健康志向や自然食志向の消費者の間で有機野菜や無農薬野菜などを入手する方法として先行していたが普通の野菜にも宅配が広がっている。買い物の時間が節約できる，重いものを運ばなくてすむ，浮いた時間を有効に使うなどの利便性からである。

　インタネットをつうじて有機野菜やふぞろい野菜の宅配で注目されているのがオイシックスである。宅配便を利用しているから遅い時間指定や再配達も希望できる。働く主婦にとっては利便性が高い。また独自の安全基準のチェックをクリアしたもののみ出荷するが食材の質がいい，と大好評で最近ではファンが増えているという。

　ところでネットを使って通販ビジネスを成立させるには売上予測の3倍の在庫を確保しなければ回せないといわれる。その意味で生産調整ができない生鮮品である野菜を扱うのは実は難しいことである。オイシックスが創業してまもなく2002年にはユニクロを展開するファーストリテイリングが野菜のネット販売事業に参入しわずか1年半で撤退するということもあった。そうした消費と生産・流通の隔たりを埋め結びつけるのに必要なのは生産者との連帯である。有機野菜の生産者連合「デコポン」との連帯により野菜に付加価値を付け売上急増を実現した。また09年には両社は香港へのインターネット販売を開始した。

◆ ローソンの野菜宅配

　野菜宅配大手の「大地を守る会」と資本・業務提携する。その3分の1の株式を取得し同社の筆頭株主になった。コンビニに来店できない顧客をつかむためヤフーなどと組みネット事業を強化。大地を守る会から調達した野菜をネット宅配の「スマートキッチン」上で販売する。野菜だけでなく料理用の具材セットも販売する。

　2011年に「らでぃっしゅぼーや」に出資してネット通販を開始以来，ネットでの野菜の販売を手掛けている。大地を守る会に出資して調達力を高めネット事業の拡大をはかるねらいである。

◆ BUYMA（バイマ）

ソーシャルショッピング（買付型）のビジネスモデルで2012年マザー市場に新規公開上場したのが個人輸入の代理サイト「BUYMA」を運営するエニグモ社である。そのビジネスモデルは簡単だ。海外に住む日本人がバイヤーになり高級ブランド品などをバイマに出品する。バイマの会員から注文が入ったらバイヤーは店から商品を仕入れ利益，発送料を上乗せした価格で商品を売る。バイヤーにとって在庫がいらない。また支払いもエニグモを経由するので代金回収のリスクもない。取引が成立すると売り手と買い手の双方から受け取る5％の手数料がバイマの収入となる。

集客力は先行するヤフオクに比べれば圧倒的に劣る。会員数を増やすことが課題。

(3) 流通市場激変の背景―アマゾンの攻勢，シェア拡大―

ECの巨人，アマゾンが日本の流通市場でますます存在感を増している。アマゾンの強みはその巨大な物流システムである。市場におけるアマゾンのシェア上昇はEC市場の楽天やヤフーのみならず既存の衣料，家電等の流通大手にとっても脅威である。

楽天は仮想商店街「楽天市場」へ出店者を募り一定の加盟店料やシステム利用料金を徴収する。一方アマゾンは「マーケットプレイス」と呼ばれる事業を展開しメーカーや小売業に自社サイトを売り場として提供し販売額に応じて手数料を徴収している。また既存の流通スーパーはリアル（実店舗）に加えネット通販を開始した。これらはビジネスモデルが異なるが市場では競合する。

2010年11月よりアマゾンは商品の価格に関係なく原則，配送料無料化を開始した。楽天，ヤフーのみならずゾゾタウンなどネット事業者，またネット通販を始めた衣料，家電等の流通大手にとって価格や既存の配送の見直しだけでなく組織の再構築による競争力強化を迫られている。

家電流通大手のヤマダ電機は2012年末からネット通販の即日配送を実現するため新システム構築を開始した。消費者がネットで商品を注文すると最寄りの店舗に売上伝票が立ち，全国の店舗網を拠点に即日配送を実現する。2012年12月ベスト電機を買収したのはシェアを向上させることでメーカーとの直

接取引で価格交渉力を強化するねらいである。
　異業種からの大手の参入も流通市場激変の一因である。リクルートが2013年からネット通販に参入する。先行する楽天，アマゾン，ヤフーの3強を追撃するねらいだ。ビジネスモデルは楽天同様，出店者を募り営業を始めるが，システム利用料を楽天の半額水準に抑える。また顧客に購入額の3％を買い物に使えるポイントを付与する。
　またNTTドコモも通販事業を拡充する。すでに自社のサイトで映画や音楽を配信しているが，ソーシャルゲームの配信も始める。有機野菜の宅配にも参入した。有機野菜の宅配事業者「らでぃっしゅぼーや」を2012年完全子会社化した。6000万人の顧客を有することが強みだ。

◆ ヤマトのネットスーパーサポートサービス／医薬品卸サポート

　宅急便で物流インフラを構築したヤマトが多様な新分野でサービス業を支援し事業領域を拡大しており注目される。
　「ネットスーパーサポート」はソフトの期間貸しの形で供与される。導入スーパーは利用コストを支払うことで宅急便のネットワークを物流版クラウドとして利用することができる。1日に2回注文を締め切り，宅急便のルートを活用して購入者の手元に商品を届ける。ヤマトの宅急便のネットワークを利用することで，コストを抑えながら，当日配送も可能となる。
　小売店の多くは自社配送体制をとっているために，販売地域も限定される。配送サービス水準の向上にも限界がある。ヤマトのスーパーサポートサービスはこうした地域単位での企業の細かな物流ニーズにも，また全県規模，全国規模でも迅速かつきわめて細かに応えることが可能だ。
　また「宅急便コレクト」を利用すると多様な決済手段が利用できる。通販決済の「クロネコ＠ペイメント」では商品の購入先への発送をヤマトが確認してからカード会社へ請求手続きを依頼する。購入者が安心できる仕組みだ。また「クロネコあんしん決済サービス」を利用するとヤマトが保証する形で与信決済が可能になる。取引先への請求から督促，代金回収までを一括請負，売掛金を保証する。みずほ系の信販会社を源流に持つヤマトクレジットファイナンスが有する顧客の信用情報が取引先拡大を支援する。クレジットカードや代引

き，掛売りなど様々な決済が可能である。

　また医療関連物流を手がけるのがヤマトロジスティックスである。14年以降消費税の引き上げが予定されているが保険診療では値上げ分を価格転嫁できない。同社は後発医薬品を納入している中小規模の調剤薬局の連携を仲介し，後発医薬品の共同調達や薬局間の在庫の融通を支援し調剤薬局の調達コストを約2割削減させた。後発薬の普及をビジネスチャンスととらえ医薬品卸に参入した。

◆　医薬品ネット通販

　2013年1月最高裁判決で一般医薬品のインタネット通販が事実上解禁された。ただ厚生労働省が薬事法改正の提起を含め新たな規制を検討する意向を示しており今なお流動的な面もある。判決当日に医薬品ネット通販大手のケンコーコムは販売を再開した。判決を受けヤフー，楽天も医薬品の取扱い拡大に向け準備を開始すると発表した。

　ケンコーコムはすでに2009年9月にシンガポールで日本の薬事法分類における第1類医薬品・第2類医薬品，排卵日検査薬など，国内のネット通販で提供できない医薬品販売の現地法人 Kenko.com Singapore Pte. Ltd. を設立した。また健康関連ECサイト「Kenko.com Singapore」を運営。100万人といわれる海外在住の日本人をターゲットとして，アジア全域を対象としたサービスのグローバル化を進めるとしている。

(4)　サービス業のネット展開，新トレンド

◆　ネット旅行代理，eラーニング，ネット保険

　楽天トラベル，じゃらん，一休，るるぶ，ベストリザーブ等のオンライン旅行サイトをつうじて予約をする人が増えている。品揃えが豊富で，料金が安い，ホテルを選択するときに重要な情報となる口コミ情報等も充実しているなど，わざわざ足を運んで代理店に出向く必要がなく支持を集めている。伝統的な旅行代理店もオンラインでの展開を急いでいる。

　またネットを使った「eラーニング」ではベンチャーが相次ぎ参入し，語学教室などで多くの受講者を集めている。理由は簡単だ。従来の語学教室より格

段と低料金で自由に時間設定できるからである。
　このようにサービス業のオンライン化が消費者の支持を得ているが，ネット保険会社では外資系が強い。また外資のネット旅行会社も契約数を伸ばしている。いずれにしても既存の事業者よりも価格競争力が強くオンライン契約が増大している。

◆ 「定額制配信」時代の到来

　CDが売れない，DVDが売れない。そのなかでインターネット配信は右肩上がりで契約者数が増大している。また最近は「定額制配信」という新形態が登場した。音楽ソフトではソニーがいち早く定額制音楽配信サービスを開始。また2013年3月からソニー系音楽大手などが出資する配信会社レコチョクが邦楽を中心に100万曲以上が聞き放題となるサービスを開始する。従来大手は定額制に消極的だったが，戦略転換を進める。
　映像ソフトでは定額制動画配信サービスHuluが順調にユーザーを伸ばしている。Huluは08年に米国で配信を開始，12年にはユーザー数200万人を突破した。日本では09年にサービス開始。急速に会員を伸ばしている。12年4月には定額料金を月額980円に下げた。
　もともと所有（購入）にかわる使用形態（レンタル，リース）が普及したのは消費者にとって少額でコンテンツを利用・視聴できるからだ。また保存しない分，利便性も高いともいえる。そこに自動車のリース，ビデオやCD，DVDのレンタル事業などの事業モデルが消費者の支持を受け新興企業が生まれ成長してきた理由がある。ところが現在インターネットを介した新しい定額配信モデルが登場した。こうしたレンタル事業も転機を迎えているといえる。

＊レフチェコの進化変革
　　以前は1800万人のアクティブユーザーが同社のサイトを訪れ半分程度のユーザーが「着うた」などをDL（ダウンロード）し，同社の特殊な市場を形成した。ところがスマホの普及が有料ユーザーの利用を減少させた。ガラケーからスマホに機種変更すると購入した額曲はスマホに持っていくことができない。またモバイルユーザーの時間と関心がSNSやユーチューブをはじめ無料で簡単に音楽を楽しめる動画サイトなど，さまざまな方向へ分散し

たためである。

　ガラケーでは音楽をDLし決済は電話料金と一緒に支払う。便利だがこの「着うた」サービスが失速した。スマホではアプリをDLし，ユーザー登録，そしてカード決済の必要からユーザビリティーが悪くなりユーザー離れが進んだ。

　こうした状況に対応してレフチェコは，12年からアンドロイド端末，iPone向けに，そして次いでPC向けに，さらにニンテンドー3DS向けに音楽配信サービスを開始した。また前述のガラケーからスマホへの移行に伴い引き継げなくなった楽曲に関してもスマホで無料ダウンロードできるサービスを開始した。スマホ時代に対応したトレンドを生み出すことができれば再び音楽配信市場で存在感を高めることも不可能でない。

第2部
事業の創生，成功，存続と事業思想

第2部まえがき

　イノベーションの歴史は企業家登場の歴史でもあり，産業の変革，企業の盛衰の歴史はまた事業革新の歴史であるが，企業家個人による革新ではなく企業体の革新のマネジメントの歴史でなければならない。ドラッカーは多くの事例をつうじて事業革新が経営者の使命であることを論じた。
　イノベーションは新しい事業構造，事業モデルを登場させ，新しい事業思想を生む。また現代の事業構造，事業モデルは多様化している。日米の対照的な代表的事業モデルを紹介した。それは製造過程をもたないファブレス化とサプライチェーンの構築とそのマネジメント，SCMによる水平分業を利用する米国の先端モデルであり，また準垂直分業を利用する日本モデルである。また事業モデル，事業構造の再構築は国境を問わない企業間の国際的な分業の再編成を促す。もとより事業構造，事業モデルの絶対的モデルはなく変革の対象である。
　次に事業革新を実現し急成長した代表的ベンチャー企業であるイーベイ，アマゾン，アップル，グーグルの成功と経営理念，そして国家と情報企業の間の人権をめぐる微妙な問題の存在を紹介した。これらの創業者のみならず事業者は強烈な個性的存在であると同時に時代の精神や歴史に規定される存在でもある。近世・近代，戦後日本と現代日本の事業革新を規定した背景や歴史的特色をつうじて日本独特の事業思想，事業革新の特色を明らかにする。また企業の国際化や公共性の視点から日本の事業思想の再評価されるべき思想・精神とあわせて過去の問題点を指摘した。新たな事業思想と事業創造を願ってである。
　最後にロングセラー商品の事例，好業績企業の秘密，新興企業の成功理由，そして老舗企業，復活企業など，熾烈な競争のなかでサバイバルに取り組む多数の企業の革新の事例をつうじて事業の成功・存続・復活の要因を考察した。これらの事例は企業の大中小，産業のちがいにもかかわらず他の多くの企業にとって参考の対象となる価値ある事例である。

VI. イノベーション，産業構造の変革と企業の盛衰

1. イノベーションと企業

　産業やビジネスの歴史をふりかえれば発明や発見，新製品やサービスが単に技術的な変革を引き起こすだけでなく大きな社会的変革をもたらした事例を指摘できる。ワットの蒸気機関の発明と蒸気機関を動力として利用した機械の発明は機械工業の確立と「産業革命」と呼ばれる社会変革をもたらした。また電気エネルギーの工業的利用が電気工業のみならず機械工業，化学工業などの発展をもたらし産業の一層の高度化を実現した。こうした科学技術の進展は現代産業社会の根幹技術となっているという意味で本来のイノベーション，大革新といえる。そしてこれらの産業に続き新たな産業が出現している。これらの既存の産業と今後期待される産業を列挙すれば次のとおりである。
　　機械工業　電気工業　電子工業　化学工業　石油化学工業　原子力産業
　　バイオ科学　情報産業　環境産業　先端医療　等々

　産業の革新は新産業の誕生の起点となる基幹的な技術革新だけでなくその基幹的な革新から生まれた派生的な中小の革新とともに産業社会の変革と多様な発展の基礎になっている。そしてこれら大小の革新の担い手として企業家が輩出し，新たな企業が勃興する。その意味でイノベーションは産業の革新，産業構造の変革をもたらし多様な企業家の登場と企業の盛衰の歴史でもある。

◆　資本主義，市場競争とイノベーションの類型
　発明・発見と産業や技術の発展は単に人間の知的な好奇心や必要性の所産とはいえない。その発展は経済的な欲望と無関係でない。科学技術と生産力の発展の基盤になっているのは，人間が財やサービスの生産・供給をつうじて物

的・技術的必要を充足するとともに，それ以上に経済的利益を得ようとする欲望を基礎としているといえる。その意味で科学技術の発展，イノベーションと資本主義の発展は，表裏の関係にあるということができよう。もっとも発明家や技術者が必ずしもイノベーションの担い手となり経済的成功者になるということではない。

もとより市場経済においては同じものを作っていてはいつまでも利益を得ることはできない。パイオニアの製品と同じものを作る追随者が市場に参入し競争が激化する。また同じ製法を続ければ利益が得られなくなる。企業は新製品を開発し，新しい方法を導入し開発者利益の獲得と継続を目指す。

こうした事業の革新に着目したのが J. シュンペーターである。彼は経済成長を起動するのは企業家であり，企業家による資源や技術や労働力の「新結合」new combination こそが革新，イノベーションであるとした。それは以下のように 5 種類に分類できる。

・シュンペーターのイノベーションの類型
　：製品イノベーション—新製品や新品質の製品の導入
　：プロセスイノベーション—未知の新しい生産方法の開発　商品の新たなビジネス上の扱い
　：新組織の実現—組織イノベーション
　：新市場の開拓—マーケティング
　：原料・半製品の新しい仕入れ先（供給源）の獲得—新サプライチェーンの獲得

このようにシュンペーターの革新の概念は，技術革新だけでなく新しい製品ないしサービスを商品化して価値を実現するための事業上の革新をも含む広範な概念であるといえる。そしてそれは 19 世紀末から 20 世紀早期へかけてエジソンやフォードなど企業家が登場し電機工業，自動車工業など新産業が誕生し新産業革命ともいわれる時代の旺盛な資本主義を反映した概念であるといえる。

◆ 現代のイノベーター，アップル

ところでこうしたシュンペーターの革新概念にあてはまるイノベーションを我々は現代のビジネス世界の現実からも見出すことができる。ただ現代，とりわけ現在進行中の産業社会のビジネスの革新の特色の一つは生産技術の革新だけでなく，美的感覚，アイデアなど「知価」ともいえる新しい価値と新しいビジネスモデルを実現する革新であるといえる。

しかもそうした革新がとくに消費財市場における革新，いわゆる消費革命といわれる消費スタイルの変容をもたらす美しいデザインと新しいビジネスモデルの商品として誕生していることが現代消費社会の革新，そのイノベーションの特徴といえよう。例えばアップルの成功事例は象徴的である。iPodやiPhone, iPadの美しいデザインは消費社会を象徴する商品といえる。しかし決して技術的に革新的な製品ではない。既存の技術と製品をパソコンと接続して利用するという斬新なアイデアと新しい利用法により支持を受け新しいビジネスモデルを確立したのである。

すなわちiPodの基礎の技術は既存のMP3の技術の利用であって新しいものではない。また製品化を実現し新たなビジネスモデルを確立できたのは，MP3の不正利用による著作権の侵害を受けていた事業者を熱心に説得したスティーブ・ジョブズの熱意にもよる。いわばこうした消費者目線から企画した製品コンセプト，アイデアを熱心に事業化した企業家により新たなビジネスモデルの道筋がつけられたといえる。すなわちiTunesサービスによるフリーから有料化への楽曲配信の商品化である。

2. 産業構造の変革と企業の盛衰，買収・合併

イノベーションは製品の革新であるのみならず産業の変革，企業の盛衰の要因でもある。その歴史を略述する。最初の産業革命の後，1880年代以降新産業ともいわれる多くの産業が生成し，多数の企業が勃興した。第2次産業革命ともいわれる時代である。そして多くの産業で先行した企業は後から勃興する企業に対して強力な参入障壁を形成し，蓄積した留保利益を使って既存の製品や工程を改良し，あるいは新しい製品を開発し商品化した。革新に成功した企

業が規模を拡大し成長した。

　第2次世界大戦以降の新化学，製薬，航空宇宙，家電，電気通信などの発展と大規模化を担ったのは主に上記の既存の企業であった。そして現在進行しているのが情報革命である。第3次産業革命ともいわれる情報革命は，エレクトロニクス技術，情報技術を基盤に多種多様な産業からサービスまで，大中小の企業のみならず個人が参加することを可能にするほど基盤が広範である。情報革命は基本的にはエレクトロニクス技術の延長にあるが，いまだ今後の進化の範囲，関連する産業領域が予測できない面もある。また既存の企業を基盤とせずに多数の企業が誕生し，なかには短期間に世界的な企業に成長した企業がすでに存在する。

　また企業の盛衰のもう一つの要因は，M&A（買収・合併）である。それは企業の消滅要因であると同時に存続企業の成長要因ともなる。すなわち19-20世紀転換期に誕生した大企業の多くは買収・合併によって誕生した企業である。他方第2次大戦後，米国において1970-80年代にM&Aによって歴史ある上位企業の淘汰が進んだが，90年代にも既に淘汰が進んでいた金融をはじめ金属や機械などの産業においても再び企業の淘汰が進行した。その一つの要因は世界市場での企業間の競争が激化したことがある。米企業の有力な競争企業は主に日独英仏の企業であるが，競争に敗れ多国籍化に遅れをとった企業は淘汰されて買収された企業が多い。

　2000年以降は情報産業においてM&Aが盛行している。すでに市場支配力を有するMSやグーグル，アップルなどは関連分野の新興成長企業を買収・合併することで成長力を内部化しようとしている。なお企業の盛衰の要因を企業の組織能力の角度から分析したのが下述のチャンドラーである。また革新のマネジメント化を実証し提唱したのが後述するドラッカーであった。

　ただ組織はスーパーマンではない。管理的調整ないし組織能力によっても如何ともしがたい問題がある。また変革自体を起こすのは組織ではなく人間自身である。旧来の産業や事業組織に代わる別の人間による新しい組織の登場であるといえる。だからこそM&Aによる組織の拡大は既存の組織の量的拡大などではなく新技術とその将来利益の獲得のためにこそおこなわれるのである。いずれにしても産業の大変革や企業の盛衰のダイナミズムを組織の能力やマネジ

メントだけでは充分に説明することはできないといってよい。

◆ 企業の組織能力

アルフレッド・D. チャンドラー Jr.は代表的な著書 "Scale and Scope"（邦訳書『スケール・アンド・スコープ―経営力発展の国際比較―』）において，はじめて組織能力 organizational capabilities という概念を意識的に使い，それを企業の持続的な成長の要因とした。たしかに第 2 次産業革命期に創業し成功しその後も生き残った企業は後述のドラッカーの変革のマネジメント化，またチャンドラーのいう組織能力により競争優位を確保したといえる。そうした能力は彼の前著 "Invisible Hand"（邦訳書『経営者の時代』）においてテーマとなった経営者による「管理的調整」coordination とともに経営者の重要な能力でもある。製品・工程の革新，流通・マーケティングの革新，新製品の開発，世界的な事業展開，多角化などの戦略遂行を決定する担い手が彼ら経営者であり，その組織能力と調整とそして意思決定が重要であることは否定しようがない。

3. 事業革新の歴史―事業構造のイノベーション―

事業革新はイノベーションの歴史である。イノベーションを先行したものが創業者利益（利得）ないし企業者利益を享受する。イノベーションは模倣され革新の導入に遅れた事業者，企業は駆逐される。

とりわけ現在進行中の情報革命からこうした事業革新，企業の栄華盛衰のダイナミクスを垣間見ることができるが，こうしたイノベーションによるダイナミックな変革の歴史こそ資本主義の歴史の本質でもある。以下略述する 19 世紀後半以降の米国産業の発展の過程，事業構造の変革はこうした発展のダイナミクスを典型的に示している。

(1) **垂直統合モデルの確立**

米国において 19 世紀後半からさまざまな分野で垂直統合企業が現れた。その先駆は大陸横断鉄道である。ついで電話が登場した。アレクサンダー・グラハム・ベルが創立したベル電話会社は後に巨大企業 AT&T に発展した。さら

に巨大な石油会社が登場した。スタンダードは探査，採掘，精製，流通にまたがる統合企業となった。

製造業においては製鉄・製鋼業ではアンドリュー・カーネギーが原料から完成品生産に至る一貫生産体制を確立し，後に売却され世界最大の企業，U.S. スティールが成立した。また新産業の自動車産業ではヘンリーフォードが流れ作業による大量生産方式を確立し部品工業，機械工業を垂直統合した。同じく組立工業である電気工業のトムソン・ヒューストン社とエジソン・エレクトリック社はそれぞれ垂直統合を進めた後，合併しGE社が成立した。

その後，第2次大戦後本格的に発展した石油化学工業では石油コンビナート，（原子力）発電では発電と送電の統合，さらに宇宙開発，コンピュータ開発の分野でも先進技術の研究・開発などの必要から大規模な産業企業の集積と垂直統合企業が出現した。

こうした垂直統合による産業複合体の誕生は米国，ドイツ，日本を始めとする先進資本主義だけでなく，旧社会主義国のソ連（ロシア）にも共通であり技術の性格に規定されているということもできる。

(2) 事業革新のマネジメント

事業革新の歴史はエジソンやフォードなどの企業家をはじめ伝説的な人物の歴史として語られることが多い。ただ創業者の卓越した企業者的才能がかえって企業変革を阻むことになればやがて経営は破綻する。また事業構造革新に成功した企業についてもその後の経営環境の変化に適応できなければ同じく衰退の途を歩む。

もとより成功した企業も持続的に成長することは簡単ではない。その一つの理由は成功がつぎの失敗の原因になることがあるからである。創業者個人の卓越した才能のために成功した企業がその個性ゆえに衰退することがある。それゆえ企業のマネジメントの変革が重要である。企業の歴史は企業家個人による革新の歴史であることはできない。企業体の革新のマネジメントの歴史でなければならないということである。

GMの創業者デュラントの失敗やフォード自動車の経営破綻は多くの伝記の題材になっている。多くの企業家の伝記からは学ぶべき教訓的な内容も多い

がマネジメントの知見を得られるものは少ない。こうした類書とは異なり経営史・経営管理史上の文献として重要なのがA. スローンの著書（『GMとともに』）である。それは経営管理実践のテキストとして学ぶことができるからである。彼はデュラントをGMから追放し自ら経営の再建を果たしたGM中興の祖であり，同書で自ら経営管理実践の歴史を語っている。また彼の参謀ともいうべき経営コンサルタントがP. F. ドラッカーであったことは三国志の劉備と諸葛孔明の関係を彷彿させる歴史でもあるといえる。

そもそも資本主義社会の事業経営は荒海を航行する船の舵取りのようなものである。どんなに大きな船も沈没する危険がある。行き先のわからない航海ではないが1年先の目的地にたどり着けないこともある。必要なのは経営組織のなかに変革，イノベーション志向の羅針盤を組み込んでいなければならないといえる。

◆　ドラッカーの『現代の経営』と『イノベーションと企業家精神』

ドラッカーが"The Practice of Management"（邦訳書『現代の経営』）において企業家の課題ではなく「経営者の課題」として主張したのがまさに事業革新の経営への導入である。彼は事業の目的は「顧客の創造」であり，企業は重要な2つの機能をもつとした。一つはマーケティングであり，また一つは「革新」innovation である。また企業の目的はより良いより経済的な商品，サービスを供給することであるとした。そのために資源を生産的に利用する機能が「管理的機能」であり，組織的活動の適正化や諸活動間のバランス・調整を実現する活動が必要となる。かくて事業経営は「マーケティングと革新によって顧客を創造する活動」とされ，その立場から導かれた結論は，事業経営は企業家的 entrepeneurial でなければならないということである。企業家的であるとは革新的であり果敢にリスクを負い市場に適応し，顧客を創造することである。

彼が同書で紹介した企業とその成功・失敗の理由・背景について，一部であるが略述するとつぎのとおりである。
＊成功・失敗の理由・背景の一部
　シアーズ　自動車の普及　都市化⇒巨大市場の出現に適応

フォード　自動車市場の成熟に不適応　ワンマン経営

　また彼はその後の著作 "Innovation and Entrepreneurship"（邦訳書『イノベーションと企業家精神』）ではイノベーションを戦略として遂行し成功した多くの事例を紹介している。成功企業とその成功理由を略述する。（筆者，一部修正）
＊成功理由としてのイノベーション
　　Macdonard　飲食サービスのマニュアル化　発明・発見でもないイノベーション
　　IBM　会社の事務計算需要に対応　ソフトウェアを提供しユーザーが使いやすい商品に
　　宅急便　旧来のサービスに新価値を追加
　　農業機械マコーミック　割賦販売方式により資金のない農民にとっても取得可能に
　　ジレット　廉価な替刃購入方式により消費者ニーズと予算にあわせ成功
　　ゼロックス　レンタル方式で高価なコピー機の利用が可能に

　また以上の事例研究を踏まえてイノベーションを仕事化するための組織づくり，人事管理等の管理の革新を余すところなく論じている。このようにイノベーションが経営者の任務，使命として論じられているということができる。

(3)　新しいモデルの登場―水平分業の活用とファブレス化―
（事業構造，事業モデルの多様化とファブレス化）
　ところで前述の垂直統合事業モデルは絶対的なモデルではない。例えばアメリカでは発送電の分離が進行している。すでにⅤ章において新しい事業モデルの登場についても紹介した。また新しいモデルが旧来のモデルに完全に取って代わるわけではない。自動車産業のように技術的な理由で今のところ水平分業が困難な産業も電気自動車の製造技術が進化すれば水平分業が進むだろうともいわれる。いずれにしても事業構造は不変ではなく事業モデルの革新も一様でない。現在の成功企業の事業モデルは多様化しているといえる。

また新しい技術発展を基盤に垂直統合を強化する一方，正反対の水平分業を徹底し国境を越えた受発注・生産体制の構築を特徴とするモデルも登場し国際分業の先行企業モデルとなっているものもある。その会社の事業構造のなかに垂直統合と水平分業が共存している。水平分業の強化は垂直統合の否定でもないし前者の否定が後者の強化でもない。いずれにしても垂直統合か水平分業か，また企業内製かそれとも企業外発注か，いずれのモデルが事業構造の軸になるかは，製品の核になる技術や工程技術，設計技術の進化や思想にも依存する面が多い。PCの生産が典型的であるが，いわゆるモジュール化（組み合わせ）技術の進化により部品の大幅な外製化とその組立による水平分業を基本とする生産が一般的になったのはその例である。

　現代のファブレス化の普及はこうした水平分業の活用の延長上にあるが，PCの生産がその流れを先導したといえる。1970年代に入るとコンピュータ業界で垂直統合モデルの崩壊が進む。開発の複雑さと膨大な費用がその一因である。PCの開発は製品の基本設計の研究の進化と平行して，OS（基本ソフト）やデバイスが外注化され，OSや記憶装置，演算装置やディスクドライブといった異なるデバイスの開発に特化したより効率的で革新的な企業，例えばマイクロソフト，インテルなどの登場と発展を加速した。さらに組立生産自体も外部化され，いわゆるファンドリー（受託生産業者，EMS）への委託によるファブレス化を実現した。PC産業はモジュール化と水平分業そしてファブレス化を前提とした生産体制を確立したのである。

（リストラクチャリング，リエンジニアリング，ファブレス化の思想）
　90年代アメリカ企業の事業思想の革新はIBMなどの先端企業の不振とその後の回復の過程で進められた変革に象徴される。すなわち垂直統合構造の限界が認識されリストラクチャリング，ダウンサイジングそしてリエンジニアリングという新しい業務構造設計思想が登場した。そして生産の外部委託つまり製造過程のアウトソース，受託製造に特化するファウンドリー企業を利用することで，研究開発に特化するファブレス化の流れが多くの産業へ普及していった。こうしたファブレス化の流れはまた海外ファウンドリーへの生産委託により生産の国際分業の進展を促進した。IBMに代表されるグローバル企業，アッ

プルに代表される先端企業は世界的な経営資源の利用，その地球レベルでの最適化を意図したグローバルな事業モデルの構築を開始する。

　ところで工場をもたないという意味ではファブレス化は商人資本的思考であり，従来からアパレル産業では普遍的な思想であった。また系列企業，下請けの利用も設備投資や在庫投資負担を軽減するという意味で同様にファブレス的な方法である。たしかにアパレル産業をはじめ市場需要が短期的に変化しやすい産業では投資負担，在庫負担を軽減する有効な手法であるが，ファブレス化による設備投資負担の回避はファブレス化の理由の一つにすぎない。ファブレス的志向が現在，こうした産業をはじめ多くの企業に普及しようとしているのは現在ならではの理由があるからである。

　現在のファブレス化の新しさはその思想が技術革新と製品生産の専門化・特化を加速化するハイテク産業に由来し，インタネットを利用して取引先，供給企業とのサプライチェーンを確立し，そしてグローバルなSCM（サプライチェーン・マネジメント）を志向していることである。以下，代表的な関連事業とその企業，その特色を列挙する。

　　PC基本ソフト開発：マイクロソフト社　SCM　ソリューションの開発・提供
　　PC集積回路開発：インテル社　サプライヤーとの情報共有
　　PC組立生産販売：デル社，ゲートウェイ社　直販によるBTO（Build To Order）方式採用　ファブレス化，SCM構築
　　iPhone，iPadの開発：アップル社　国境を跨いだサプライチェーンを構築，中国で委託組立生産
　　スポーツ用品の完全委託生産：ナイキ社　SCM構築
　　カジュアル衣料：ギャップ社（GAP）　SCMによりSPA（製造小売）徹底

◆　日本の電気産業の垂直統合モデルの見直し

　米国のパソコン生産では水平分業を活用する事業モデルのため特定分野に強みを持つ少数の企業だけが勝ち残ることができる。企画やデザイン，マーケティング，SCMなど，それぞれに特化して自社の強みを発揮した企業が生き残り，多くの企業が撤退するか吸収された。

日本を代表する電機メーカーの多くの製品開発は，最上流の研究開発から設計と仕様決定，試作，量産（組み立て）までを一手に引き受ける垂直統合の生産モデルを採用してきた。垂直統合では多くの設備と労働力が必要である。自社ですべてを賄い他社にはない付加価値を提供して市場を独占できれば，莫大な利益を上げることができる。日本企業が垂直統合にこだわってきた理由であった。

　ただ莫大な開発費を要する半導体生産部門は後記のように分社して準水平分業化を進め，ついで競合企業間でもその水平統合を進め，各社は得意分野に集中することでリスク分散を図るようになった。それでも日本を取り巻く市場条件が大きく変わってしまったため後記のように撤退か国際提携の途が模索されている。いずれ垂直統合モデルを見直さざるをえない状況になっているといえる。特に2011年，震災後円高が急速に進行し家電産業では国際市場においてサムソンをはじめとする新興企業の価格競争力が強まり日本の家電企業の国際競争力が大幅に低下し販売シェアを低下させた。特に液晶テレビの国際競争力の低下とその大幅な価格低下は家電産業に二重の打撃であった。

　実はサムソンなどの韓国企業の国際競争力の向上の最大要因はウオン安によるが，2008年のリーマンショック以前に生産拠点を海外移転して大幅なコストダウンを実現したことにもよる。日本の家電メーカーも円高対応のために国際分業を進めてきたが急激な円高に対応することは不可能であった。それは為替変動に対応して価格競争力を維持しようとしても垂直統合構造では生産構造を簡単に再編できないからである。メーカーの初期投資が大きく，投資回収に時間がかかる垂直統合モデルでは，為替変動に対する柔軟な対応をとることができないのである。

・半導体生産の再編
　NECエレクトロニクス：2002年NEC半導体事業から分社として誕生
　ルネサステクノロジー：2003年日立製作所と三菱電機の半導体事業を分社化し統合設立
　⇒ルネサスエレクトロニクス：2010年NECエレクトロニクスとルネサステクノロジー（水平）経営統合　2011年東北大震災の影響で業績悪化し，現在経営再建中。外国企業との提携も検討された。政府系の産業革新機

構，トヨタが出資する計画。
・家電産業の再編
パイオニア：プラズマテレビ生産完全撤退，中国トップ蘇寧電気と提携
ソニー：2011年春，シャープとの液晶テレビの合弁生産計画発表
パナソニック，ソニー，シャープ（家電3社）：2012年3月期決算赤字1.4兆億円超。
シャープ：2012年，台湾・鴻海精密工業（世界最大のEMS）への工場売却，資本参加受入など大幅提携。
NEC：PC生産分社化，中国レノボと合弁会社設立

ただ日本の家電産業が現在でも不振の一つの理由は，ファブレス化した米国メーカーが新製品開発で先行しているのと対照的に新しい付加価値をもつ商品を創造できないことにある。アップル，グーグルが好業績を続ける一方，日本の家電3社の惨憺たる状況から旧来のビジネスモデルの見直しが迫られているといえる。

◆ アップルの準ハイブリッドモデル

アップルAppleのビジネスモデルは，同社自身が商品化と設計・開発，マーケティング・販売という最も付加価値の高い部分を担当し，部品，半製品は多くの日本企業，韓国企業などから納入させ，組立生産は台湾のEMS（電子機器専門の大量生産専門企業）に任せ，台湾企業が中国で生産する。物流は物流専門企業に任せるという水平分業型ビジネスモデルを採用している。他方，上述の日本の家電3社のビジネスモデルはすべて自社および自社グループ内で賄う垂直統合型ビジネスモデルである。この2つのモデルは対極的なモデルとみられる。

たしかにアップルは自社工場を持たない。部品調達や組み立ては完全に外部化している。ただCPUもOSも独自の技術を使用しているからこそ，その水平分業モデルが強力なのである。また実はアップルの設備投資は巨額である。2012年約5500億円の計画で，ソニーの同2100億円と比較しても，大規模な投資をしている。その理由は開発，製品設計に巨額な投資を必要とするだけで

なく製品の高品質を実現するために必要な最新の工作機械は，アップルが購入し，製造委託先に貸し出している。また開発がアウトソーシングされ価格が開発者により設定される有料アプリは売り上げの3割をアップルが手数料として徴収する。アップルストアに並べる前に費用をかけて厳しい審査をおこなうためである。このようにアップルのモデルは垂直統合的な面も有している単純な水平分業でも垂直分業でもない準ハイブリッド的モデルといってよい。

◆ **日本企業の準垂直統合型取引関係**

　日本企業の垂直統合は米国型の垂直統合と同じではない。アメリカの垂直統合は同一企業内で実現されるのに対し，日本では異なる企業間で事実上，準垂直統合ともいえる関係，いいかえれば内部組織と市場取引との中間的な関係が実現されることが多い。ゆるい協力関係の場合もあれば業務提携・資本提携をつうじて系列や企業グループを形成することもある。そして等しく少なからず密接かつ継続的な市場取引が実現されている。純粋な統合の形態ではないが取引コストの節約効果を実現しているともいえる。同時にこうした形態は水平分業の効果も享受している。

　トヨタの場合はトヨタ本体とトヨタ系子会社，関連会社そして協力企業のグループが一体となって自動車部品製造と自動車製造・販売を事業としているが，協力企業はトヨタ以外の企業とも市場取引をおこなう一方，準オープンな市場のなかでトヨタグループとの密接な取引関係が形成されているといえる。また同じ販売部門でも完全子会社もあれば少数支配の系列販売会社もあり併存している。そのほうが前者だけの場合より資本節約と高い販売力を実現できるのである。こうした準統合関係を基礎に全体として高い成果をあげている面が強みである。

Ⅶ. 事業革新と急成長企業

1. イノベーションとベンチャーキャピタル

(1) ベンチャーとイノベーション

　1970年代の日本ベンチャービジネス協会設立の頃を第1次ベンチャーブーム，1980年代のハイテクブームを背景にした頃を第2次ベンチャーブームと呼ぶ。バブル崩壊後は既存企業の経営の再構築が進められるとともに雇用の縮小と消費の低迷を打開するため，新規事業の創出が期待され政府による規制緩和政策で新規企業が族生した。特に2000年前後から情報関連企業の起業が活発化した。

　起業とは新規に事業を起こすことであり，またベンチャー venture とは本来，冒険の意味でありリスクを冒して勇敢に事業に立ち向かうことであったが，現在では主に経済的な意味で新規の事業やその事業者，新規事業に果敢に挑む事業体をも意味する。

　また革新とはもともと innovation の訳語で前出のオーストリアの経済学者シュンペータの用いた概念であったが，この革新ないしイノベーションは広い意味で新サービス，新商品を生み出す事業活動の意味でも組織革新の意味でも使われている。イノベーションの過程をみると，まず新技術の開発，新製品・サービスの創造，そして市場の創造であり，その成功によって創業者利益を取得することができる。そしてベンチャーの事業展開はイノベーションの過程と重なる。

　ただ新技術，新製品，新サービスなど高度な知識やアイデアを軸にして革新的な経営をおこない新しい市場を創造する事業体は必ずしも新規創業企業に限定されない。既存企業の事業革新が本来のイノベーション同様の広い意味で革新的な経済効果をもたらす可能性も否定できない。

Ⅶ. 事業革新と急成長企業   155

◆　現代のイノベーションの事例

　以下は主に 1970 年代以降の情報革命といわれる情報技術の革新を土台に，産業と市場を変革した代表的な企業，製品，その事業を列挙した。

＊製品・サービスのイノベーションとトップ企業

　（パーソナルコンピューターの商品化）

　　・アップル，IBM

　　・マイクロソフト　オペレイティングソフト（基本ソフト）

　（携帯音楽プレイヤー，セルフォーン，スマートホン，タブレット）

　　・アップル　iPod　iPhone　iPad

　　・アマゾン　キンドル

　（派生的イノベーション）

　　・インテル　LSI

　　・ソニー他　CD　MD　HD　フラッシュメモリー

　　・ヤフー　インタネット・サービスプロバイダー

　　・アマゾン　電子コマース

　　・MSN　インタネット広告

　　・グーグル　検索サービス

　　・ツイッター，フェイスブック　SNS

＊製造プロセスとオフィスのイノベーション

　　・産業用ロボットの利用

　　・オフィス機能の海外子会社移転ないしアウトソース

　　・CRM（顧客管理）の外注　コールセンター

＊事業組織のイノベーション

　　・KFC, Mcdonald　フランチャイズ

＊流通内部化のイノベーション

　　・セブンイレブン　POS システム

　　・デル　SCM，ダイレクト販売モデル

　　・ザラ（INDITEX 社），H&M，ユニクロ（ファーストリテイリング社）SPA モデル，ファストファッション

＊サプライチェーンのイノベーション

・シスコ社　VSC（バーチャル・シングル・カンパニー）
・アップルほか　生産受託 EMS の利用

(2) ベンチャーキャピタルとリスクと理念の共有

　起業にはリスクをともなう。投資資金を起業家が回収できないリスクである。このリスクが株式公開—上場というメカニズムの確立によって株式購入者である第三者に転嫁されれば回避される。その仕組みが制度化されることで資金の回収とリスク回避が確実になり，さらには資金の調達の可能性が高められる。米ナスダック市場（NASDAQ）や日本のジャスダック市場のような株式市場は新興企業の創業者に株式の公開上場による資金の回収・調達の途を開く資本市場の装置である。公開上場により一般投資家は新興企業ないしベンチャーの将来利益が資本還元された株式を購入する。その価格は投機的な価格で売買されることも多く，投資家の投機的な欲望を利用して社会的資金が証券市場をつうじてベンチャーに動員される。
　こうして創業資金は回収されリスクは転嫁されるが，リスクがなくなるわけではないし，リスクの負担は将来の予想利益のコストとみなすこともできる。またリスクが現実化することもあり，それが損失をもたらすことになる。利益を望むものにとって負担されるコストであるともいえる。
　起業家に投資されるリスクマネー，投資をする主体をベンチャーキャピタル（VC）というが，マイクロソフトを始めヤフー，eベイ，アマゾン，グーグルなど米国 IT ベンチャーの多くが創業後，ベンチャーキャピタルの出資を受けることで資金を調達し急速な企業発展を実現している。創業者は資金調達の苦労，事業の失敗の恐怖から解放され自由な挑戦が可能になったともいえる。そしてベンチャーキャピタルも新興株式市場において株式を上場公開することにより資金を回収し投資リスクを転嫁することが可能になる。
　リスク回避の仕組みが制度化されたといってもはじめにリスクありきである。ベンチャーキャピタルは新規事業の将来性，価値を予見する能力をもっていなければ成功することができない。またそれを確信し創業者とビジョンを共有するからこそ投資ができるのである。グーグルの創業に先立ち若い創業者2人に初対面で 10 万ドルの小切手を切ったといわれるのはアンディ・ベクトル

シャイムである。彼はサンマイクロシステムズの共同創業者であるが，彼とて検索エンジンが広告と結びついてビジネスになることに明確なビジョンを描いていたとはいえないであろう。当時それを知る者はなかったのであるが，彼の信用が呼び水になってグーグルは上場公開による資金調達・回収が可能になったともいえよう。

このような成功事例をつうじて発見できるのは起業には客観的な条件として知識や技術などが必要なだけでなくリスクを恐れず投資をおこなう主体的要因が重要であるということであろう。ビジネスの種である前者の知識や技術は誰もが発見できるかたちで存在しているのではなく後者の人的作用により具体化されるということができる。後者の先見性，熱意，そして度胸や果敢な精神が前者を形のある需要，価値，事業として具体化させるのである。

◆ 日米ベンチャーキャピタル比較

経済活性化のためにベンチャー企業が多数生まれてくることは必要である。米国ではVCはリスクマネーを意味し，投資会社はファーム，そこで働いている投資のプロはベンチャー・キャピタリストと呼ばれている。またベンチャー企業に直接出資して起業を支援する個人投資家は，エンジェル（Angel）と呼ばれている。面識のないベンチャー企業とエンジェルのマッチングをおこなう組織も数多く存在し，エンジェルの底辺も拡がっている。一方わが国でもエンジェルが徐々に増えているものの，規模的にはおそらく米国の10分の1以下であろうと推測される。

ファンドの基本的な仕組みは米国と変わらないがアメリカのベンチャーファンド（投資事業組合）のほとんどはリミテッドパートナーシップの形態を取っている。上場されているファンドはまったく存在しない。それでも膨大な年金資金がベンチャー・ファンドへの投資を積極的におこなっている。一方日本のVCは実質的には投資会社を意味し出資者は金融機関，事業会社などが多く個人は少ない。6社が上場している。わが国のVCはベンチャー・ファンドの管理業務をおこなうと同時に，ファンドへの投資を積極的におこなっているので，VC株へ投資することによって，間接的にベンチャー企業への投資をおこなう形となっている。

2. イノベーションとベンチャー企業の事例

米『ビジネスウィーク』誌（2007年5月14日号）は「最も革新的な会社」第1位にアップル，第2位にグーグルを選んでいる。両社はイノベーションにより新しい価値を創造し多くの人々に支持され成功した。まず両社に先行したマイクロソフト，ついでアップル社の主要な会社履歴を紹介する。もっとも商業的に成功した者が勝ち残って名を残しているのであるが，技術的に先行した者はマイクロソフトの創業者でもアップルの創業者でもないといわれる。マイクロソフト，アップルの簡単な歩みを紹介する。

＊マイクロソフト社

1975年	設立　創業者ビル・ゲイツ
1985年	初代ウインドウズ発売
1995年	ウインドウズ95発売　Explorerを標準装備しbrowserとしての位置を確立。
2004年3月	欧州委員会が独占禁止法違反の判定（制裁金と技術情報の開示を求められる）。市場競争を阻害する存在との評価広がる。
2007年1月	Vistaの発売。不評が集中した。
2008年5月	ヤフー買収で再生を図るが両者の話し合いは破談に。
2009年1月	創業以来初めての大型リストラを発表。
2009年4月	2009年1-3月期決算発表，1986年上場以来初めて減収に。基本OS事業，ネット部門の広告収入ともに後退。

＊アップル社

1976年創業	創業者スティーブ・ジョブズ　世界でもっとも革新的な企業との評価
1977年4月	Apple II 発売
1984年	パソコンマック発売
1998年5月	iMac発売
2001年1月	iTunesリリース
2001年10月	iPod（1G iPod）発表

2002 年 7 月	2G, 5G, 10G, 20G iPod（Windows 対応）発売
2003 年 4 月	iTunes Store 米国で開始　ネット音楽事業確立
2003 年 10 月	iTunes Windows 向けサポート開始
2004 年 1 月	iPod mini 発売
2005 年 1 月	iPod shuffle 発売
2005 年 9 月	iPod nano 発売
2005 年 8 月	iTunes Store 日本で開始
2007 年 6 月	iPhone 発売
2007 年 9 月	iPod touch 発売
2008 年 3 月	ソフト開発キット SDK の無償公開
2008 年 6 月	iPhone 3G 発売
2009 年 6 月	iPhone 3GS 発売　16 ギガ　32 ギガ
2010 年 1 月	iPad 発売

(1) アップルと革新

　もともとアップル社は 1984 年マッキントッシュを発売しコンピュータのパーソナル化，PC 革命の歴史を先導した会社であった。しかし PC といえばマイクロソフトのウインドウズを搭載したマシンが世の中の常識のようになっていく。業績が悪化しその創業者スティーブ・ジョブズはアップルを追われる。その後経営危機に陥り 97 年ジョブズが CEO に復活し再建に着手した。そして物づくりを頑固に追及するなかで生まれたのが iPod である。音楽を身近なものにし若者に支持された iPod の爆発的なヒットによってアップルは復活した。iTunes ストアーは全米最大の音楽小売業になりアップル株式の時価総額は IBM やインテルを抜く存在になったほどである。

　また iTunes U というサービスを 2007 年に開始した。全米有名大学の講義（音声ビデオ）を配信するサービスである。iPod, iPad にダウンロードすれば全米トップクラスの講義をいつでもどこでも受講することが可能になる。（参照：梅田望夫『ウェブ時代をゆく』p. 148）

　iPod のハードは決して技術的に新機軸な製品ではない。MP3 に対応する携帯型音楽プレイヤーがすでに他社から発売されていた。ただ著作権上の問題の

ある楽曲の不正配布が可能になるためソニーなど有力メーカーは製品化に躊躇していた。またソニーは音楽のデジタル配信で先陣を切っていたのだが，自ら音楽レーベル（音楽事業会社）をもっていたがゆえに，ジレンマに立たされていたともいえる。CD の売れ行きに水を差すような音楽配信ビジネスに及び腰であったのである。ソニーの躓きはアップルにその隙をつかれたことだといえる。本質的な差は商品コンセプトの差である。商品の構想力の差といってもよい。ソニーにはインタネットと連携するトータルな製品を作る発想がなかった。また新事業を推進する熱意にも欠けていた。他方，iTunes を立ち上げたジョブスは，音楽配信が進めば音楽会社も潤うと自ら音楽会社の説得に東奔西走して回った。iTunes はその威力を発揮し CD からネット配信へと音楽販売の構造転換を引き起こしたのである。

　音楽を身近のものにし音楽を楽しむ新しい仕組み，スタイルを確立したことが若者に支持され新しい価値，新しい市場を創設したということができる。

◆　**シリコンバレーの精神**

　スティーブ・ジョブズの次の言葉は象徴的である。以下梅田望夫氏の著作の引用からシリコンバレー出身の創業者の革命的な事業精神の一端を知ることができる。

「シリコンバレーの存在理由は世界を変えること。世界を良い方向に変えることだ」（梅田望夫『ウェブ時代 5 つの定理』〔以下，「定理」と略称〕p. 63）

　彼のこの言葉にイノベーションの精神がみごとに表現されているといえる。しかしそれは既存の権威との対立をもたらさないではいない。現代のテクノロジーを使えば音楽を安く多くの人々に届ける方法があることはわかっていた。しかしそれを実現することは既存の音楽産業の利権と戦わないではすまない。戦うか否かは戦争を厭わない強力な革新精神を有するか否かによるところであるが，日本のメーカーはそれが欠けていた。日本のメーカーは失敗する前に挑戦に躊躇しアップルはテクノロジーの可能性を阻む権威との折り合いをつけ iPod の商品化に成功したということができる。

(2) グーグルの理念

グーグルは 1998 年，米スタンフォード大学の大学院生だった，ラリー・ペイジとサーゲイ・プリンの 2 人によって創設された企業である。1 年後にベンチャーキャピタルから投資を受ける。創業から 10 年余足らずで売り上げ規模 2 兆円近く，株式時価総額 20 兆円を超えた高成長企業である。グーグルはベンチャーの革新性と成功を象徴する企業となった。

2004 年株式公開に際しダッチオークションという方式が採用された。投資家が自由な価格で入札する方式で投資銀行や機関投資家の意向で株価が左右され経営に干渉されることを排除するためである。また発行する株式も A 株と B 株にわけ，前者は 1 株 1 票，後者が 1 株 10 票となっている。一般株主は A 株を所有し B 株は経営陣がにぎっている。現在も経営の実質的なトップは創業者 2 人とサンマイクロシステムズ出身のエリック・シュミットの 3 人である。創業の経営理念が頑固に保守されている。

◆ グーグル創業者から株主に宛てた異例の宣言—グーグルの創業理念—

「邪悪であってはいけない」（Don't be evil.）——これがグーグルの経営理念である。創業者と CEO そして従業員に共有される経営理念である。（同上，「定理」p. 76）

グーグルの創業者 2 人が株式公開に先駆けて米証券取引委員会に提出した書類に株主に送付した手紙が添付されている。その趣旨を紹介しよう。上場したあとの会社の運営方針を示したものである。

「グーグルは普通の会社ではありません。これからも普通の会社になろうとは思わない」
「短期的な利益追求のために企業理念を曲げるようなことはしない」
「ウォールストリート向けに四半期単位の業績予測を発表する考えはない」

手紙の冒頭に書かれてあるのが以上の言葉である。株式市場主義に対する宣戦布告であるといえる。（同上，「定理」pp. 186-7）

グーグルの経営理念は「個人がより自由になるために情報という武器を提供

しよう，それが世界をより良い場所にすることになる」というものである。情報は一部の人たちに独占されるべきではなく，あまねく入手できるようにするというものである。アップルの経営理念とも共通するこのテクノロジー理想主導主義ともいえる理念は既存の権威がテクノロジーの進化を阻んでいるときは，その打破のために戦わないではいられない。技術者主導のイノベーションが追求される所以である。

　グーグルの CEO，最高経営責任者エリック・シュミットも創業時の経営理念を共有している。彼の言うように「グーグルはコンピュータ・サイエンティストが経営している会社」なのである。この言葉は技術者たちの経営理念を何よりも表現している。

　ところで，このような思想はそのままでは一般のビジネスの思想として受け入れがたいところがある。にもかかわらず彼らにとってはその理念の実現が不可能だとは思われていない。理念が理念にとどまるかぎりはそれが社会と対立することもないであろう。しかしそれが実現を志向するとすれば対立は現実のものとなることもある。中国政府との対立は彼らの経営理念が創業以来はじめて直面した価値の衝突である。

(中国の「国家の利益と安全」とグーグルの経営理念)
　2009年末，グーグルは中国での当局のサイバー攻撃，検閲を理由として撤退も辞さないと突然宣言した。中国側も楊外相が「どの国もそれぞれの社会制度や歴史背景，文化の伝統に沿い，国家利益を守るためネットを管理している」と応じネット管理を正当化した。独裁体制を維持するためにますます情報管理が重要になっている現在，中国共産党も絶対に譲れないところである。

　ところでグーグルはこれまでインタネットの自由が規制されている中国に進出したことを正当化してきた。ところが上記発表である。以下，既述の記載と重複するところがあるがあえてチェアマン兼 CEO のエリック・シュミットのインタビューから彼の言葉を引用する。

「中国での事業展開はわれわれにとって常に複雑な問題だった。検閲の受け入れを求められたことに強い違和感を覚えた。だが中国進出は，われわれや

中国国民などすべてのひとびとにとって、しないよりしたほうがよいという結論に達した。だが今回は、これ以上検閲を容認できないと判断した」

「(インタビュワー) 中国撤退は株主の利益を最大化するという受託者責任に反する、という声が上がるのでは？」

「04年のIPO（新規株式公開）のとき、書類に添付した投資家向けの文書がある。その中で、われわれは今までの会社とは違うと書いた。常にビジネス最優先で行動するとは限らないと書いた。今回の決断は、その考えの延長だ。これはビジネス上の決断ではない。ビジネスを第一に考えれば当然、今後も中国市場にとどまると決断していただろう。これは価値観に基づく決断だ。」

「中国は情報に対して世界でもまれな規制を課している。中国は、グーグルがその検閲制度に沿った形で現地サイトを開設した唯一の国だ。」

「中国政府と合意に達して事業を続ける可能性もある。――中略――われわれは中国という国と国民を愛していることは分かってほしい。問題は彼らではない。これ以上検閲に協力することはできない、という問題なのだ」

(参照：『ニューズウィーク』日本版 2010.1.27)

かくて中国から撤退するか否かグーグルの経営判断が注目された。中国は世界最大のマーケットである。マーケットの論理のために創業の理念をまげて中国にとどまるかそれとも経営理念のためにあえて撤退するかである。

ビジネスの一般的な論理と折り合いをつけることができるならば中国にとどまることになるが、グーグルの経営理念も西欧世界の文化伝統、価値を継承したものであり、情報企業が検閲を許しサーバーへのハッカーの侵入・盗閲を認識し許容することはその企業生命と精神を喪失するに等しい行為である。その結果、人権侵害を容認・助長することがあれば、「個人がより自由になるために情報という武器を提供しよう」というグーグルの創業理念は諸刃の剣、権力の武器となってしまうことは自明である。

◆ 米中サイバー対決とグーグルへの疑念

グーグルと中国政府との対立の表面化は同時にグーグルと米政府との協力関

係の存在を浮き彫りにした。グーグルがサイバー攻撃対策で協力を求めたのが米国家安全保障局（NSA）だったからである。(参照：Foresight, March 2010 p. 9)

　また米政府が個人情報を違法に入手していることは公然たる秘密であるともいわれていたが，2013年6月，元CIA職員エドワード・スノーデン氏が米政府のネットメディア盗聴を暴露してロシアなどへ亡命を申請する事件が起きた。グーグル，フェイスブック，マイクロソフトなどの経由で個人情報を大量に収拾していたことが事実だとすればグーグルがこうした事実を知らないわけがなく，グーグルの経営理念は中国国家の利益と安全とは対立しても米国のそれとは対立しないのだろうか。

　いずれにしてもあらゆる情報を整理し利用可能にしようとしているグーグルのサーバーが権力にとっても情報収集やハッキングの最高のターゲットになっていたこと，武器になっていたことが明らかになった事件であった。

　NSAは令状なしに特定個人のメールやウェブ閲覧履歴をハッキングしているともいわれ，最高の情報収集能力を有する機関である。また中国政府が公然とネットの監視と管理をおこなっていることも事実である。それだけにグーグル問題は情報企業の経営の公正性とその要件としての権力からの独立性の微妙な問題を改めて認識させる事件であった。また同時に米中双方が最新の情報技術を駆使しネットの監視，管理にしのぎを削って争っていることを想像させる事件でもあった。

(3) eBay イーベイ

ピエール・オミダイアが始めたネットビジネスのイーベイ（eBay）の発想は，不用品をガレージに並べて売れたらいい，また活用できる，というビジョンが出発点である。このビジョンに基づき世界中の不特定多数の人々が相互にオークションでモノを売り買いするというメカニズムを生み出し成功した。見ず知らずの者のあいだで売買が成り立つためには売り手の信用度を担保しトラブルを防ぐ仕組みをネット上につくることが必要である。基礎となるプログラムを書き上げ1995年にサービスを開始し98年株式公開時には100万人以上のユーザーを獲得した。イーベイの収入は売り手から徴収する出品手数料と売買成立時のコミッション（仲介手数料）から成り立つ。

ネットビジネスでは多数の顧客を獲得した先行者は，サイトの利便性を高めることでさらに顧客を増やすことが可能になる。利用者が同じ仕組みを利用すること，また利用者が多いほど利便性が増す。そうでなければ使い勝手が悪いのである。したがって一度，利用者になったものが他へ「浮気」することは少ない。

　イーベイが電子決済をおこなう PayPal を 2002 年に買収し，また 2005 年には，インターネット電話の Skype を買収しているが，とくに前者の買収は利便性を高め顧客を囲い込む意義をもつ買収である。また 2011 年 3 月，米国 GSI Commerce を約 24 億ドルで買収することで合意したと発表した。GSI Commerce の電子商取引およびデジタル・マーケティング・ツールとサービスにより，イーベイのオンライン・マーケットプレイスと傘下の PayPal の電子決済事業が強化される見通しだ。

　ネット社会の今日，誰もが携帯や PC を持っている。いつでもどこでも取引ができる便利さ価格の安さに加えて手に入れにくいモノもインターネットをつうじて入手できる。インターネットならではの強みである。楽天やヤフーのネットオークションもイーベイをモデルにしたものである。

(4) Amazon.com, Inc.アマゾン・ドット・コム

　書籍販売・出版にイノベーションを起こしたアマゾン社は 1994 年創業者ジェフ・ベゾスにより創立された。インターネットをつうじた商品販売を検討していた彼は書籍の流通業界が参入障壁が最も低いこと，またインターネット書店であれば，最大規模の書店の何倍もの種類の書籍を扱うことが可能であることから事業の前途に確信を持った。設立当初の 4～5 年の期間は，利益が十分に上がらなかったがその後，確実に成長発展し現在 1000 万点以上の多種多様な商品を扱っている。

　Amazon の最大の特徴は強力なレコメンデーション機能にある。それは過去の購入履歴等から顧客一人一人の趣味や読書傾向を探り出し，それに合致すると思われる商品をメール，ホームページ上で重点的に顧客一人一人に推奨する機能のことである。

　また 2007 年，アマゾンが発表した電子書籍リーダー「キンドル」はコン

ピュータの端末のキンドルに本をダウンロードすることで読むことができるというものである。携帯電話通信網を使って高速で安く書籍を手に入れることができる。しかも「キンドル」1台に数千冊の本を保存できるということである。「キンドル」をもっていれば読みたい本を読みたい時に読むことができ便利である。書籍の出版・流通のスタイルを根本的に変革しつつあるといえる。

　このようにアマゾンはハイテク企業のイメージがあるが，実は同社の売上げの大半は消費財である。米国のリアル店舗の売上げが停滞するなかでネットの売上げが急増しているが，アマゾンのそれは他社をはるかに上回る。米小売市場においてアマゾンのシェアは15％に達する。

Ⅷ. 日本の事業革新，事業思想の過去，現在

事業者精神と企業家の行動特性，個性

　事業家の精神とか気質について論じる際にアントレプレナール entrepreneur という言葉が問題になる。もともとはフランス語で企業・起業家の意味である。フランス語のアントルプランドル entreprendre は企てる，取るなどの意味。英語になったアントレプレナーシップ entrepreneurship は起業家，事業家精神ないし気質と訳される。リスクを恐れずに挑戦し，新しい価値を生み出そうとする精神・気質の意味である。

　ところで事業家とその資質について経済学の理論で問題になることは少ないが，J. シュンペーターは企業家を経済革新につながるイノベーターとして重視した。また I. カーズナーは企業家の条件として利潤機会をだれよりも早く発見する能力，機敏性 alertness を重視した。

　ただドラッカーが書いているように 19 世紀中頃の J. B. セイが起業家アントレプレナールという語を使って以来，いまだに企業家と企業家精神の定義は確立していないといえる。その理由は企業家は生の人間であり経済分析の想定する経済人モデルのように一義的に行動する人間ではないからであるといえる。

　いずれにしても社会が企業家を必要とすることも事実である。F. ナイトが『リスクと不確実性と利潤』で論じたように，不確実性に対し自分の責任で行動を取る者が必要である。この点についてドラッカーによれば，あらゆるものは古くなり硬直化し陳腐化する可能性がある。それゆえ経済においても社会においても「われわれの社会が必要としているのはイノベーションと企業家精神が当たり前のものとして存在し，継続していく企業家社会である」（前出『イノベーションと起業家精神』）とし，企業家の起業家精神を肯定する。そしてドラッカーにとって起業家精神で重要なのは気質の問題ではなくむしろその行

動様式が問題であるとする。

　すなわちその行動様式は意思決定という行為の本質とかかわるからである。意思決定の本質はまさに不確実性のなかでの決定にある。ドラッカーが述べるように確実性を望む者は企業家には向かない。政治家，軍人，船長などと同様に，不確実性に対し自分の責任で行動を取る，困難な意思決定をすることが企業家の行動特性である。

　また一般に企業は利潤を目的にする組織と考えられている。ただこうした企業・事業者像と個々の事業家像は合致しない面も多い。企業家の行動は必ずしも利益計算だけでおこなわれてはいない。企業家自身も利益をあげるだけでよいとは考えていないであろう。事業が利益をあげればそれで事足りるのだろうか？（事業をおこなう多くの者が自問する問題である。）利益を目的とするなら，リスクの高いビジネスなどせず，もっと手っ取り早い儲け方があるのではないか？そう自問することも多いであろう。それでは事業家があえて事業をおこなうのは何か使命感を持っているのだろうか？その答えは多様である。事業家は強烈な個性の存在だからであり，現実の事業家像はまさに多様である。

　さらに事業家は時代の精神，歴史を担う歴史的存在でもある。その意味で欧米から遅れて近代化した日本の事業家は個性的存在であると同時に日本独自の事業家思想・精神，特性の担い手であるともいえる。以下，過去の代表的な企業，事業家の活動・思想の事例から考察したい。

1. 日本の事業革新の特色，背景

(1) 日本の事業革新を規定した背景

　欧米の進んだ技術に触れた幕末・明治期の日本人がどのように考えまた感じたのかは不明である。尊王攘夷の志士らが一変して開国に転じその後継者らも攘夷と愛国・国防を標榜し近代化のために殖産興業政策・富国強兵政策を推進したことが日本の近代化と産業革新の歴史の1ページであった。

　その意味で近代化と産業化が上から推進されたために，国家，政府，権力と事業家との密接な関係が事業革新の面でも作用している。また事業家にとっては近代産業の導入は欧米技術の模倣にはじまったものの，欧米に追いつき追い

越し，国を守る国に報いるという愛国的思想とも無縁ではなかった。
　こうした思想は三井，三菱，住友といった主要な企業の事業家だけの思想ではなく，全国の大中小の企業，無数の事業家が愛国のために進取の精神をもち革新に取り組んだという意味で全員参加型の報国革新であったといえる。
　こうした幕末・明治期日本の特殊歴史的条件と日本固有の歴史・精神が作用して日本の事業革新が特異な特色を帯びたと思われる。それを規定した条件，特色を要約的に指摘すると以下のとおりであろう。すなわち，

　1．国家の重要な役割
　2．長い歴史を有する企業が多い
　3．明治・大正の間に短期間で近代工業化達成

　上記第2の条件についていえば，その結果として，近世以来（それ以前からの商家もある）の古い伝統・慣習が伝わる事業体が存続する一方，明治以降誕生した近代的な事業組織とが併存するようになる。すなわち，明治以前から全国で伝統的な食品や衣料そして金融部門で商業資本が発達していたが，維新の激動期の荒波を乗り越えた三井，住友を代表とするような商業資本が家族・同族支配を維持しつつ工業化を進め財閥として発展したことが典型である。三井，住友以外にも多くの大，中，小の商業資本が存続し全国で産業を支える基盤となった。

(2) 新旧思想・制度の共存，急速な近代化の帰結と敗戦

　また第3の条件と重なるが，大正・昭和初期の新興財閥の台頭に象徴されるのは新興財閥がいわゆる新産業といわれる自動車，電機，化学工業等の分野において，短期間で先進欧米資本主義企業に劣らない技術的な発展をとげたことである。
　会社制度の面でも新旧の制度が併存することになった。すなわち明治期前半までに株式会社が多数誕生し，旧士族，華族，富裕商人層の資金を動員する制度が生成していたが，三井，住友や三菱（岩崎）ら新旧の大商人は成立した新商法の合名会社形態と合資会社形態を採用し家族支配を維持した。他方，渋沢

栄一をはじめとする「合本主義（多数の株主による会社設立の思想）」も浸透し多数の株式会社が組織された。渋沢は紡績会社等の産業企業のみならず多数の地方銀行，保険会社など多種多様な会社の設立に関与し，その後の経営指導に参与した。このように後進的な側面と革新的な側面の両面を有することが特色といえる。

そして国内市場の未発展のままに短期間で工業化を達成したことは，海外市場の確保と過剰労働力の排出のための強権的な海外植民地獲得と移民政策の推進の背景となった。こうして帝国主義的な政策を進めざるを得なかった結果，国外での戦争そして敗戦に帰結したことも日本産業史の裏面である。

(3) 熾烈な競争と革新，高成長とバブルの崩壊そして急務の事業革新
（熾烈な競争と革新，高成長）

敗戦に続く占領下の戦後改革，なかでも財閥解体と過度経済力集中解除は「民主的な国民経済再建の基礎」を作るためにおこなわれた。後者は充分に徹底されなかったものの日本経済のその後の競争環境を形成し戦後日本の事業革新の土台となった。要約的にいえば，それは以下のような結果をもたらした。
- 旧経営者層のパージ（追放）と若手新経営者層の登場
- 株式所有の分散　所有と経営の分離
- 証券市場の大衆化
- 米国式経営手法の怒涛の導入
- 競争的大量生産体制の確立

その結果，高度経済成長が始まると家庭電気産業が発展し，松下，ソニー等の戦後企業が台頭する一方，東芝，日立，また三菱などの伝統的な総合電機企業も参入し熾烈な競争を繰り返した。また鉄鋼産業では後発の川崎製鉄が政府の反対にもかかわらず溶鉱炉を新設し鉄鋼一貫メーカーの一角を担った。

自動車産業では戦後にプリンス，ホンダが参入し2013年現在でも10社以上の完成車メーカーが存在する。米国主要2社，ドイツ主要3社と比べ競争的である。さらに三井，三菱，住友の財閥系と第一勧銀，富士，三和の銀行系の6大企業集団間（その後，1990年代末から再編が進展）の競争は，産業企業間

の競争を企業集団間の総力戦にする構造的要因であった。こうした競争環境が企業革新を促進したことは否定できない。

また順調な経済成長により「消費社会」が出現し，商業資本の変革，再編，そして新業態の商業資本，サービス業が次々と出現することになる。その一つはスーパーマーケットの出現であるが，巨大スーパー間で苛烈な競争が繰り返された。

(バブルの崩壊と急務の事業革新)
　こうした製造業，消費部門を問わず熾烈な競争は高度成長をもたらすと同時にまたメーカーの輸出志向を強化したことは必然である。国内の成長率の低下した1970年台後半以降は一層，強化されていった。そして日本の代表的企業の売上，利益に占める輸出比率が急速に高まり外貨が蓄積されていくのが1980年代からであるが，国内の低成長のため多くの日本企業が過剰資本を不動産や証券に投資しバブルをもたらすことになった。その結末はバブルの崩壊とともに金融が縮小し過剰な債務を負う企業のみならず健全な企業の事業活動も縮小を余儀なくされた。もとより経済の破綻は企業経済のみが原因ではなく財政金融の破綻・失政や為替と国際金融など内外の複合的な要因の作用の結果であるが，「失われた20年」の超長期の経済低迷が続いたのである。

　バブルの崩壊は戦後45年の間の経済成長のモデルの破綻を端的に表現した。その後20年経過したが，新しい経済モデルが生まれたか不明である。改めて振り返っても1980年代後半以降，特にバブルに踊った日本企業には革新的な事業変革が乏しいことがわかる。今や高度成長期，低成長期に苦労して実現した技術や成果の更新を迫られているといえる。まさに事業革新をつうじて新しい経済モデルを確立することが期待される。新しい価値，人々に支持される価値を提供することが事業の使命だからである。その意味で40年続いた成長とバブルの崩壊に終わった主要な要因とその帰結を振り返りそして今後の課題を検討することは無駄ではない。要約的にいえばそれらはつぎのとおりであろう。

＊バブル崩壊と不況の長期化の要因と今後の課題
　・米国依存の輸出中心の経済構造と米ドルの過剰蓄積

米経済の不安定化　為替市場の不安定　円高進行
・高度成長の終焉　低成長への急速な移行
・狭隘な国内市場と過剰資本の蓄積　不動産・証券への過剰な投機
・国際的経済的地位の低下
・迫られる経済構造改革，市場開放，規制緩和
・産業構造と企業の再編成

　バブルの崩壊は量的成長の限界と企業の安易な利益追求の結末がはしなくも自滅の途であったことを教えた。また高度成長を達成し量的な豊かさを実現したが質的な豊かさが実現されてないことも教えた。高度成長で失われたものも多い。見直されるべき価値も多い。ただ円高の進行が日本企業の多国籍化を促進した要因であり，現在進行中でもある。もうグローバル化を後戻りさすことはできない。そのなかで，世界に日本の価値を提案していくことが日本企業の課題ではないだろうか。

2. 日本企業の事業革新の諸側面

(1) 新旧思想の対立

　明治期の事業の工業化（近代化）にあたり積極性と消極性の両面，その内部対立が端的に表出したのが三井の「近代化」とその後の後退であった。すなわち明治期後半の1891年，元勲・井上馨の斡旋で三井理事に就任した中上川彦次郎は旧弊ともいえる三井と官僚との不透明な金銭の貸借関係を一掃し三井銀行の財務を健全化する一方，王子製紙，芝浦製作所（東芝の前身），鐘淵紡績，富岡製糸所，北海道炭礦鉄道などを買収し三井の工業化を進めた。また多数の学卒を登用し有能な人材を育てた。他方消極面（商業資本的側面）を代表するのが三井物産初代社長となった益田孝であり，彼により中上川の人脈は退けられ三井の工業化路線は後退した。
　大正・昭和期の積極面（工業化）を代表するのは「コンツェルン」と呼ばれた理研コンツェルン，日産コンツェルン，森コンツェルン（昭和電工前身），日窒コンツェルン（チッソ前身），日曹コンツェルン（後，解体）の5企業グ

ループである。既存財閥では貧弱な化学産業を中心に旧来の財閥と異なり生産関連を有する企業間でグループを構成し発展していった。特に理研コンツェルンは理化学研究所の研究成果を企業化して生まれた多数の企業群からなる異色な存在である。創業者には技術者出身が多いのも特色である。また海外市場を開発し，日産コンツェルンは満州（中国東北部）で日窒コンツェルンは朝鮮で鉱山などの事業を展開した。他には第2次世界大戦中に急速に発達した財閥で，軍用機の生産から鉱山・貿易・水産などの非飛行機部門にも進出した中島飛行機（富士重工業前身）がある。同社は戦艦大和（呉，海軍工廠製造竣工）と同様，当時世界最高水準の生産技術を達成していた。

（技術重視の日本）
　日本が明治時代半ば，早くも鉄道業・海運業・繊維工業などを中心として産業革命を達成しその後も一部の鉄鋼・造船・機械・綿紡部門で国際水準に達したのは企業の姿勢が真摯に技術を重視してきたからである。その姿勢は企業内教育の努力によって，各企業が独自の技能を開発する姿勢に反映されている。国鉄（現JR）には国鉄の，日立には日立の，東芝には東芝の技術・技能があるといわれる所以である。
　第2次世界大戦の敗戦によって欧米技術の導入と欧米企業との技術提携が活発になされ，重化学工業部門を中心に設備の近代化と効率的な生産体制が整えられたが，独自技術を確立する志向は変わらない。
　1950年代の自動車産業の事例を見る。たとえば，日産は英国オースチン，日野は英国ヒルマン，いすずは仏国ルノーを提携先に選んだ。日産はノックダウン方式による7年間の技術援助契約のあと，学んだものと独自の技術を統合して自社のモデルを発表した。トヨタはフォードと技術援助契約の締結に達することができず，独自でモデルを開発せざるを得なかった。トヨタの「かんばん方式」は部品メーカー・関連会社を統合する手法として，トヨタが独自に開発した。
　このジャスト・イン・タイム（JIT）・システム（かんばん方式）はその後，日本中の自動車メーカーにも採用され，在庫のみならず不用な書類の削減，キャッシュフローの節約などに役立っている。この方式が生み出したQCサー

クル・小集団活動として実践される「カイゼン，kaizen」は自動車メーカーのみならず，日本の全産業さらに外国企業にも普及している。

なお自動車企業が開発した省エネ技術，特に70年代の石油危機以後のそれは，資源小国日本の企業ならではの発明であり，電気，機械その他産業の省エネ技術の開発をも先導した。省エネ技術の開発は環境負荷の削減をつうじて環境保護に効果がある。日本が世界に先行しており今後も貢献余地がある。

電機・精密工業の革新も日本ならではの革新である。すでに基本原理が既知であったがこれまで長く実用化されてなかったものを製品化し成功した。機械とエレクトロニクスを結びつけたVTR（ビデオテープレコーダー），画像情報を通信回線を介して遠方に伝達するファクシミリ，写真と機械の組み合わせである複写機（コピー機）の実用化・製品化はその成功例である。

生産システム面での革新として特筆されるセル生産システムは1人，または少数の作業者チームで製品の組み立て工程を製品完成（または検査）までおこなう。ライン生産方式などの従来の生産方式と比較して，作業者1人が受け持つ工程範囲が広いのが特徴。工具の教育訓練に時間がかかるが，高い効果をあげている。セル生産方式は日本で提唱された生産方式で，日系企業を中心に海外へも普及している。いずれも高品質を追求する日本人ならではの広い意味で技術革新である。

(2) 商業資本の近代化

明治以降の急速な近代化の歩みに適応し発展した商業資本は在来の商業資本ではない。多くは明治以降誕生した横浜や神戸の貿易商社に由来する。その後日本独特の総合商社として発展した代表が三井物産，三菱商事である。先述の益田が創業した先収会社が三井物産となり，その後益田は1889年三池炭鉱の買収に成功した。石炭は当時は輸出品でもあり炭鉱はドル箱といわれ三井物産を最大の商社に押し上げた。彼は物産の最大の功労者であるばかりではない。

1909年，江戸時代以来の200年あまりの歴史を有する三井の家産管理組織の大元方を改め合名会社に改組したのも益田が三井の理事長の時である。三井合名の下で主力の銀行，物産，鉱山を株式会社化し三井の財閥体制を確立した。

Ⅷ. 日本の事業革新，事業思想の過去，現在　　175

　他方，最もドラスティックな発展をとげたが1927年の金融恐慌のあおりで破綻したのが鈴木商店（後，鈴木合名）である。番頭・金子直吉は多数の製造企業を買収，海外支店網を拡大し19世紀末からわずか十数年でその取引高が三井物産をしのぐ一大コンツェルンを作り上げた。倒産はしたがその事業を継承した会社には神戸製鋼，帝人，協和発酵（後，協和発酵キリン），太平洋セメント，播磨造船所（石川島重工と合併しIHI），日商（後，ニチメンと合併し双日）など，工業企業が多い。金子がめざしたものは三井，三菱をしのぐ財閥であった。金融部門をもたないために金融恐慌のあおりで資金調達に窮し破綻したが，商業資本の産業化，国際化の先駆的な事例であるといえる。
　また後述するように戦後の商業資本の変貌も革新的である。スーパーマーケットのGMSやコンビニアンスは米国式経営を導入したうえで日本独特なマイナーな改良を積み重ね，きめのこまかいサービス構築して成功した。

◆ 創業200年以上の歴史の会社が4000社弱

　日本経済新聞社に2008年から連載されている記事『200年企業』（2013年5月27日現在までに計215社）に老舗企業の歴史と現在の経営の様子が紹介されている。また後藤俊夫教授によれば，2012年1月現在，創業200年以上の企業数の最も多い国は，1位日本3937社，2位ドイツ1850社，3位英国467社である。フランス376社，アジアでは中国75社，インド6社である。ここから企業の寿命は国の歴史の長さと相関しないことが明らかである。また資本主義制度が始まる以前から事業が継承され現在に至っていること，その数が多いことから，その持続可能性の高さには日本特有の理由があることもわかる。この日本企業の長寿の理由について我々経営学徒が見逃してきたことである。同教授によれば現代経営のマネジメント手法は日本の老舗には昔から部分的に備わっていたとされる。

(3) 日本の事業革新の連続性

　新製品や発明によって新しい市場を創出することが代表的なイノベーションであるが，既存事業を新しい経営手法で革新することで市場を拡大し企業成長を実現することもできる。経営革新を意図する企業者，経営者にとって過去の

成功事例について学ぶことは意味のあることである。あえて紹介する所以である。

日本の事業活動は明治以降に近代産業が勃興したことはいうまでもないが，明治以前に事業活動がおこなわれていなかったわけではない。江戸時代に工業の発展は見られなかったが商業流通は活発におこなわれていた。また当時の進取の事業思想・精神には明治以降の欧米近代文明の受容・移植に活かされ近代産業の発展の思想基盤に継承されている。江戸時代の事業者の思想と明治以降の産業発展を支えた事業革新，事業者の思想とは決して無関係ではないといえる。

明治維新以来の近代化は政治経済文化ほか様々な領域における近代化の歴史であったが経済の近代化を支えたのはいわば下からの事業者による経営革新の歴史であったということができる。日本政府がいわば上から欧米の近代産業を移植する政策を推進する一方，上からの近代化を受け止めこれを持続的に発展させたのが民間の企業であり企業家，企業人である。以下，事業革新とその精神・思想を紹介する。

3. 近世・近代日本の事業活動と事業革新，事業思想

(1) 江戸時代

幕府が金銀採掘の事業を独占し，軍事的理由から諸藩の工業の発展を認めなかった。金融面では幕府のみが全国通貨の金銀貨幣を発行し諸藩は藩内のみに通用する紙幣である藩札を発行した。そのため商品流通のために両替が必要となり全国的に両替商のなかから商人が発生した。三井や鴻池等に代表される幕府の御用商人や諸藩の城下商人である。前者は呉服や両替の商いに従事するだけでなく官金の取扱いや勘定方御用として年貢米の保管，販売，代金預かり・運用を幕府から受託し全国的に事業展開した。一方，後者の諸藩商人はその事業領域が城下中心に制限された。いずれにしても総じて幕藩権力に対する従属性が強く閉鎖的な体制を打ち破るような革新性をもっていなかった。

しかし一部ではあるが世界的ともいえる事業革新もおこなわれた。幕府・諸藩の蔵屋敷（年貢の売買・代金管理事務を所管する出先機関）の置かれた大阪

堂島に米の現物取引がおこなわれる市場が開設し先物取引が世界ではじめておこなわれた。また近江商人中井家は同族経営が一般的なこの時代に広範な地域で在地商人と共同出資で事業を展開した。この中井家で商取引と財産管理のための記帳法が発達したほか鴻池，小野家でも取引記録の合理的な方法が発達した。このような方法が発達したのは商業活動が活発であったことはもちろんであるが商人が商業実践のなかで近代的・合理的な計算思考を習得していたことの証左である。

　経営組織と管理実践の面で最も画期的な革新をおこなったのが三井家である。現在の三井グループの前身の三井家は江戸時代初期すでに三重松坂，京都，大阪に出店する大店であった。17世紀後半に江戸に進出して三井高利の代に事業が飛躍的に発展した。三井呉服店（三越）はチラシによる広告，全国商人への卸売り，店頭での即時仕立てなどの新規な商法だけでなく，当時の商習慣からは革新的な「現金安売り掛け値なし」の店先正札販売を始め江戸住民の支持を得て成功した。

　三井の組織上の革新は高利死後，本家・分家11家により組織された「大元方」である。家業の永続のため本家・分家の当主により維持運営された。商家にとって家産を代々継承すること，「のれん」を守ることがとりわけ重要なこと，価値であったが，現実には取り潰しを受けたり衰退，没落する豪商が多かった。そうしたなかで三井が200年余り繁栄を維持したのはその管理運営の賜物である。大元方は明治末年の三井合名設立まで存続した。

◆　金融市場としての「堂島米会所」

　江戸時代，全国のコメが大阪に集められ各藩の蔵屋敷に納められた。コメは仲買商人に入札で払い下げられ，落札した商人は代金を納め手形を受け取る。17世紀中頃には一定数量のコメ（1枚当たり10石のコメ）との交換を約束する手形が取引されるようになる。これが「米切手」である。常時30銘柄の米切手が取引されていたという。商人は相場を見ながらそれを転売して値上がり益を得ようとした。その転売市場が「堂島米会所」である。将来の価格を予想して売買する先物取引も開始。先物取引は禁止されることもあったが，1730年には公認される。堂島は金融市場として全国諸藩，商人の注目を集める市場

となった。

ところで発行された米切手はただちにコメと交換されないためコメの在庫以上に米切手を乱発する藩が後を立たなかった。米切手を使い資金を調達できるから便利な金融商品だったのである。ところが米切手とコメの交換に応じない蔵屋敷（藩）が続出し市場全体の信用秩序が動揺することが度々生じた。商人たちが大阪奉行所に訴え出ることも度々であった。そこで幕府は米切手の発行に一定の制限をかけるようになる。諸藩大名が資金調達を続けるためにも商人の権利を保護せざるをえなかったのである。

ただ蔵屋敷にあるコメの量は確認できない。その結果、信用力の高い藩の米切手が選考され低い藩のその価値が低下するのは当然であった。すでに金融市場が情報機能を果たしていたということができる。

(2) 明治時代

三井、岩崎（三菱の創業家），住友等財閥企業の成功は政府の保護育成策によるところも大きいが近代産業の勃興に対応し事業組織を変革し適応したことも要因である。

三井は幕末、明治初年には大番頭の三野村利左衛門に采配を振るわせて激動期を乗り越え、明治中期には西欧の知識・素養のある人材を採用し近代化に努めた。すなわち1894年に福沢諭吉の甥、中上川彦次郎が三井工業部を設置し芝浦製作所、富岡製糸所を傘下に加え工業化を推進し学卒採用を進めた。また銀行改革を進め政官との癒着の悪弊を絶とうとした。1900年には"家憲"を制定し同族支配の強化に努める一方、1909年には大元方以来の組織を合名会社に改組し、またその傘下の銀行・物産・鉱山ほかを株式会社に編成してコンチェルンの基礎を確立した。

三菱の創業者・岩崎弥太郎は政商としての側面を否定できないが積極果敢な事業政策により三菱が多数の産業にまたがる大財閥として発展する基礎を確立した。すなわち海運業で得た巨利を基礎に、倉庫、炭鉱、造船、保険、銀行などへ事業を多角化し多くの人材を登用した。

また江戸時代には存在しなかった会社制度を日本に導入し、その啓蒙・発展に自ら主体的役割を演じたのが渋沢栄一である。幕末に渡欧・滞仏した見聞を

生かし，在官中は貨幣・信用制度，工場制度の導入や会社制度の紹介・啓蒙に努め，退官後は自ら多数の会社の設立と経営指導に努めた。"日本資本主義の父"と称される所以である。

その独特の経営思想は合本主義や"論語算盤説""道徳経済合一説"などと呼ばれ，経済，倫理，福祉思想にまたがる。合本主義は西欧列強に対抗するために民族資本を組織するための方法であり，また三井・岩崎の同族所有・支配の事業思想や独占に対抗する思想でもあった。また後二者は彼の儒教精神にもとづく実践経営思想である。彼の思想・倫理は伝統的な儒教思想・倫理を基礎としていたが同時に経営技術の摂取に進取であり簿記教育の普及や欧米の会社制度の普及に努めることは彼の思想では矛盾ではなかった。

このほかにも多くの事業家が排出した。彼らの多くは政商としての性格を少なからずもつが商才を発揮して成功し大中小の財閥としての土台を確立した。それらとその主要事業分野は，住友（銅），安田（金融），古河（銅），浅野（セメント），川崎（金融）などである。これら明治の事業家に共通する精神は強烈な愛国心である。岩崎が外国資本に壟断されている海運市場の商圏の奪還に果敢に挑み，また弥太郎死後，岩崎と争っていた共同運輸の渋沢と和解し，1885年，合併新社・日本郵船の前進が誕生したのも国益を重んじたからである。

(3) 大規模事業の発展と事業革新—大正，昭和期の経営—

日清日露戦争そして第1次大戦は日本が軽工業から重工業中心の産業構造に転換する契機となった。特に昭和に入ると新産業（自動車，電気，化学肥料，アルミなど）に新興企業が族生した。三井，三菱，住友が新部門への参入に保守的であったのに対し新興企業は株式を発行し急成長した。なかでも自動車の豊田，日産，化学肥料の日本窒素肥料，肥料・アルミ工業の昭和電工，化学の理研，商社の鈴木商店が新興財閥と呼ばれた。

とくに鈴木商店は番頭・金子直吉のもとで急成長した。第1次大戦勃発時に世界的な情報網を駆使して各地で物資を買占めその暴騰により巨利を得た。1917年，三井物産を抜いて商社日本一となった。約25年で300倍に大発展したのである。事業はいっそう拡大し，鉄鋼，造船，人絹，毛織，セルロイド，

窒素肥料，染料，皮革，製糖，製塩，製粉，製油，ゴム，ビール，タバコ，鉱山，海運，倉庫，保険まで手をひろげて一大コンツェルンを形成した。金子によって育てられた企業群の中には日商岩井（鈴木商店の後身，現双日），帝人，神戸製鋼，豊年製油，石川島播磨重工業，三井東圧化学，三菱レーヨン，昭和石油，日産化学工業，日本化薬，日本製粉，サッポロビール，ダイセル，大日本製糖など日本を代表する企業として，今でも発展している。ただ金子の旺盛な事業欲が鈴木商店の屋台骨を揺るがせる結果となった。取引銀行としていた台湾銀行の破綻を契機とした金融恐慌で1927年倒産した。

　昭和電工の森，日本窒素の野口，そして理研の大河内はそれぞれ化学工業，電気工業，物理化学の技師，研究者として当時の世界の最新技術を駆使してその事業化を実現した。その意味であたらしいタイプの事業家であったが，いずれも第2次大戦後財閥解体された。また自動車はすでに欧米で実用化されていたが，豊田（トヨタ）も日産もまったく独自に国産自動車を開発し商品化することに情熱を傾けた。

◆　渋沢，浅野，安田の事業思想

渋沢栄一にとって事業経営は私利のためでなく公益のためであることは明瞭であった。「日本資本主義の父」ないし「会社制度の父」と称されるように，彼の生涯は日本経済の近代的発展，会社制度の普及・確立のために捧げられたといえる。また財界の指導職の退任後も永く社会公共活動として教育・福祉活動に従事した。渋沢は著書『青淵百話』ほかの中でこう記している。

　「私はこの世に生まれた人はいずれも天の使命を帯びていると信じているから，自分もまた社会のこと，公共のことにはできるだけの貢献をし，その使命を果たしたいと考えている。」

　こうした思想は渋沢一人のものではなかった。以下，この渋沢と浅野総一郎そして安田善次郎の協力関係をつうじて明治・大正期の事業家の強烈な使命感と公共的な使命感の典型を見ることができる。
　すなわち浅野は渋沢の後ろ盾により官営深川セメント製造所の払い下げを受

け「浅野セメント」(後の日本セメント,現太平洋セメント)の基礎を築くことができたのだが,単にセメント事業の成功で満足するような人物ではなかった。事業家として非常に先見の明を有していたこと,日本の近代化に必要な事業を見通していたということである。浅野は渋沢の助言も得て積極的な経営を展開する。驚かされるのは渋沢,浅野そして安田の事業視野が同時代の日本人を超絶していることである。

浅野は欧州視察から帰国すると東京市から横浜市にかけての海岸部の港湾を近代化し,これと工場とを一体化した日本初の臨海工業地帯を独力で建設することを計画する。浅野が川崎鶴見沖の150万坪を埋め立てる計画を表明したとき,神奈川県すら躊躇した計画に投資しようと思うものはいなかったという。しかし浅野の計画の価値を認めた安田善次郎が支援に乗り出したことで事業は動き出す。埋め立て工事は,大正から昭和の初めにかけて約15年間に及ぶ年月をかけて完成した。浅野は,そこに浅野造船所(後の日本鋼管,現JFEエンジニアリング)など多数の会社を設立し,その後,第1次世界大戦の特需を受け一代で浅野財閥を築くことができた。こうした戦争特需による利得は計算して得たものではなく,いわばおつりのようなものだが,長期的ビジョンの賜物といえる。

また第三国立銀行,安田銀行を経営する安田は,浅野と同じ富山県の出身でもあり浅野が浅野セメントを合資会社にする際に出資に協力して以来,渋沢同様に浅野の理解者であった。渋沢とともに浅野の事業家精神に心酔し,また浅野も安田の理解者であった。

◆ 豊田喜一郎の事業思想

豊田喜一郎が父・佐吉から自動車の開発資金として100万円を託されたのは昭和初年である。父が織機の特許権を英国に売却した代金である。当時は輸入車が全盛で国産自動車は皆無であった。自動車製造には高度な技術が要求されるが当時の機械技術は未成熟であった。また当時の三井,三菱,住友ですら莫大な設備投資はできないとして忌避する状況であった。これらの困難をものともせず,豊田は国産自動車製造が日本の将来に不可欠と考え,狂信的なまでの情熱を傾けてトヨタ自動車を設立することになった。

わしは機械を発明しお金を儲けたが…この恩返しに喜一郎は自動車をつくれ。自動車をつくってお国のために尽くせ，というのが佐吉が喜一郎に語った言葉であるといわれる。

佐吉が周囲の無理解と貧窮生活の中で，動力織機の開発に取り組んだのと同じように喜一郎は自動車の開発に取り組んだ。開発は秘密裏に進められた。公表後も銀行や株主は喜一郎の自動車への取組みを非難した。豊田系の全事業が危うくなることを懸念したからである。

悪戦苦闘の末，1号機が完成したのは1934年である。当時，自動車の国産化が急がれていた。日産自動車は米社の工場施設を買い取り横浜に大工場を建設していた。それでも日本人の誰かが自動車工業を確立しなければいずれは日本の工業がアメリカの隷属下に入り，経済植民地になってしまう，という愛国心から喜一郎はあくまでも国産技術にこだわったのである。

4. 戦後日本の事業活動と事業革新

(1) 戦後日本の事業革新

戦後最大の組織変革は財閥解体である。財閥解体により日本企業の所有と経営の分離が実現された。このことと戦後日本の事業革新の多くが財閥系ではない企業家の果敢な経営により実現されたことは無関係でない。いわば財閥解体後の真空状態で革新が加速されたといえる。松下（パナソニック）は戦前派企業だが大成長したのは戦後といえる。また新興企業として台頭しその後，世界的な企業に成長したのはソニーやホンダだけではない。ソニーの成長はなによりも技術開発―商品化―輸出の成功そして国際化の歩みを日本企業の先陣を切って進めたことにあるが，多くの企業がソニーをモデルに国際化した。

日本の高度成長期はGNPが年平均8％以上上昇し1954年から1973年まで持続した。この間，国民所得の順調な成長が家電や自動車など耐久消費財の需要を創出し，それがその関連産業への投資を増大させ，そして装置産業に波及してその大規模投資を促進するという好循環をもたらした。

また財閥解体により近代的な経営技法の導入が積極的に推進される契機となった。例えば耐久消費財産業の戦略は量産技術を確立し大量生産・大量販売

のための販売経路の構築であった。ただ日本企業は多くの米国式の経営管理技法を移入したが日本企業の構築した地域別・製品別組織の多くは事業部に大幅な権限が委譲される米国の事業部制とは異なる。管理形態上は類似しているが本社とは別法人の組織が設立され，本社が分割・分社された子会社を支配する形態がとられた。その意味で単純な模倣ではなく日本的な模倣である。高度成長が継続している間はこうした本社を頂点とするピラミッド組織に多くの中間管理者を吸収し地位と権限を付与し彼らのモチベーションを高める効果をもっていた。

◆ ホンダ，ソニーの事業革新

大きな目標に挑戦して成功，そして日本の再建，輸出増大に貢献したのがホンダやソニーである。本田宗一郎がオートバイの生産を開始したのは戦後である。妻の自転車にエンジンをつけたら買い物が楽になると考えたのがきっかけだといわれる。ただ事業は順風満帆とはいかなかった。1954年，販売不振に加え積極的な設備投資が裏目に出て，倒産寸前まで追い詰められた。窮地に立たされた本田は，ここで敢えてとてつもなく大きな目標をかかげた。それは国際的なオートバイレースである「マン島T・Tレース」へ出場することだ。当時日本のオートバイの技術は低く業界は無謀な挑戦と嘲笑した。

しかし，本田は「大変な目標だ。だからこそチャレンジするんだ」と檄を飛ばし，研究に没頭したという。窮地に困難な目標を設定することで社員そして何よりも自分を奮い立たせた。そして6年後にはグランプリをとってしまうのである。また1963年には四輪車製造に参入，その後もF1など様々な挑戦に成功したことがホンダの成長の理由である。

ソニーが1946年，井深大，盛田昭夫らにより設立された際の設立趣意書には，「自由闊達なる理想工場を建設し技術をつうじて日本の文化に貢献する」と「軍国主義からの転換期にある日本の再建」といった，一町工場にしてはとてつもなく大きい目標を掲げている。1950年には日本初のテープレコーダーを発売，1955年にはトランジスタラジオの製造を開始しアメリカなどへの輸出を開始した。1号機は18900円であった。以後数々の日本初，世界初の商品を発売し発展を続ける。創業期のビジョンが世界屈指の電子機器・電機メー

カーの製品として次々と具体化されていったといえる。

◆ **財閥系企業の解体，再編・強化と高度成長**

三井，三菱，住友は明治政府と深く結びつき「政商」として事業を発展させ「財閥」と呼ばれた。財閥の組織は三菱本社，三井本社，住友本社という持株会社の下に，各事業会社がぶら下がり，その持株会社の株式の大部分を，岩崎，三井，住友という財閥家族が保有する形になっていた。

第2次大戦後，財閥は解体される。持株会社は解体され財閥家族の持株は政府に接収され財閥系企業はばらばらになった。ところが1952年に日本が独立すると旧財閥系社名を復活させ再結集した。以降，三菱三重工の合併など旧財閥系企業の強化のための合併が相次ぎ，財閥そのものは消滅したが「企業集団」として復活し強化され今日に至っている。

企業集団には次のように5つの特色がある。①株式の相互持合い，②構成企業による社長会の存在，③中核銀行の存在，④中核となる総合商社の存在，⑤構成企業に多様な産業にまたがる有力な企業を抱えている。

こうした構造は企業集団のメンバー企業による株式所有を通じる相互支配・相互信任という緩やかな連合体的関係といえる。純粋持株会社が禁じられていたためモノの取引の面では総合商社が，生産面では有力製造企業が，金融の面では大都市銀行がそれぞれ企業集団の中核的役割を演じる。

ところで1954年の「神武景気」にはじまり，石油ショック後の74年の世界不況に終わる約20年間は史上空前の日本資本主義の高度成長の時代であった。高度成長は産業構造の急激な高度化を実現した。全産業に占める第1次産業の比重は低下し，第2次，第3次産業のそれ，特に重化学工業の比重が増大した。そして高度成長期の企業集団の旺盛な投資を支えていたのが「系列融資」や「協調融資」である。前者は企業集団の中核銀行による同じ集団のメンバー企業に対する融資である。企業集団の構成企業が多方面にまたがるうえ高度成長期は慢性的な資金不足でありながら企業集団間の競争関係は苛烈であり，中核銀行による融資先は同一集団企業を優先したためである。

（大量消費社会と流通産業の革新／多様化の時代の流通革新）

　高度成長を支えたのが大量消費社会の出現である。耐久消費材産業として代表的な産業は家庭電器産業と自動車産業であるが，両産業を中心とする大量生産体制の確立とコストダウンによる廉価な製品の供給が消費社会の長期間の持続を可能にし，また両産業の持続的成長を実現した。特に後者によるモータリゼーションの促進は生活と消費のスタイルを一変させたといってよい。また消費社会の出現は「流通革命」と称された流通機構全般の顕著な変化をもたらしたといえる。それはメーカーを頂点とし多数の中間業者を介し無数の小売店を底辺とする伝統的な流通と流通業の構造の変革を促した。

　いわゆるバーゲニングパワー，強力な購買力を有する小売業者の登場が最初の流通の変革である。その旗手が1963年1号店をオープンしたダイエー，そして西友やイトーヨーカ堂などの総合スーパーマーケット（ジェネラルマーチャンダイジングストア，GMS）であった。GMSはメーカーによる販売店系列化に挑戦し，卸売業者などの中間業者の排除や大量流通・大量販売の流通革新により消費者に支持され全国的展開に成功した。1970年代には明治以来の伝統的な百貨店，デパートメントストアに取って代わり流通業の主役になった。1972年最大手のダイエーの売上げが三越を上回り小売業のトップに昇りつめたのは象徴的である。

　しかしGMSが流通業の主役の時代も永く続くことはなかった。消費者の要求水準の高度化，多様化に応える新たな流通業が求められた。それを受けて登場したのがコンビニ，ドラッグストア，ホームセンター，ファストフード，ファミリーレストラン等，様々な業態である。その代表格が71年に1号店をオープンさせたマクドナルドと，74年に1号店を出店したセブンイレブンである。多様化時代の主役となった各種の専門店チェーンの多くは，品ぞろえを絞り込み，他社の店舗との差別化を進めることで成長性と収益性を高める戦略をとった。90年代には，家電量販店，大型紳士服店，カジュアル衣料品店，100円ショップなど，多彩な専門店チェーンが急速に台頭した。多様化の時代には効率性や低価格だけでは生き残れる時代ではなくなったということである。

◆ **セブンイレブン，ヤマトの事業革新**

　セブンイレブンはイトーヨーカ堂がヨークセブン社を設立し米サウスランド社とライセンス契約を締結し事業を開始したが，事業化までの途のりは平坦ではなかった。責任者の鈴木敏文の確信とは裏腹に周囲の大反対にあった。そのため事業資金は会社からは半分しか出してもらえず，自分で残りを用意しなければならなかったという。鈴木自身，言わば「サラリーマン」であるのにもかかわらず，敢えて創業というリスクをとったのである。

　いまではインフラともなった「宅急便」もその事業化の途は平坦ではなかった。父の後を継いで大和運輸の社長に就任した小倉昌男は，1976年オイルショック後に低迷していた大和運輸の業績回復のため，民間初の個人向け小口貨物配送サービスを始めた。宅急便である。当時トラック運送といえば，メーカーの製品を店まで運ぶといった商業貨物運送しかなく，家庭向けの配送は郵便局の小包しかなかった。役員全員が反対したのも当然といってよい。

　また配送網の拡大，取扱い物の制限をめぐり旧運輸省（現・国土交通省），旧郵政省（現・日本郵政グループ）と対立し，規制緩和を求めて戦った。「個人向けの需要は大きいはず」という強い信念を持って障害を乗り越え事業に邁進していったのである。こうして生まれたヤマト運輸の宅急便はいまや生活に根付いている。

(2) **バブルの崩壊と復活模索の企業経営**

　1973年の「石油ショック」を契機に低成長に転換した日本企業は省エネ・省力技術の開発に成功し，輸出志向を強化していった。しかしその結果，貿易摩擦が激化し，また急速に円高が進行した。日本企業の海外での企業買収が活発になったのもこの時期以降である。国内の需要が低迷するなかで蓄積された企業収益が土地，証券などに投資され1982年以降急速にそれらの価格がつぎつぎと高騰した。そして短期的な利ざやを目的に企業の本来の事業以外への投資が盛行しいわゆる「財テク」ブームを招来した。その帰結が「バブル」の崩壊である。

　1989年をピークに日経ダウ平均が崩落しバブル経済が終焉した。土地や証券の価格の急速な崩落により多くの企業が借入金の返済不能に陥り銀行資産は

不良債権化した。多くの企業が雇用，投資を縮小し，消費が低迷し経済はマイナス成長に陥った。戦後初めての長期の景気低迷は後に「失われた10年」と称された。

◆ 代表的な日本企業と外国企業の間の企業買収，合弁事例ほか

1985年，日本は世界最大の貿易黒字国になった。70年代以降先進経済諸国の経済が低迷する一方で日本企業の輸出競争力がむしろ強化され，貿易摩擦や経済摩擦が政治的摩擦・対立として現実化した。80年代以降の日本企業の海外現地生産の増大や外国企業の買収・合併，合弁が増大したのはこうした背景・理由からである。また85年秋プラザ合意以降，為替相場が円高ドル安に転じたことも日本企業の海外展開を加速化した。

ただ90年代に入るとその勢いも衰え，95年には松下，三菱地所は高額で買収した会社，資産の売却を相次いで発表したように海外事業戦略の一貫性の欠如を露呈した。他方，後述するようにバブルが崩壊した90年代になると外国企業による日本企業の株式資本取得が増大した。

＊代表的な日本企業と外国企業の間の企業買収，合弁事例ほか

1984	三菱自動車，米クライスラー社と合弁
	トヨタ，米GMの合弁でNUMMI社設立
	NKK（日本鋼管）が米ナショナルスチール社買収
1986	三井不動産，ニューヨークのエクソンビル取得
	富士通，フェアチャイルド社買収
1988	セゾングループがインターコンチネンタルホテルを買収
1989	ソニー，コロンビア映画社買収
	三菱地所がロックフェラービルを買収
1990	三菱グループ4社，独ダイムラーベンツ社と提携
	松下，MCA社を買収
1991	イトーヨーカ堂グループがサウスランド社を買収
	東芝と伊藤忠がタイム・ワーナー社に資本参加
1995	松下，MCA社売却を発表
	三菱地所，ロックフェラーセンタービルの大半の売却を発表

1996	フォード社，マツダの経営に参画
1999	ルノーが日産自動車と提携
2000	長期信用銀行，米投資会社リップルウッドらに売却され「新生銀行」に名称変更
2004	ソフトバンクがリップルウッド社から日本テレコムを買収
	中国のレノボ社，IBMのパソコン事業買収
2005	米プルデンシャル生命があおば生命を吸収合併
2006	東芝が米ウェスティングハウス社を買収
	日本板硝子が英ガラス大手ビルキントンを買収
	ソフトバンクがボーダフォンを買収
2007	JTが英ギャラハーを買収
2008	米シティが日興コーディアルグループを吸収合併，日興シティHD誕生
2010	レナウン，中国・山東如意科技集団の傘下入りが決定
2011	武田薬品，スイスのナイコメッドを買収

(持株会社形態の利用と課題)

経営破綻した銀行の国有化，経営破綻企業への公的資金の投入による救済，そして独禁法の改正と続き純粋持株会社が解禁された。このような一連の改革措置のなかで多くの企業が持株会社（ホールディングカンパニー）形態のもとで整理統合を進めた。その代表事例の持株会社とその前身ないし主要な構成企業はつぎのとおりである。

(2008年3月現在)
前身

ジャパンエナジー＋日鉱金属⇒新日鉱HD	G内
ニチメン＋日商岩井⇒双日（HDを設立，その後合併）	G外
川崎製鉄＋日本鋼管⇒JFEHD	G外
旭化成G：会社分割，再編成，吸収⇒旭化成HD	G内

三井B＋住友B　統合⇒三井住友FG
三和B＋東海B　統合⇒UFJFG
東京B＋三菱B　統合⇒東京三菱FG
UFJFG＋東京三菱FG⇒東京三菱UFJFG
第1勧銀，富士B，日本興業B⇒みずほFG
三井海上＋住友海上⇒三井住友海上
　＊HDはHoldings 持株会社の略，FGはFinancial Group 金融集団，Bは銀行，Gはグループ，G内・外はグループ内・外統合の略。

　純粋持株会社を設立した上場会社は2008年3月現在で100社を超える。グループ内統合だけでなくグループを超えた大規模統合が実現した。上記はその一部にすぎない。また1950年代以来続いた6大企業集団（三井，三菱，住友，第一勧銀，富士，三和）の4大企業集団への構造再編が持株会社形態のもとで進行した。また金融機関の再編が事業会社間の再編を促進した事例も多い。

◆**三越・伊勢丹ホールディングス，進まぬ融和**
　国内最大の売上を誇る新宿本店をもつ伊勢丹と三井財閥の源流企業だが収益力と財務力が劣る三越が2008年4月，両社の株式移転により三越伊勢丹ホールディングス成立。統合比率は伊勢丹株1株に対し持株会社株を1株，三越株1株に同0.34株を割り当てるとした。11年4月，事業会社の三越と伊勢丹が合併発足。株式会社三越伊勢丹をはじめ各地の百貨店運営会社を所有する。
　統合後数年を経ても進まぬ融和が新会社の課題であり，未だ充分に統合効果が上がっていない。その背景にあるのは旧伊勢丹，旧三越文化の違いだ。ちなみに新会社グループ労働組合委員長選挙で対立が露呈した。前代未聞の委員長選挙がおこなわれ伊勢丹出身者と三越出身者による決戦投票がおこなわれたからである。

◆　**みずほFGのシステム障害事故と経営統合の不徹底**
　2000年，前身のみずほFGが発足。2002年に第一勧銀，富士，日本興業の

3行をみずほ銀行とみずほコーポレイト銀行に統合・再編。ところが統合時に大規模なシステム障害が発生。そして2011年東日本大震災直後に大規模なシステム障害が発生。116万件の資金決済が滞る。

システム障害発生の技術的要因は直接的には3社統合後もシステムの統合が進展していなかったことにある。システムが未統合でシステム障害に迅速な対応をとることができなかった。大震災後の障害ではみずほコーポレイトの顧客企業がみずほ銀行に口座をもつ企業などに振り込めなくなるトラブルが相次ぎシステム復旧後も混乱が続いた。

統合以来、みずほFG、みずほ、みずほコーポレイトの役員や部長職などのポストを旧3行でほぼ等分する慣行が続いてきたこともシステム障害と無関係ではない。システムの構築とその障害等に対応するためにはシステム管理の専門能力を有する管理者が最高管理レベルの管理者に就任していなければならない。

みずほFGは統合後、支店の統廃合を大規模に進めた。しかし今回（2011年）の事故は統合後9年経た今日まで、ビジネス・プロセス・リエンジニアリング（事業プロセスの再構築）を進めてこなかったことを露呈したといえる。すなわち統合前の組織から継承した業務システムや管理機構、情報システムを再設計し顧客価値を生むような改革がおこなわれてこなかったといえよう。

（持株会社形態採用の目的）
前出の代表例は一部であってこのほかに多くの企業で持株会社形態が採用された。採用の理由は、事実上の合併同様の経済効果を目的とするものだけでなく、事業組織の再編と効率的な運用、戦略部門と事業部門の分割、合弁・買収を視野に入れた機動的な事業戦略の展開など、持株会社形態採用本来の効果といえる経営戦略の機動的推進を目的とするものも多い。

ただ前者を理由とするものであれ後者を目的とするものであれ、持株会社形態採用の組織改革は現在、進行途上である。後者を目的とするもののなかでも従来から採用されている組織形態である事業部制ないしカンパニー制形態の事業管理の組織が純粋持株会社制傘下の事業会社内に並存、存続している例もある。下記のようにセブン＆アイHDのような特殊例や双日HDのように持株会

社が再度事業会社化する例もある。また前記の新日鉱 HD は 2010 年 4 月，新日本石油と統合し新たに JX ホールディングスを発足させ，両グループの石油精製・販売，石油開発部門を統合した。いずれにしても日本の持株会社は組織改革や再編のツールであり進行途上にある。ただ三越・伊勢丹ホールディングスの融和が進んでいない事例やみずほ FG のシステム事故に象徴されるように持株会社が十分に中枢機能や戦略機能を果たしていない事例も多い。このように現在のところ日本の持株会社は発展途上にあり欧米型の純粋持株会社の水準に達していないということもできよう。

・事業会社化した HD
　双日（事業会社を吸収合併し事業会社化）
　シーアンドエス（事業子会社の現・サークル K サンクスへ吸収合併し消滅）
　ミサワホーム（ミサワ HD がミサワホームを吸収合併）
　雪印メグミルク（事業会社の雪印と日本ミルクコミュニティを吸収合併）
　コニカミノルタ（子会社 7 社を吸収合併し事業会社化）
・事業会社機能残存の HD
　サッポロ HD，帝人，宇部興産

◆　セブン＆アイ・ホールディングス

　セブンイレブン・ジャパンの株価の時価総額が筆頭株主たるイトーヨーカ堂を上回る状態となり（所謂「親孝行会社」になった），ヨーカ堂が買収の対象となりやすい状況にあった。

　そこで，ヨーカ堂が子会社の業績に頼らない経営をすることと，敵対的買収からの防衛のため，持株会社制への移行を決定。2005 年 9 月 1 日，イトーヨーカ堂，セブンイレブン・ジャパン，デニーズジャパンの 3 社で，株式移転により持株会社「セブン＆アイ・ホールディングス」を設立して経営統合をおこなった。

　また 2006 年 1 月 31 日，野村プリンシパル・ファイナンス株式会社の保有する株式会社ミレニアムリテイリング株式（65.45％）を買い取り，同社を子会社化。次いで 2006 年 6 月 1 日には株式交換により完全子会社化。これによ

り，コンビニエンスストア，スーパーマーケット，デパート（百貨店）という既存業態の枠を超えた日本最大で，世界でも屈指の巨大総合流通グループになった。

　ただ問題はセブン&アイ・ホールディングスの企業価値，株価は統合後，むしろ低下していた。西武・そごうの各店とセブン&アイグループの会員カードを共通化し販促を狙っているが，デフレ下で小売低迷が続いている。西武銀座店を衣料中心に改装したがむしろ客足は遠のいた。その後の閉店は苦戦を象徴しているといえる。銀座に進出したファーストファッションの外資，カジュアル衣料のユニクロの好調とは対照的である。コンビニの販売手法とGMS，百貨店の販売手法は異質な面も多い。融合も簡単ではない。12年から若干業績が回復してきたが孝行息子のセブンに依存する状況が続けば企業価値の低下は止まらないであろう。

（複合化時代の流通革新）
　1998年ダイエーの倒産は新陳代謝の盛んな流通業界の状況を端的に象徴する事件である。それは同社の不動産への過大な投資の失敗だけに帰すことはできない。多様化の潮流は後戻りのない途であり流れに取り残され競争力を失った企業が淘汰され新しい業態に取って代られる流れであった。流通業界の状況は特に変化が激しかったといってよい。
　70年代以降に登場した新業態の多くは，急速に全国展開をたどり浸透した。とくに米国発の専門店チェーン，マクドナルド，トイザらス，GAP，スターバックス，オフィス・デポと，きわめて多彩でまた展開力が高い。また注目されるのはショッピングセンターやショッピングモールといった商業集積が専門店チェーンの主舞台となっていることである。複数の業態の店舗を組み合わせ，その相乗効果で集客力を向上させようという発想である。郊外のアウトレットモールや，多数の専門店に映画館などのアミューズメント施設を加えて娯楽性を高めたタイプ，六本木ヒルズや04年オープンのCOREDO日本橋に代表される都心の再開発地域のショッピングゾーンなど，急速に広がりを見せてきた。
　またすでに多くの企業が食品スーパーとホームセンターを組み合わせた

「スーパーセンター」や，食品スーパーを核店舗としてドラッグストアやカジュアル衣料品店を組み合わせた「NSC（近隣型ショッピングセンター）」の展開を開始している。専業の不動産会社系デベロッパーのほか，イオングループが先行している。その役割として商業集積を開発し，そこに組み込む専門店のラインアップを考え，その配置や全体の雰囲気をコーディネートするような役割，ビジネスが重要である。また集客力につながる個性的な店舗を次々と開発，発掘していくことが重要である。例えば地方の老舗をショッピングセンターのコンテンツとして導入する動きも広まっている。また海外の伝統店なども新しいコンテンツとして発展の可能性を秘めているといえる。

（再生ファンド，リートによる事業再生）
　バブル崩壊後，経営破綻した企業の再生手法として「再生ファンド」ないし「事業再生ファンド」による再建が増大した。企業再生をビジネスとして投資会社が投資家から資金を集めて投資ファンドを組成し，再生可能な企業に出資して人材を派遣し再生を支援するものや，公的資金を原資に同じく出資，支援するものがある。後者には整理回収機構，中小企業再生支援協議会や産業再生機構（2007年清算）がある。ダイエーは経済産業省所管の産業再生機構が公的資金を投入し再生に着手した。
　会社再建の従来の一般的な手法は債権者・銀行団による管財人選定・経営委託，財産管理──再建が一般的であった。これに対し再生ファンドによる再建は再建がビジネス化したことと公的資金の投入の場合も民間ファンドの手法を踏襲していることが特色である。従来の手法と異なり，資本参加，債権肩代わり（買い取り）そして経営者派遣（旧経営陣の一掃）により事業再構築（不採算事業の縮小・整理・売却，重点事業の強化などにより再建）をドラスティックに進めている。再建成功後に再生ファンドが株式再上場・売却により巨額の利益を得る例もある。
　また主にゴルフ場の買収，再生で成功している米系投資ファンドがある。ゴールドマンサックス傘下のアコーディア・ゴルフとローンスターンファンド傘下のパシフィック・ゴルフの2社である。従来の日本のゴルフ運営会社が会員権発行と年会費で利益をあげていたのに対し顧客第一主義を掲げてゴルフ場

サービスで収益を得ている。プレー料金を曜日や時間帯で細分化するなど利用者の裾野をひろげ利用者が増大している。

　J-REIT（リート，不動産投資信託）がスタートしたのもバブル崩壊後の低迷期の2001年である。J-REITは，多くの投資家から集めた資金で，特定目的会社がオフィスビルや商業施設，マンションなど複数の不動産などを購入し，その賃貸収入や売買益を投資家に分配する商品だが証券化されて譲渡可能である。もともとは，REITという仕組みはアメリカで生まれ，「Real Estate Investment Trust」の略でREITと呼ばれる。日本では「J」をつけて「J-REIT」と呼ばれる。運営・設立母体として不動産系企業が多いが金融機関も出資や融資により直接・間接関係する事例が多く市場が短期間で拡大した。

　不動産特定目的会社が不動産収益を証券化しその売却により巨額の利益を実現する一方，2006年以降の不動産バブルの再来の一因になったといわれる。反面，2008年サブプライム問題を契機とする信用収縮により米系金融機関が資金を引きあげた結果，リート価格が暴落した。

　米系再生ファンドやREITの手法は日本の総合商社，銀行，不動産会社などにも踏襲され日系の投資ファンドやREITが組成された。複数の投資主体がパートナーとなりファンド運営会社ないし特定目的会社を設立し再生ファンドやREITを組成しリスク分散する手法である。いずれにしてもバブル崩壊後の過剰資本の投資対象として事業の再生も不動産事業の再生も投資を金融商品化する手法をとったが，一方で「ばばを引いた」企業，投資家が多くいたといえる。

◆　日本企業を買う外資ファンドの問題ある投資スタンス

　リップルウッド・ホールディングはアメリカのニューヨークに拠点をおく投資ファンド運営会社である。不振企業を買収し，再生させて企業価値を高めた上で売却し，利益を得る再生ファンドと言われるバイアウト・ファンドの一種である。過去に買収した企業に，旧日本長期信用銀行（現新生銀行），日本コロンビア，日本テレコム（現ソフトバンクテレコム）などがある。新生銀行株の上場売却では2200億の利益をあげた。

　もともと投資ファンドは集めた資金を投資家に運用・還元することが目的で

ある。投資対象の運用先の株主利益と一致すれば問題は少ない。新生銀行はATMの24時間営業，リスクに応じる貸出金利の設定などの新機軸により営業収入を拡大し旧行を個人業務と投資銀行業務を柱とするビジネスモデルに転換したことは実績である。ただ旧長期信用銀行再生には多額の税金が投入されていた経緯があり問題となった。

また2013年6月，西武ホールディングスの株主総会で同株式を買い占めていた米ファンドのサーベラスの株主提案（ファンド側の取締役8人選任）が否決された。かねてより同ファンドは西武球団や西武鉄道の不採算路線の売却など同社の事業改革を要求していた。西武の株主としての主張ではあるが地元自治体，旧大株主，一般株主，現経営陣などの反対により拒否された。

現経営陣とファンド側の対立の理由は会社経営と再建のスタンス，ポリシーの対立である。ファンドが性急に企業価値を向上させ株式再上場により株価上昇と売却益の実現を望んだのに対し現経営陣は着実な企業再生を進めたうえで再上場をめざした。ファンドが投資収益として高配当を求め再上場によりキャピタルゲインを得ようとするのは資本の論理としては当然である。また株主総会で株主としての権利を行使するのは当然である。

ただファンドの正体，ファンドの資金の拠出者は不明である。この匿名の投資団体は株主として株主権だけを行使し社会的責任を初めから回避するのがその正体でもある。義務を負わない権利の行使は往々にして権利の乱用に堕し市民社会の倫理に反し支持を得ることはできない実例である。

5. 革新的事業者の資質・行動特性，思想

起業になにが必要か？資金や技術は必要条件であるが十分条件ではない。もちろん事業能力が必要である。商品やサービスの可能性を予見し構想しそれを具体化しその事業を推進する能力である。そして事業に成功するためにはどのような資質が必要なのか？いわゆる「企業（起業）家精神」とは何か？こうした疑問に答えることは簡単ではない。起業家が人間そのものであり個性的な存在だからであるが，既述の企業家ほかの事例をつうじて事業家に必要と思われる要素・条件，特性について検討した。

（強固な信念・意思と決断力）

既述の渋沢栄一，豊田喜一郎，本田宗一郎など偉大な企業家の事業は強烈な使命感が具体化されたものであって利益を第一目的にするものではない。また容易に達成できるような事業ではないこと，そしてそうした困難をかえって自身の活動のエネルギーにかえていること，周囲の反対を克服していることを特徴として挙げることができる。いずれにしろ彼らが強固な信念・意思をもっているということである。

渋沢が500を超える企業の設立に奮闘し，困難にもめげなかったのは国家公共のために尽くすという信念によるものであろう。同じく浅野や安田そして豊田，さらに戦後の井深や本田の事業にも私心をこえて社会に尽くす使命感，信念・意思を見出すことができる。

これらの事業家が登場した時代と後述の小林一三や戦後のヤマトの小倉，セブンイレブンの鈴木，そしてTSUTAYAの創業者増田宗昭らが登場した時代の背景は異なる。小林，小倉，鈴木の時代の経済は比較的，安定したといえる。また彼らの国家や公共に尽くすという使命感は前述の渋沢や戦後復興期の井深や本田より希薄であることは否定できない。時代の違いが事業者像の相違の原因といえよう。小林以下四者の志向するのは顧客本意の思想といってよいであろう。変わらないのは何であろうか。それは事業者としての強い信念・意志ではないだろうか。

小林も強固な信念の事業家であった。宝塚唱歌隊（現在の宝塚歌劇団）を1913年，また梅田に直営マーケット，食堂を開業したのは1925年である。いずれも現在の阪急鉄道の集客を増やすためでもあった。後者は今日のターミナルデパートの原型となった。私鉄経営の事業モデルを確立したパイオニアといえるが，当時は鉄道会社が百貨店を経営している前例がなかった。百貨店経営者に相談しても「素人は止めた方がいい」と反対された。しかし小林には多数の乗降客がいるのだから買い物する者が必ずいる，と自信があった。

小倉の事業への邁進も「個人向け需要は大きいはず」という強い信念に基づく。鈴木にも既存の常識にとらわれない発想と強い信念・意思を見出すことができる。また増田はTSUTAYAの強みは何百店という店舗ネットワークから生み出されるネットワークヴァリューだとする。増田はまだTSUTAYAのフラン

チャイズが1店舗もない1985年に，情報収集用のコンピュータに資本金の10倍の1億円を投資するという決断を下している。誰よりも早く，インタネットの可能性を直感し，インタネットをつうじて売れ筋等の情報を収集し，新しい企画を生み出していくビジネスモデルを確立した。強固な信念に基づくといえる。

また決断力とは自分自身の判断，責任で決定する能力であり行動をともなう。強固な信念・意思は強固な決断力とほぼ同義ともいえる。前者は後者をつうじて発現され後者は前者を前提とする。既述の渋沢，安田，浅野，小林，本田，小倉等のすべての事業家が決断の人といってよい。トップは自ら決断し，自ら責任をとる。だからこそ決断は重大であるし，会社の命運さえ左右しかねないといえる。

（顧客本位の姿勢）
　顧客のために製品の品質やサービスの改善を日々進めていく，クレームがあってもそれから逃れるのでなく，相手の立場に立って事態に対処し，製品・サービスの完成度を高めていくことは事業の成功に必要な姿勢である。今日の経営で重視される顧客本位の姿勢は企業が成功するために必要な姿勢の一端でもあろう。

◆　小倉昌男の顧客本位主義
　小倉は宅急便のサービスレベルの向上のため，「翌日未達率」という指標に注意をはらっていた。宅急便は「翌日配達」を売り物にしているため，翌日に届くことが，郵便局の小包との差別化につながると考えたからだ。しかし，いっこうに良くならない。しかも，遠隔地でなく東京23区内が一番悪いのだ。原因を探ると，家までは翌日に持って行っても，留守の場合が多く，結局翌日には届いていなかったのだ。ここで小倉は「ヤマト運輸の社員は，届かないのは居ないのが悪いと考えるだろうが，これは供給者側の論理だ。お客様からすれば当然居ないときに来るのが悪い，と考えるだろう」と思った。こうして，在宅時配達に切り替え，夜9時まで配達時間を延長した。サービスレベルは格段にあがったことは言うまでもない。

6. 再評価される事業思想と新たな事業創造の途

(1) 見直される事業精神と事業思想の問題点

① 国際化,情報化の革命ともいうべき変動のなかでわれわれがそれを乗り越え革新を実現するために,過去の思想から学ぶこともできる。

日本独特の思想,また事業思想が確立したのは約260年の間,政治が安定し商業が発達した江戸時代である。儒教や伝統的な神道思想,聖徳太子信仰,仏教思想などから形成された江戸時代の商業道徳・倫理思想は商人の生活倫理を律する一方,商業利潤の追求を肯定し多くの商人の間で受容され,明治時代以前に日本人の精神形成と事業思想に多くの影響を与えている。ただ聖徳太子の実在の当否は別にしても明治以前に形成されてきた伝統思想と事業思想の関係,その後の時代を含む前者の後者への影響について充分な研究がおこなわれてきたとはいえないが,以下その重点と考えられるものの一部のみだが略述する所以である。それは,

1) 「三方よし」の思想　近江商人の間で他国商いのための心構えを説いた教えが,近年再評価されている。取引が取引当事者だけでなく社会全体の利益にならなければならないという考えである。
2) 鈴木正三の思想　身分を問わず仕事に尽くすことは単に収入を得るための手段ではなく世の中に尽くす「道」であること,生きがいをもって日々の仕事に励むことを教えた。
3) 渋沢栄一　渋沢の「道徳・経済合一」思想には体系的には儒教思想の影響が強いが実は江戸時代の神道倫理など伝統思想の影響を基盤に受容されたといえる。
4) 福沢諭吉　「独立自尊」の思想。文明開花を先導した福沢の独立自尊の思想が受け入れられた前提として,江戸時代の間に日本人の思想には経済的独立を価値とする思想が育まれ福沢の思想を受け入れられる土壌があったということができる。国民が一家の独立自尊を是とし,また国の独立自尊を価値とする思想は日本がアジアで植民地とならず独立を守ったことの精神的土台だともいうことができよう。それはまた愛国的な事業思想の根底

ともなった。

② 日本に200年以上の歴史を有する4000弱の老舗企業が存在すること，その多くは江戸時代の創業であることは高い持続可能性を有していることを表して余りあるといえる。三井や大丸などに「家訓」や「定め」などとして伝えられたものがそれを可能にした管理の思想や精神の具体化された手法であり，また鈴木正三や三方よしの思想などは現代でも有効なマネジメントの思想たりうるものである。

また渋沢の思想の新しさは，彼の後半生の社会公共活動としても実践された，事業の公共性と社会福祉活動を重視したことである。また民間外交を自ら実践し日米の橋渡しの礎になろうとしたことである。渋沢のみならず数多くの事業家の真摯な精神が日本の事業革新と近代化の精神的土台となったといえるが，われわれ経営学徒は日本の事業精神についてこれまで研究し評価することは少なかったと思う。

本書では検討できなかったがあえて日本の事業思想の反省点をあげれば，その思想が帝国主義思想と結びつき過剰なナショナリズムの途を歩んだこと，平和主義と国際主義の方向を発展さすことがなかったことである。改めて過去の過ちを反省し平和主義と国際精神にのっとり，事業活動において新しい価値を創造することが事業家の途であろう。その視点から明治以降の事業思想の歩みと転換，そしてその帰結について重点のみ略記する。すなわち，

　開国　尊皇攘夷→転換⇒近代化の思想基盤の確立
　：福沢の独立自尊の思想─経済合理主義思想
　：渋沢の合本主義，論語そろばん説（道徳・経済合一説）─経済活動の公共性重視
　：事業家・国民の愛国主義と団結心，体制翼賛思想→過剰なナショナリズム⇒戦争に帰結

(2) 日本，日本企業の異質性に対する反省と日本企業の事業革新，国際貢献の途

以上の思想の積極面が改めて活かされるためには日本企業の国際化に関連する視点から改めて追加されなければならない反省点がある。それは以下であ

る。
・まず日本企業の伝統についての反省（：国際基準に照らしての）

　島国で300年近く続いた鎖国のなかではぐくまれた日本という均質社会を前提にした方法，日本人がよかれと考える善意が国際社会で通用するほど甘くはない。国際感覚の欠如を自覚し，日本の特質を理解してもらい異質性を受け入れてもらうのは簡単でないこと。

・その主要な問題点を列挙する。

（日本，日本企業の異質性）

	外国	日本	問題点・特色
日本国印象	―	日本株式会社	官民一体
分配	株主重視	従業員重視	法人所有・支配
	利益重視	従業員共同体	存続重視　地域社会重視
経営意思決定	幹部責任	集団主義	要時間　結束力強
	権限明確	権限不明瞭	
人事管理	国籍無差別	日本人優先	外国人，不満
	能力主義	年功序列	同上
宗教	一神教	多神教	

　日本企業がその異質性を止揚し国際社会と融合する途は遠いが，世界の隅々でおこなわれている日本企業の地道な国際貢献について多数の事例を紹介した（Ⅱ，Ⅲ章）。日本企業にはそのための技術と価値を提供することで事業を推進する意欲を有している。日本企業が反日運動の標的になったり，職員が殺害される不幸な事件があったのも事実であるが，国際理解を得るための努力を続け事業をつうじて国際社会に貢献することが日本企業の今後も継承すべき途であり，国際社会への貢献をつうじて日本企業と日本の利益になることが望まれる。

　そのために人類の普遍的な価値である農業，食料生産，地球環境保全，生命医療技術をはじめとして，日本企業がその技術を基盤に人類の普遍的価値の創造に貢献できる余地は大きい。またそのための企業革新が日本企業が国際社会で生きる途である。

IX. 事業の成功・存続・復活の要因，熾烈な競争と新たな取組み

　事業が成功するためには社会の流れ，ニーズをキャッチして商品やサービスを構想し，それを具体化する事業構想力と事業遂行能力が必要である。社会の流れ，ニーズを予見するのは容易ならざる先見力，洞察力である。そして成功の不確実な事業を推進するには並々ならぬ信念と確信，逆境をものともしないプラス思考の精神，そして投資家・従業員・金融機関，また顧客から信頼と支持を勝ち得なければならない。また好業績の維持は起業に劣らず困難である。起業と同様，新しい価値を創造し続けなければ持続的成長は不可能である。

1. ロングセラー商品の開発

　ブランド・エクイティ調査で長年，上位にランキングされるのは米国でも日本でも食品が多い。しかもそれは長寿商品である。コカコーラやキッスチョコレートが米国では代表的である。これは食べるという行為が習慣性をもつこと，また食べ物と記憶作用に関係があるためであろう。食品の体験は記憶されやすい，同じものを食べたくなるということがいえる。
　同時に視覚，聴覚そして感性に訴えて商品を忘れられないようにするために広告が効果があり重要である。以下の長寿商品の商品開発，広告戦略，ブランド戦略などから学ぶことは他の事業者にとっても有用である。

◆ おまけつきグリコ

　おまけつきグリコは90年の歴史をもつ。1922年，絵カードが試験的に挿入された後，27年に歴史上の偉人の銅製メダルをおまけにして以降，本格化した。戦前は戦車，軍艦などが多かった。戦後の復興期にはクレヨン，消しゴ

ム，高度成長期には冷蔵庫，自動車，新幹線，そしてヒットアニメの鉄人28号，またパンダなどが選ばれるなど，おまけは時代を反映するものが選ばれている。素材も紙，アンチモニー，ゴム，粘土，プラスチックなど変遷をとげた。これまで約2万数千種類，総計約60億個が世に送り出されている。

　こどもの夢をふくらませるものばかりではない。「昭和」を再現させた大人が懐かしさに思わず手を出す「タイムスリップグリコ」も発売された。懐かしさを感じて購入してもらうのがねらいである。大人が買って子供に与えれば次の世代に継承される。父母からグリコを与えられた世代は，自分が親になったらまた自分の子供に与え，そしてまた‥‥。世代から世代へ伝えられていくのが長寿商品といえる。いずれにしても人のこころをつかむ工夫，努力の成果である。

＊同様商品：森永ミルクキャラメル（1900年発売）　明治チョコレート（1926年発売）

◆　リポビタンD

　「ファイト・一発！」の印象的なCMを34年間続ける大正製薬のドリンク剤「リポビタンD」，発売後約50年，市場シェアは約50％，圧倒的な強さでシェアトップである。CMはすでに400作を超える。プロ野球選手当時の王貞治氏や俳優の宝田明などトップアスリートや著名タレントをCMに起用している。欧米の人気ドリンク剤レッドブルは商品開発，広告などリポビタンの影響を受けているといわれる。

　1962年発売以来，最初は薬局で売られていたが，1999年薬事法改正により一般小売店でも販売可能となった。現在ではシンガポール・中国・インドネシア・アメリカ合衆国・イギリス・アラブ首長国連邦など15カ国以上の国で販売されている（効能，容量，成分等が日本国内販売物と異なる物もある）。

　同社の強みは広告宣伝だけでない。販売手法が独創的で他社に先行している。薬局の店頭で目にする「冷蔵ショーケース」は同社の営業が発案したものである。買ったその場でドリンク剤を飲み干す風景は一般的になっている。また2001年からはアサヒ飲料の自販機で缶コーヒーやペットボトルとともに並べて売られている。ビタミン入りドリンク剤から日常的な飲料へ脱皮させるね

らいと思われる。

　男性的な人気タレントを一貫してCMに使っているが，女性や若年層をターゲットにした「リポビタンDライト」を2000年に発売している。これはカロリー抑えめをアピールするなど工夫をしている。また風味の開発でも工夫を重ねてきた。定期的に新しい風味を開発し「官能検査」をおこない改良を重ねている。人々の嗜好の変遷に合わせこれまで内容成分の配合の変更，改良を度々おこなってきた。いずれにしても健康ドリンクとしてのイメージを維持しつつ新しいリポビタンのコンセプト作りに絶えず努力しているのが長寿の秘密であろう。

＊同様商品：オロナミンC（1965年発売）

◆　カップヌードル

　世界初のカップ麺として1971年に売り出された日清食品の「カップヌードル」はカップ麺市場ではシェアトップを維持してきた。発売以来，味も形状もほとんど変えていない不動のロングセラーである。世界80カ国以上で同一デザイン，パッケージで販売されている。

　原点は初の即席麺「チキンラーメン」を開発した同社創業者・安藤百福氏の「国際食として海外で通用する即席麺を作りたい」という強い思いである。氏がアメリカ出張中，スーパーの購買担当者が即席麺を砕いて紙コップに入れ，お湯を注いでフォークで食べるのをたまたま見たことが「カップ麺」開発のヒントであったという。

　発売当初は当時の希望小売価格が袋入りラーメンの3〜4倍したため注文が入らない日々が続いたという。やがて遊園地や夜勤族，独身者の多い地域に熱湯が出て食べられる専用自動販売機を設置するなどして徐々に認知度が高まった。カップヌードルが全国的にヒットするきっかけになったは1972年2月の浅間山荘事件であったといわれる。機動隊員が厳冬の中でカップヌードルを食べる場面が全国に生中継され思わぬ宣伝となった。機動隊が注文したのは「簡便性」「完全調理済み」という商品特性が理由である。具には赤や黄の色まではっきりわかるフリーズドライのエビや卵を盛りつけるなど，数々の工夫をちりばめ商品としての完成度が高い。この放送によりその認知度が高まり全国か

ら注文が寄せられた。
　こうした商品特性は同社のアイデアと工夫・研究の賜物であるが，テレビCMも絶大な効果があった。アーノルド・シュワルツネッガー，木村拓哉など内外のスターを起用したユニークなテレビCMを次々送り出し商品に新鮮さを失わせないことも長寿の秘密である。

◆　リカちゃん人形

　旧タカラ（現タカラトミー社）が1967年発売以来，長年にわたって着せ替え人形の女王に君臨している。人気の秘密はストーリー性を与える戦略である。リカちゃんの本名は香山リカ，白樺学園小学5年生，父親はフランス人ハーフ，母親はデザイナーという設定であった。その後の設定では外交官になり，結婚そして長女を出産等。妊娠中でおなかの大きいリカちゃん人形も発売されている
　タカラトミーの開発現場では開発のプロジェクトチームが会議室で様々なアイデアを出し合って方針を決める。いわゆるブレーンストーミングでメンバーが自由に意見を出し合い互いの発想の異質さを利用して連想をおこなうことによって多くのアイデアを生み出そうという集団発想法である。
　「モーニング娘」が「アイドル」テーマに決まった理由は人気を集めていることはもちろん，具体的に表現できるテーマであったことが決めてであった。このテーマでは友達の「みいちゃん」「もえちゃん」とアイドルユニットを結成しデビューするというストーリーで発売された。同社は一貫してストーリー性のある商品作りに努めているが，女の子の憧れや流行にあわせてまゆを細くし鼻を高くするなど顔を作り変えるなどして商品寿命の延命に努めている。
　このように国内では大ヒットしたリカちゃんだが米国では全く受け入れられなかった。創業者の佐藤安太氏が「バービー」人形を手掛ける米マテル社に「リカちゃん」のコンセプト，ストーリーを説明して商談したが全く相手にされなかったという。理由は少女向けの人形に親が出てくることが理解されないという。個人の精神的・経済的自立を教育の価値とする米国文化と日本の家庭文化とは違いすぎるのである。国内の市場が縮小するなかで今後は文化の異なる国外で受けいれられる商品の開発を進めることが課題になるといえよう。

以上のようにロングセラーの商品は基本の商品コンセプトを変えないものの、時代にあわせて商品を作り変え、流行や顧客の憧れを的確にとらえて商品企画に取り入れている。同時に他社製品にはない特徴と顧客の心をとらえる魅力のある広告宣伝により商品の認知度を高める戦略を持続的に遂行しているといえる。

2. 好業績企業の秘密

（不景気でも好業績）

日本企業の苦戦が続いているが、なかには過去最高益を計上し増収増益を続けている企業も少なくない。ユニクロ、しまむら、ニトリ、楽天、花王、セブンイレブンだけではない。また不況下でもヒット商品は存在する。いずれにしろその秘訣は何か？デフレに耐えうる低価格、老齢化社会対応、孤独社会対応のサービス、ITの活用などの成果が理由として考えられるがそれだけではない。それでは不利な市場環境でも利益を生み出す戦略やビジネスモデルはどのようなものだろうか。

実は商品やサービスをヒットさせることよりも好業績を継続することは難しい。好業績を維持するためには経営環境の変化を感知し時代のニーズに合った商品・サービスを開発し提供すること、なによりも顧客の心をつかむ工夫が必要である。顧客・消費者本位の姿勢が顧客価値を創造する。また顧客の心をつかむ新鮮な宣伝広告によって価値が認知され更新されるといえる。そこでいま注目の企業を紹介する。

ただ好業績企業のなかには少数だが「ブラック企業」と評価されているものもある。低賃金で長時間の労働を社員に押し付けて、不況下で利益を保っている。社会的価値に反する企業である。就職希望者のワーストランキング上位企業もある。要注意である。

◆ 宝塚歌劇団

宝塚歌劇団は1913年結成された後、大阪毎日新聞の後援により大阪、神戸等で公演し成功、全国的な人気を得る。1918年にはスター養成機関として宝

塚歌劇学校が発足。

　2013年には創立100年を迎える。一体，何が100年にも及ぶ事業の存続を可能にしているのだろうか。理由として花，月，雪，星，宙の5つの組からなる組織にある。5つの組が交代で宝塚と東京で公演をおこなうのでほぼ1年中公演をおこなう体制を整えることができるうえ，舞台に十分な準備期間と稽古の時間を設けることができ，公演の質の高さを維持することができるのである。また一つは公演内容がミュージカル，ショー，レビューと多岐にわたり，しかも和洋どちらもこなす幅広いレパートリーを誇っていることである。このような大規模なレビューやショーを定期的に上演する劇団は世界でも数少ない。同時に組の間で競争意識を抱かせ常に向上心を持たせることができ，また複線化することによりファンの好みの多様性に応えられる。

　さらに宝塚出身者が芸能界で活躍を続けていることである。彼女たちは宝塚のブランドを高め維持しているということができよう。このように事業経営・存続に必要なことはその事業にしかない特殊な魅力やシステムであることを教えてくれる事例である。

◆　帝国ホテル

　事業経営・存続に必要なことは時代のニーズをつかむことである。近年，外資系のホテルの参入が相次ぎ顧客の争奪戦が激化している。そこで国内ホテルは外資系ホテルに勝つためにさまざまな施策をおこなった。帝国ホテルではハード面では2003年から5カ年計画で館内のリノベーションをおこなった。レストラン部門ではバイキングレストランの厨房を客との対面式としシェフが目の前で料理をしている様子が目に映る様にした。フランス料理ではあえて客数を減らし店内の空間にゆとりがもてるようにした。客室部門においてはトイレとバスをユニットバス型からそれぞれ独立したものに変更したり，高齢者が多い客層に配慮しユニバーサルデザイン，バリアフリーに留意した作りへ変更した。ソフト面では会員顧客に対し割引などの各種サービスを提供し客の囲い込みを図った。結果として外資系ホテル参入の影響をあまり受けず，また高稼働率を維持することができた。

　このように時代のニーズにあったホテルの設備，サービスを提供し，会員組

織を活用し顧客の囲い込みを図った点などが成功の要因といえるが，帝国ホテルとはいえ決して伝統にあぐらをかいたりせず，時代のニーズや声を敏感に感じ取る姿勢が必要であると考えさせられる。伝統にあぐらをかいてしまえば権威主義的な経営となり，顧客の顔を見ない経営となり会社の成長は期待できない。創業120周年を迎える帝国ホテルでさえ時代のニーズに合ったサービスを提供している例は，いかに時代に会ったサービスを提供する必要があるかということを改めて認識させる。

◆ 東京ディズニーランド，TDL

13年4月15日開園30周年を迎えた。合計入園者数が過去再考を更新している。不況にもかかわらず特に大きな打撃も受けず来場者数も減少しない。なぜ人気が衰えないのか。そこには理由がある。TDLが「夢と魔法の国」だからだ。24時間掃除しているから場内はいつもきれいである。そしてパーク内から現実世界（外の景色）を見せないよう高い壁やアトラクション，ホテル等で隠している。ゴミを拾っているスタッフに何を拾っているのか聞くとゴミとは決して口にしない。「夢のかけら」や「星のかけら」と答えるほど徹底している。「夢の国」にゴミなど落ちているはずがないからである。パーク内に入ると誰もが「魔法」にかけられたように時間を忘れ心から「夢の国」を楽しむことができる。

次に集客を増やすためにターゲットを絞っているという点である。例えば年代別で40歳代の入場者数が少ないことから，「大人の水曜日パスポート」と称し，毎水曜日45歳以上を対象に安価で特典付きの入場券を提供している。黒木瞳を使ったそのCMは効果をあげた。また受験シーズンには必然的に来場者が減少するので「キャンパスデートパスポート」と称し学生を対象に安価で特典付きのパスポートを提供している。閑散期の客数減少の防止策である。今後，少子化・高齢化の影響が懸念されるなかで対応策は万全だ。

事業の存続には時流を読み，人々のニーズに応えることが必要である。TDLの「人をハッピーにする」ことを念頭においたキャストのサービス，1～2カ月ごとに変化するメインパレードやイベント，キャラクターやキャストの服装，また毎年のように追加されるアトラクションがそれである。それを体験し

たい，見たい，乗りたいという消費者心理によってリピーターが確保されている。

消費者心理は経済状況，季節，時間等の条件や，消費者自身の内部的要因によって変化する。したがってその時々により，付加価値をつけて変化するニーズに応えることが必要である。人々の心をつかんで飽きさせない，変化を重ねていくことが大切であることを教えてくれる事例である。

◆ ドトールコーヒー

ドトールコーヒーの事業内容はコーヒーの輸入，焙煎加工ならびに卸売業，そして飲食店の経営とフランチャイズ事業の展開である。創業者の事業構想は単純である。「健康的で明るく老若男女が共に親しめる店」をコンセプトにしている。そのための戦略である低価格戦略が成功し，短期間でコーヒーショップの多店舗化に成功した。

＊低価格戦略

鳥羽博通氏が1962年創業，1980年コーヒーショップ1号店を原宿に出店し2009年現在約1500店舗を出店している。開店当時，コーヒー1杯150円で当時としても革命的な価格であった。コーヒーショップ店の業態革命，在来の喫茶店に替わるセルフ形態のショップ増加の契機となった。現在も200円ほどであり低価格戦略が維持されている。これは毎日，来ても顧客に負担にならない価格として決められたものである。ライバル店であるスターバックスの価格の約半値である。コーヒーを提供するサービスとしては，両社は同じ市場で闘っているように見えるが客層が違う。ターゲットを明確にすることで成功している。利益モデルがスターバックスとはちがうのである。

＊出店戦略

スターバックスコーヒーなど米国系チェーン店の標準的店舗面積は120㎡と大型で平均年商も1億2000万を超えるといわれる。これに対しドトールコーヒーショップの標準的店舗面積は80〜100㎡，平均年商は7000万〜1億といわれ，1対1で戦うには苦戦が予想される。そこでドトールは複数業態で団体戦をおこなう出店戦略を打ち出した。JR仙台駅の周辺では60以上の外食チェーンが出店しており，クリスロードと呼ばれる200m余りの商店

街にはマクドナルドやスターバックスなど8店が営業していた。ドトールコーヒーはその商店街にセルフ式紅茶専門店の「サロンドテマドレーヌ」とエスプレッソ主体の「エクセルシオールカフェ」の2店舗を展開した。複数店舗で最大ライバル，スターバックスを包囲し多くの顧客を獲得しようとする戦略である。ビジネスマンを主要顧客にしているドトールコーヒーショップに対しマドレーヌやエクセルなどの新業態は若者や女性をターゲットにしているため，この戦略は自社競合することなく多くの顧客を取り込むことができる。

さらにドトールコーヒーは成長を維持するための戦略として新たにセルフガソリンスタンド併設型の店舗を出店した。従業員が常時2人程度の給油所で従業員を活用できる体制である。

いずれにしても懸念材料がないわけではない。原油高の影響や豆価格上昇である。またファーストフード店もコーヒーに注力し，マクドナルドはドトールの約半分の低価格で販売し業績を伸ばしている。客離れを防ぐ工夫，新しいコンセプトが必要である。

◆ サイゼリヤ

同社のコンセプトはイタリア料理をおいしく低価格で提供することであり，しかも他社のどこよりも安い価格で良質なイタリア料理を提供することである。そして徹底した効率化とシステム化を図ることでそれを実現し多くの消費者の支持を受けた。とくに不況による外食離れのなかで低価格で数多くのイタリア料理を提供し確かな支持を集めているといえる。低価格レストランとして日本全国に店舗網を拡大し03年12月には海外に進出し，中国や香港，シンガポールなどに約100店舗を展開。2011年11月，銀座に出店し国内外計1000店舗出店を達成した。

同社の経営手法として独自のコスト削減法がある。外食チェーンはサービス業であるが，同社はメーカーとしての側面を有する。同社は生産・流通システムの構築を目標としており，現在福島県にサイゼリヤ農場，4県に食品加工工場を所有している。またセントラルキッチンと物流配送拠点の一体化した工場も現在建設している。サイゼリヤが確立したバーティカル・マーチャンダイジ

ング（製造直販）である。これは素材の調達から，サイゼリヤ各店舗で料理を提供するまでの一連のシステムだ。またワイナリーやパスタ，ハム，チーズの生産者と直接交渉して日本に直輸入する道を切り拓いていった。これまでの流通の仕組みを変え生産と流通を内部化することで中間業者を介さず，市場価格に左右されない安定した良質な食材の確保が可能になり低価格で良質な商品供給を提供することができる。

このように工場で食品加工し，セントラルキッチンで調理し店舗での作業を極限にまで効率化することで低価格で商品供給ができる。店舗内作業は徹底した動作研究と時間研究により見事なまでに無駄が排除されている。工場で調理の大半をおこなうから，店舗作業をマニュアル化させ人件費が正社員の半分のパートを活用できるのである。

◆ ワタミ

群雄割拠の飲食業で健闘しているのがワタミ。客単価は業界でも最も低い。低価格均一料金の店が続々と登場し安売り競争が激化しているなかで2010年8月に中核企業のワタミも参入，「仰天酒場 和っしょい」を投入した。メニューの8割が250円で，プリペイドカードの導入やセルフサービスという新機軸を打ち出し，外食業界に衝撃を走らせている。収益も好調でグループに貢献している。

同社の強みはそのインフラである。ワタミグループには有機農業や酪農をするワタミファームや，商品開発，仕込み，物流を手がける「ワタミ手づくりマーチャンダイジング」，「ワタミ手作り厨房」（集中仕込みセンター）などがある。有料老人ホーム（2011年3月現在全国で60ホーム運営），「宅食」（宅配弁当）が収益柱に成長したのもインフラの強みがあるからである。

またFCの増加にも注力している。特に多様化，小規模化を進めている。グループの「わたみん家」を開業させるには最低でも5000万円の資金が必要だが，小規模FCは1000万円からの予算で開業できるようにした。同社のFCは暖簾分けの手法だ。

すなわちワタミグループで最低3年間働いた者にFCの権利を与える。開業を目指す社員を研修させてから独立させる。2013年までに年間50店舗のペー

スで開業できるフォーマットを作る準備をしている。ワタミグループとしてもメリットは多い。低価格で開業させても流通はワタミグループが一手に引き受けるので，ワタミの商圏が広がる。社員の独立からも利益をあげる構造を作ろうとしている。

＊ワタミの介護事業

　2013年3月期のワタミグループの介護事業は売上高が前期比23％増350億円。グループ全体の利益の半分近くを稼ぐ主力事業に育っている。ワタミの戦略は外食産業の強みを介護事業に活かすこと，そして介護事業の相乗効果を高めることである。

　そのためにワタミの子会社「ワタミの介護」による通所介護（デイサービス）の展開を強化している。政府が2012年4月に介護報酬改定で在宅介護を優遇するのも追い風である。ワタミの強みは外食企業の強みを活かせることだ。昼食メニューを充実して利用者を増やすねらいだ。

　主力は介護付き有料老人ホームだ。介護程度の低い利用者にまずデイサービスを利用してもらい，介護度が進んだときに自社の有料老人ホームに移ってもらうのがねらいである。2年で急増し2013年8月現在全国90施設以上展開し大手の一角を占める。ちなみに創業者の渡辺美樹が13年参議院選挙で当選し話題になっている。

◆　ユニクロ

　不況のなかで「独り勝ち」と称されるほどユニクロの業績がよい。トレンドを意識しレザーに注力したり，帽子やマフラー，タイツなど小物も品ぞろえを充実させている。消費者の目からみてデザインを生み出す企画力やセンスがかなり増している。今ではユニクロとはわからないようなデザイン，わかったとしても見劣りしないレベルになっている。

　10年ほど前ユニクロが認知されたのはフリースのヒットの際である。当時のユニクロのデザインはユニクロとすぐわかるものが多く，また低価格を全面に押し出しているため知られると恥ずかしいイメージがあった。値段のわりに品質は良いのだが・・・とためらう部分があった。

　その後ユニクロは部屋着の商品化に注力するが，上の条件が非常に有利に働

いた。つまり他人の目は控えるが家の中で着るにはユニクロは申し分がないからである。下着も同様なことがいえるが、下着の商品化も強化している。

このような弱点を逆に強みにかえる発想は消費者の意見によるところが大きい。ユニクロは顧客のアンケートの回答やオンラインのレビューを商品開発にフィードバックしている。消費者の目線に合うものをデザインし商品の完成度を高めることが競争力の要因である。

同時に宣伝に著名なタレントやモデルを使い商品イメージの向上に努めているのが成功している。藤原紀香を起用し「スリムボトムス」を販売するなど女性客の取り込み強化が成果をあげている。

ただ課題がないわけではない不況期の「優等生」のユニクロは好況期の優等生ではないことである。ベイシックを中心に成長してきたが、今後、デザイン性が高い商品作りを進めブランド力を高めることが必要になろう。また日本市場のシェアは第1位だが、海外事業展開は海外他社ブランドに比べ遅れている。現在積極的に海外展開を進めようとしているが国内事業よりも利益率が劣っている。

＊ユニクロの成功理由

ユニクロの成功理由は3つある。まずそのポジショニングである。競合他社のない隙間の市場を狙うブルーオーシャン戦略が功を奏した。すなわちカジュアル衣料に特化することで低コストと高シェアを実現した。商品種類は少ないが、サイズや色のちがいを豊富に揃えることで男女を問わずあらゆる年齢層に着ることができ、しかもどんな服にも合わせることができるような「ベーシック」なデザイン、またファッション性を兼ね備えている。

第2に顧客志向の商品化サイクルである。顧客のニーズを捉え製品化し販売する。そして顧客ニーズを検証・再検証し、商品を改良し売れる商品を生み出してきた。東レとの共同開発の「ヒートテック」もこの成功例である。保温性を求める顧客ニーズを製品化しさらにしっとり感を加味し販売した結果、人気商品となった。

第3に、SPAモデルの工業化である。ユニクロは衣料事業を工業と捉え開発・生産から小売りまで一貫しておこなうSPAモデルを進化させてきた。そのため取引先を巻き込んだサプライチェーンマネジメント（SCM）の全

社的な構築にとりくんだ。期末だけでなく期中でも何回も変更がきく生産体制，週毎，さらには毎日でも追加生産しうる体制を構築しようとしている。これは店舗と海外工場を直結し店頭における売れ行きとマーケティング戦略や最新の在庫情報に基づいて生産量を柔軟に変更できる仕組みである。その結果，需要があるのに売りそこなうという機会損失も減少している。

＊ SPA とワンプライス商法の普及

　ワンプライスショップといえばダイソーをはじめとする100円ショップがおなじみだが，サービス，小売業界でも着実に増加している。前者ではワンプライスの居酒屋などがある。消費者にとってわかりやすいし，安くなったことが人気の原因である。

　メガネ業界では従来，フレーム，レンズ一式で価格を表示し，加工料で利益を出すやり方がまかりとおっていたが，追加料金0円のワンプライスの方式を採用するチェーン店が急増している。今までの常識では，年配者のメガネには「累進多焦点レンズで遠近両用レンズ」を使う。フレームとレンズを買うと，少なくとも値段は4～5万円になる。それをどのレンズを入れても「ワンプライス」18900円とし売り上げを伸ばしているのが「眼鏡市場」である。

　同じく「JIN'S（ジンズ）」もワンプライスで眼鏡市場に追随する。もともと眼鏡市場の低価格競争に火をつけたのは「Zoff」である。1万円を超えない範囲で「5000円」「7000円」「9000円」の3プライスセットの価格設定で若者を中心に市場開拓を進めた。そして他のチェーン店も追随し，複数プライスセット形態が採用されていった。現状は完全ワンプライスはJIN'Sだけである。

　こうした低価格が実現可能なのは中国製だからである。3社とも商品生産を外注せず，生産から販売までを一括で管理する手法を取っていること。これにより製造元利益や問屋のマージンがかからなくなり，低価格で販売できる。ZoffもJIN'Sも中国製であることを堂々と発表しているが中国製に対する抵抗感は若者には少ないといえる。SPA方式と呼ばれるこの手法は，衣料品業界のZAPやユニクロをはじめ下記のように専門店や流通業で普及して

いる手法である。

　若者の間では複数の眼鏡をおしゃれに付け替えるファッション化が進行している。眼鏡が高価であるという商品特性，イメージはもう過去のものとなりつつあるといえる。ファッション性のある眼鏡，いわゆる「可愛い」眼鏡が競争市場の中心になっている。もっとも，中高年対象の高級眼鏡のマーケットが不要になったということではない。

・専門店に普及するSPAモデル
1．衣料・雑貨：ワールド　しまむら　青山商事　AOKI
2．セレクトショップ：ユナイテッドアローズ
3．靴：ABCマート　チヨダ
4．家具，生活雑貨：ニトリホールディングス
5．自転車：あさひ

◆　セブンイレブン

　もともとセブンイレブンは米国発祥のコンビニエンスストアである。自動車王国のアメリカでは郊外を中心に立地してきたが日本で同じようにしても成功はおぼつかない。成功のためには日本に通用する仕組みを開発し定着させる必要があった。商品の仕入れ方法にしてもアメリカ流のままでは日本では非効率である。納入業者を説得して共同配送や小分け配送を始めたのは日本の事情に適応するためであり消費者のためである。

　メーカー，納入業者の協力を得て実現した年中無休，24時間営業の体制も常に商品を提供しようとする顧客志向の立場からである。また現金自動預け払い機（ATM）の設置，そしてセブン銀行の設立により始めた幅広い金融サービスが顧客サービスの範囲を拡大した。

　同社の強みについてはすでに記述した点には再論しない。同業他社と比べ売上げ，収益が同業他社を上回るのは，店舗数が多いから当然であるが，平均日販でも他社を大きく上回る。それは同社の商品開発力が高いためである。またチャージ（ロイヤリティ）も他社より高い。

＊公正取引委員会が本部の経営指導に排除措置命令

公正取引委員会は，株式会社セブンイレブン・ジャパン（以下「セブンイレブン・ジャパン」という。）に対し，独占禁止法の規定に基づいて審査をおこなってきたところ，次のとおり同法第 19 条（不公正な取引方法第 14 項〔優越的地位の濫用〕第 4 号に該当）の規定に違反する行為をおこなっているとして，同法第 20 条第 1 項の規定に基づき，排除措置命令をおこなった。

これは同社が加盟店に対し「見切り販売」（定価より安く販売すること）の停止をおこなうよう指導した行為に対し公取によりくだされた命令である。ところで同社が加盟店オーナーとの間でトラブルとなったケースはこれだけでない。その一つは加盟店が本部に対し納入業者からの仕入れ値の公表を要求し本部がこれを拒否し訴訟となった事例である。

本部が一括仕入れ⇒各オーナーへ販売する際に，仕入れ値を公表していない。これについて公表しないのは本部が仕入れでも儲けているという不満である。この辺りの事情を記載した暴露本がトーハンの圧力で販売停止に追い込まれた事件もあって，かえって噂の信憑性は高いと思われている（セブンイレブン・ジャパンの鈴木敏文会長はトーハンの出身である）。

本来 FC 本部の収入は，加盟店のチャージ収入のみから得られるというシステムである。それゆえ，スーパーバイザー（SV）が定期的に加盟店を指導し，売り上げをアップさせることが，ひいては本部の成長にもつながるということはいえる。FC 契約上，本部と加盟店はあくまで対等で，本部が諸政策の実施について，加盟店へ一方的に命令することはできない。また，商品の発注権も店舗にあり，本部や SV がそれに対し，アドバイスはできても強制することは不可能だ。だから加盟店の不満は道理が通っている。本部が好業績であるにもかかわらずこうした加盟店との対立が起きるのは加盟店が厳しい不利な環境におかれている現実を如実に反映している。

◆ ゲオ・ホールディングス

同社はビデオ，CD，DVD，ゲームソフト，書籍等のレンタル，リサイクル，販売を事業としている。直営店を軸に展開。ゲオの特色は娯楽の少ない郊外を中心に店舗を展開し，不定期に 7 泊 8 日 50 円のキャンペーンをおこなって支持を集めていることだ。10 枚借りても 500 円で時間はあるがお金はあま

りない若者や主婦層に支持を得ている。

◆　ソーシャルゲーム各社／ガンホー・オンライン・エンターテイメント

　ソーシャルゲームも孤独社会の消費スタイルを象徴している。お金をかけないで遊ぶこともできるが、ゲーム会社としてはお金を払って購入するアイテムを増やすこと、お金を払う意味のある仕組みにすることがゲーム作りの課題である。ただ無料化の流れも止まらない。
　グリーとDeNAのコンプガチャの課金が景品表示法違反の通達を受けた。未成年への高額課金があったからである。コンプガチャ廃止の影響は特にグリーが深刻でグリーは2008年上場以来始めて減益となった。
　またグリーやDeNAのゲームに飽きゲーム離れする者も多い。そうしたなか急成長しているのがガンホー・オンライン・エンターテイメント社である。スマートフォンゲーム「パズル＆ドラゴンズ」（通称パズドラ）が大ヒットした。パズドラは12年2月20日のサービス開始から、ちょうど1年で900万ダウンロードを突破した。前2社のソーシャルゲームは、カードバトルと呼ばれ、とにかく強いカードを集めれば前に進める単純なものが多い。だが、パズドラはそうしたゲームと一線を画す奥深さがある。パズドラはモンスターを育て、パズルでバトルする新ジャンルのゲームだ。自分で選んだモンスターで編成したチームで冒険に出かけ、ドロップ（パズル）をそろえる。モンスターを討伐し、ダンジョンを攻略するという一連の流れには、従来のソーシャルゲームにさほど必要とされない戦略性が求められる。社長の森下によればカードバトルゲームで遊んでいたユーザーがドッと驚くようなゲームを作りたかったという。タッチパネルの高精細な画面になれ単純な交流ゲームに飽きたユーザーに支持されているといえよう。

3．ベンチャーの成功事例

　旧来、ベンチャーといえば研究開発にもとづく新技術・製品の事業化を意味し、大きなリスクを伴う事業を意味することが一般的であったが、近年はベンチャーの意味が拡大して飲食やサービスなどの産業も含み新ビジネスモデル，

新手法で事業展開をおこなう企業，事業者もベンチャーと呼ぶようになっている。

　起業の成功事例をつうじて発見できるのは成功に客観的な条件が必要なだけでなく主体的要素が重要であるということであろう。前者は誰もが発見できるかたちで存在しているのではなく後者の作用により具体化されるということができる。後者の先見性，熱意，そして度胸や果敢な精神が前者を形のある需要，事業として具体化させるのである。

◆　セコム

　現在成功しているセコムもはじめはベンチャー企業として市場に参入した。日本ではじめての警備保障の会社であった。飯田亮氏と親友の戸田寿一氏が欧州帰りの知人と食事をし欧州で警備保障の会社があり成功していると聞いたことがきっかけである。両者が協力して1962年設立した。立ち上げた当初は，顧客が見つからなかった。その理由は日本では「水と安全はタダ」という風潮があり，警察や消防があるのになぜお金を払って安全を確保しないといけないのかと思われたのである。日本警備保障が評価を得るきっかけとなったのが東京オリンピックの選手村の警備である。

　またテレビの人気ドラマ「ザ・ガードマン」の放映が有名になったきっかけであった。ただ顧客が増えると問題が発生した。人的警備という性質上，契約件数が増えるに従い警備員の数も増やさなければならず教育がおろそかになり質の高いサービスが難しくなった。同社が人的警備から機械警備，警備業務の機械化を進めたのもこの顧客の増大に対応するためであった。その後も警備・防犯機器設備等の開発とあわせて警備の機械化で同業他社に先行している。

　新事業分野の開拓にも意欲的である。女性や子供のためのセキュリティーサービスを提供している。また病院と提携し有料老人ホームを経営したり，介護サービス事業にも参入した。老人のセキュリティーサービスは女性，子供のセキュリティーサービス同様，GPSを使って専門オペレイターが居場所を携帯やPCに通知するサービスである。さらに官民協調業務にも参入した。その一つが国と共同の刑務所管理である。

　このように自社の主軸な業務と関連する事業への参入は既存の技術やノウハ

ウを生かし相乗効果を生む。また多角化をはかることで経営のリスクを分散することができる。セコムが業界トップの地位を維持しているのは主軸のセキュリティーサービス事業を基盤とする多角化とその進取の思想によるということができる。(参照：http://www.secom.co.jp/corporate/vision/story01.html 2011.05.17)

◆ タリーズコーヒー

タリーズコーヒーは米国発祥のコーヒーショップのチェーン店である。タリーズコーヒーを日本で展開し始めたのが松田公太氏である。米国でタリーズコーヒーを飲みその味に感動し，創業者であるトム・タキー・オリーフと直談判して日本での事業展開の許可を得た。2005年には米タリーズから日本での商業権，営業権など各種ライセンスを取得し完全に独立した。その後大手飲料メーカー伊藤園が資本参加し同社の傘下に入った。

日本のほとんどの店舗で米国のコーヒーショップでは一般的な公衆無線LANサービスのアクセスポイントを最も早くから提供していることは先進的である。

◆ ダイソー

ダイソーの名で知られる「100円ショップ」の大創産業は元々はスーパーマーケットの駐車場に店舗を構える，移動販売・露天方式の100円ショップを運営していた。

その後，テナント店舗，そして直営店舗を展開した。2011年現在，国内に約3000店舗，日本国外の25カ国に564店舗を展開している。2位のセリア，3位キャンドウは1000店舗に満たない。

ダイソーが成功した理由は商品の質にこだわったことにある。また品ぞろいを豊富にしたことによる。仕入れ原価が100円に近いものや原価割れの商品も100円として販売する手法を取った。消費者は100円のものに100円以上の価値を感じ，「安かろう悪かろう」のイメージが払拭された。また卸売業者やメーカーから大量の商品を現金取引で買うことにより仕入れコストを削減した。

現在105円を中心に215円，315円の商品をそろえている。おしゃれな空間

を演出した店を増やしてショップイメージの向上に努めている。今後は価格帯を広げ，バラエティストアないしディスカウントストアへ方向転換することも考えられる。（参照：http://www.shoninsha.co.jp/modules/blog/2011/03/07/6877 2011.05.17）

◆ トレジャリーファクトリー

　リサイクルショップに流通業の手法を導入して成功したのがトレジャリーファクトリーである。1995 年同社が創業した当時のリサイクルショップは引き取った商品をそのままの状態で店頭に並べ，値札もろくに付けていない，販売した商品には保証期間もなく，販売記録や在庫をしっかり管理している店など皆無だった。

　創業者の野坂は，買い取った中古品は入念に綺麗にしたうえで，値札を付け，家電や家具などの商品には 3 カ月の保証期間（後に 6 カ月に延長）を設けた。商品すべてに管理番号を振り，仕入れた商品と売れた商品をすべて記録，売れ筋商品を把握し，死に筋商品は値下げして早めに見切る手法を採用した。

　野坂の事業計画を高く評価してくれた某ベンチャー企業のオーナー経営者から支援を得て 1995 年に開業した。その後 POS（販売時点情報管理）システムを採用し全商品の単品管理が可能となり，在庫管理や買い取り査定が標準化された。販売，仕入れ作業が，"素人"の社員にもできるようになり，一気に多店舗化へ舵を切る。

　リサイクルショップの起業後，野坂には追い風が吹き続けた。全国の自治体は家電や家具などの粗大ゴミ回収を有償化し，仕入れは一気に楽になった。しかもエコロジー意識の高まりから，中古商品に対する抵抗感は薄まり，モノを大切に使う風潮も浸透している。（参照：http://diamond.jp/articles/-/1215?page=2&action=login 2011.02.13）

◆ カカクコム

　創業者の槇田光昭氏は自身が営業職として秋葉原に頻繁にパソコン部品の調達に行っていた際に価格の一覧表があれば消費者にとっても販売店にとっても便利だと考えた。それが起業のきっかけであるという。会社を退職し 1997 年インタネットにより消費者に価格情報を提供するサイトを開設した。当初は自

ら手作業で情報の追加・更新をくり返していた。その後サイトの認知度が高まり販売店側からリアルタイムで価格を登録・更新するシステムに進化した。主に電化製品の価格を比較する購買支援サイトとして出発したがその後，豊富な商品情報を取り込み，利用者の口コミを掲載することで集客力を高め高成長を続けている。

　同社のサービス内容は第 1 に消費者に常に商品情報を提供する集客サポート業務。販売店のサイト参加料として支払う登録料が収益になる。第 2 は販売サポート業務でクライアントと消費者の契約実績に応じて手数料を得る。成果報酬型の収益である。第 3 は情報提供業務である。利用者から価格の見積もり依頼を受けて提携先に見積依頼情報を提供し見積書送付数に応じる対価を得る。最後の広告業務はバナー広告，テキスト広告を提供しクライアントないし店舗側の支払う広告料である。

　いずれにしろ決定的なのはサイト集客力であり，集客力が高ければクライアントはサイトに登録したいというインセンティブが働く。そして高い集客力はインタネットならではの情報収集技術の利用によるということができる。消費者はリアルタイムで価格の比較が可能であり，「口コミ掲示板」というコミュニティーをつうじて情報交換ができるのである。リアルな商店にない利便性を実現している。

　2010 年 12 月の月間利用者は「価格 .com」だけで 3600 万人，飲食店情報の「食べログ .com」などのサイトを加えると 6756 万人に達する（日経 MJ）。同社は商品情報だけでなく上記の飲食情報に加え，旅行，映画など生活情報のインフラをめざしている。また 2010 年末から中小店を対象に決済代行サービスにも進出した。顧客に商品が届いた時点で商店の銀行口座に代金が支払われる仕組みで，消費者は相手の商店の信用にかかわらず安心して商品購買を申し込める。中小店の信用をカカクコムの支払いサービスが補完するかたちだ。

　情報提供サイトの市場も例外なく競争が激化している。現状に安住すれば衰退を招く。同社が生活情報のインフラをめざす所以である。また 2010 年グーグルが無料の価格情報サービスを立ち上げた。他方，カカクコムは店舗側から掲載料や誘導するごとに手数料をとっている。代行サービスはグーグルに対抗するためのサービス充実策である。（参照：http://www.geocities.jp/aki01_aki29/article_

of_kakakuco 2011.05.17）

◆ ソフトバンク

「情報革命で人々を幸せにする」がソフトバンクの創業精神という。同社の過去の主要な歩みをたどると以下のとおりだが，これまで4度の転機があったこと，そのたびに大変身してきたことがわかるが，当初のビジョンは貫かれている。

＊ソフトバンク小史
  1981年，日本ソフトバンクを設立。PC用パッケージソフトの流通事業を開始。
  1994年，株式を店頭公開
  1997年，米ヤフーに筆頭株主として資本参加。「ヤフー！JAPAN」を設立。
  2001年，「YAHOO！BB」の商用サービス開始。
  2004年，福岡ダイエーホークス（現・福岡ソフトバンクホークス）を買収。日本テレコム買収。
  2006年，英ボーダフォン日本法人を買収。携帯電話事業へ本格参入。
  2013年，米，スプリント社買収。世界第3のメガ・キャリアに。

　とくに94年株式公開，ついで転換社債の発行を駆使して資金を得て矢次早に企業買収をおこなった。97年創業間もない米ヤフーに総額115億円（37％）の出資をおこなう。インターネット業界への参入により事業の幅が拡大する。そしてYAHOO!BBが日本のブロードバンドサービス普及のきっかけをつくったといってよい。さらに日本テレコム買収により固定電話事業へ参入しNTT独占へ挑戦する。さらに最大の転機はボーダフォン買収による携帯電話事業への参入である。買収金額2兆円のうちソフトバンクが用意できたのは2000億円で残りは別会社ソフトバンクモバイルが銀行団から融資を受け買収した。

　30年の歴史で育ててきた企業群は連結子会社と関連会社合わせて173社に及ぶ。ソフトバンクの強みは何より創業者自身の事業構想力といえる。

4. 新興企業の成功理由，戦略

　顧客，消費者に対し新しいニーズ，製品，サービスを提供することで新しい市場を創造し，新しい事業を作りだし，起業にもつながる。

　ただ新規事業，起業が成功したからといって安心することはできない。新事業も時間がたてば模倣され他企業が事業に参入してくる。またさらに新技術，新製品が登場すれば企業は業績を維持していくためにつねに新しいものを作り出す努力が必要である。新興企業は成功した時から他企業の挑戦を受ける。新興企業から既存企業が学ぶことも少なくない。

◆ 日本ブランド戦略研究所

　顧客企業のブランド戦略のサポート，コンサルティングを事業とする日本ブランド戦略研究所はウェブサイト構築コンサルティングサービスのパイオニアである。抽象的な概念であるブランド価値を目に見える形にできないかという発想が原点で設立された企業である。2003年設立当時，まだまだ重視されていなかったウェブサイトに注目し，「ウェブエクイティ」つまりウェブの資産価値の調査・コンサルティングのサービスを開始した。創業者はウェブサイトが将来，情報発信とブランド構築の場になるという信念があったといえる。

　ウェブサイトの価値を金額に換算するためウェブサイトがどのくらい見られているか，購買行動につながっているか，企業イメージの向上に役立っているかなどの様々な項目に関してネットで調査したデータを元に，ウェブサイトの価値を評価し改善を提案した。このほか携帯サイトの価値「モービルエクイティ」の調査・コンサルティング，「企業情報サイト」の調査・コンサルティング，「中国における日本企業のイメージ調査」など新しい市場の開拓に努めている。

◆ クックパッド株式会社

　1998年に誕生し，現在80万以上のレシピが登録されている日本最大の料理サイトである。2010年3月現在の月間ユーザー数は884万人，月間ページ

ビュー数は 4 億 6000 万回である。30 代女性では 4 人に 1 人がユーザーだという。

　仕組みは会員登録して自分の作った料理の写真を掲載したり，他人の料理を参考にして料理しその写真を掲載したりといたって簡単である。かつては会員登録に 500 円かかり会員数が増えなかった。現在，無料制にして大幅に会員を増やすことに成功した。クックパッドの主な収益は広告事業である。顧客企業と連携してその製品を使った料理をサイトにのせることによって広告収入が得られる。また一般広告も収益である。閲覧者は追加料金を払えば好きな料理を検索し閲覧できるが，これも収益源である。

　では何故成功したのだろうか。それは料理をテーマにしたからではないか。料理は毎日作るものであり，レシピを考える主婦にとっては非常に大変なことである。そこでこのような料理サイトができれば様々な料理が検索でき楽になり，毎日利用される。また写真を貼ることでたくさんの人に自分の力作を見てもらいたい主婦の欲望が満足させられる。自分の自慢の料理を見てほしい，真似をしてほしい女性のひそかな気持ちをつかんだのがこのサイトの成功の要因だといえよう。

＊クックパッドの利益率はなぜ高いのか？

　　なぜ利益率が高いのか。その理由の一つは限界利益率の高さである。

　　限界利益率とは売上高から変動費を引いたもの。同社のサービスの中心はウェブサイトの運営なので基本的に仕入れが発生しない。よって変動費がほぼゼロといえる。

　　クレジット会社や携帯電話会社から代金を回収しているが，その手数料は 5％ほどで限界利益率は手数料を引いた 95％程度だと考えられる。

　　第 2 の理由は「会員事業の高収益性」である。同社の売上の約 60％を占める。同社サイトに出品する主に食品会社から料金を徴収する「会員事業」，「マーケティング支援事業」，そしてバナー広告などを販売する「広告事業」の 3 つである。

　　もちろん固定費として人件費，システム関連費などが発生するが，会員数の増大と売上の増加に比べ前者の増大はわずかである。そのために後者の増加で利益率が大幅に押上げられる。（参照：『プレジデント』2012.06.18）

◆ 学生企業オーシャナイズ

現役の中央・法政・慶大生が 2005 年に起業した大学生に無料コピーを提供している企業である。起業当初は苦労の連続であったという。ある大学関係者からは「12 月は年末で忙しい，1 月は年始だから，2 月は入試だから」と，面会を断られたという。2011 年現在，国内 72 大学 90 キャンパスと米国，中国に展開している。

なぜ無料コピーが可能になるかというと，用紙の裏に様々な企業の広告が印刷されているからである。裏面の情報掲載スペースには，対象が大学生になるため，主にエンタメ関連情報や，アルバイト情報，若者向け商品情報，就職関連情報が掲載されている。コピー代を節約したい大学生と就職サイトなど大学生をねらって宣伝効果を出したい企業の双方の要望をつないだ起業が成功した。

創業者は大学 1，2 年生の時は「授業にもサークルにも興味がなく家にとじこもりのダメ学生」であったという。転機があったのはベンチャー企業の社長と知り合い自ら企業を起こすことに強い興味を持ったことである。その後，新規事業の内容を競うコンテスト「学生起業家選手権」に参加して，学生仲間の発案の「タダコピー」のアイデアに自信をもち起業を決断した。学生にとって身近な起業チャンスを実現した事例である。

◆ アクロディア

携帯の普及・進化とともに急成長をとげたのが 2004 年創立のアクロディア社である。同社のソフトを携帯電話に組み込んでおくと，新しい機種にかえても古い機種と同じようなメニュー画面に自動的に設定される。2008-2009 年，アクロディアが開発した「VIVID UI」というミドルウェアが相次いで国内の三大通信キャリアが発表した携帯電話の春夏モデルに採用された。年々，携帯電話の操作が複雑になっていくなかで，誰もが「こんなサービスがあったらいいな」と考えるサービスをいち早く具現化したのが，アクロディアのミドルウェアである。

同社の強みはそれまで常識だった通信キャリアやハードメーカーによる"囲い込み"には縛られない。ソフトウエアのライセンスを販売して「携帯電話 1

台につき，数十円」の対価を受け取っている。ユーザーに支持されれば，いくつでもソフトが搭載される可能性がある。

　ただ携帯電話市場のトレンドが急遽スマートフォンにシフトしたため，受託開発が大幅減少し2010年以降，大幅減益となった。そのため，スマートフォン向け事業への対応を進めている。GMOインタネット社と資本提携しアンドロイド用アプリ事業，ゲーム事業を立ち上げた。また契約形態も携帯販売台数に依存するライセンスロイヤルティモデルから脱却しレベニューシェアモデルへの転換を進める。

◆　タグボート

　雑誌の販売部数は年々減少している。1冊丸ごと買ってくれないのであれば新しい読み方の提案が必要である。電車の中ずりの雑誌の広告を見て気になる記事を1本10〜50円で購入。NTTドコモの携帯電話にダウンロードしてその場で読める。2009年9月，仕掛けたのは広告企画会社タグボートである。主な雑誌として「an・an」（マガジンハウス）や「STORY」（光文社）など14誌で始め，10月中には30誌に増やす計画。検索機能もあり，「温泉」と入力すれば各誌の旅情報を一覧できる。

　雑誌は読み終わると必要がなくなる。それなら買わないほうがお金がかからない。理髪店，美容院で読めばよい，と考える人も多い。雑誌を買わなくなる人が増えたのは自然である。しかし電車の中ずり広告を見て記事を読みたいと考える人も多い。したがって読みたい記事だけを低価格で読めるようにするタグボートの取り組みは消費者のニーズにかなっている。

　他方出版社44社は2010年1月，雑誌のデジタル化実験に乗り出した。講談社などが共同ポータルサイトを構築。12分野の30誌をパソコンで1カ月間有料配信し，課金方法や読者の反応を探る。シャープやインテルも参加して日本独自の読書端末を開発，2011年の実用化を目指す。こうしたデジタル化とコラボレーションにタグボートがいまのところ先行しているということがいえるが，他社が同じサービスを開始した後に新たな価値を生み出していくことが課題である。

◆ あきんどスシロー

　原価率の高さは業界トップだが，それでも利益をあげるのはセントラルキッチン（CK）がないからである。2010年9月期の1店舗当たりの年間売上高は3億円と回転ずし業界トップである。あえて高いコストをかけることで高い利益を確保しているという。

　CK をもつことは外食産業が成長するためにいわばセオリーになっている。あきんどスシローも一度は CK を導入した。だが「うまい寿司を腹一杯」味わってもらうために試行錯誤した結果，CK は持たないという選択であった。CK で調理をおこなうと鮮度がどうしても落ちるからである。CK をもたない分，調理コストがかさむので食材以外のコストを徹底的に抑制することで対処している。

　なおスシローは2008年，ファンドであるユニゾン系のエースホールディングによる株式公開買い付けを実施し，エースホールディングがスシローを吸収合併した。筆頭株主であったゼンショーは金銭交付を受け撤退した。そしてまた2012年，8月にはユニゾンから欧州系ファンドのペルミラ・アドバイザーに転売されている。このように欧米ファンドにとっても寿司チェーン店の投資価値がすでに認知されている。スシローとしては今後は日本での成功をフォーマットにして海外展開していくことが発展のカギとなるといえる。

　11年12月に初出店した韓国は赤字だが，支持は受けている。失敗の原因は日本国内同様，全皿同一価格としたが，韓国では低価格＝低品質と認識されているためだといわれる。また12年中に予定していた上海への出店は，反日デモの影響を考えて，凍結している。いずれにしろ現地で受けいれられる方法で市場開拓を進めるのが今後の課題である。

◆ 丸亀製麺

　「丸亀製麺」は焼き鳥ファミリーダイニング「とりどーる」などを運営するトリドールが展開する。丸亀製麺のかけうどんは1杯280円だがてんぷらなどトッピングを追加する客が多く客平均単価は500円前後になるという。主力商品を安く設定することで集客を増やし利益率の高いてんぷらなどで儲ける商法である。ただお客が注文してくれるとは限らない。そのために集客の工夫が必

要だ。厨房はオープンキッチン形式を採用して仕込み・調理過程が目で楽しめ臨場感と「できたて感」が感じられるように工夫している。

2000年代後半からの出店攻勢によって2009年11月時点で同業者大手のはなまるうどんの店舗数（約270店）を抜いた。セルフうどん市場における店舗数第1位（321店）となり2013年2月末現在682店舗でトップリーダーである。

2011年から海外展開を進め，米，韓国，中国に進出した。ロシアには2013年2月に出店し，好評だ。5年で100店舗開店を目指す。為替換算で日本とほぼ同じ価格で提供。目の前で調理するというスタイルが，ロシアでは珍しく，行列のできる店になっている。

なおロシアでは，日本食がブームとなっており，現在モスクワには，日本食を取り扱うレストラン，カフェ，バーが600軒以上もある。カフェやバーで，「すし」や「ロールずし」がメニューにある店が多い。もっとも多くの店で出される日本食は，本場日本の日本食を知らない客層がターゲットである。安価な中国産や韓国産のしょうゆ，のり，米，しょうが，みそ等を仕入れ，消費者に提供しているのが現状である。一方，日本人シェフのいる日本食レストランは，中間所得層以上の顧客層がターゲットである。こうしたレストランは本場の味へのこだわりが強い。

それゆえロシアのみならず海外の日本食は，「大衆向け日本食レストラン」と「高級日本食レストラン」でメニューやサービスをはじめかなり状況が異なる。丸亀製麺の店舗は大衆向けレストランながらも，日本と同じ味が食べられるという点で，ロシアの人々の心を掴むのではと期待される。

◆ AZスーパーセンター

鹿児島県阿久根市，高齢化と過疎化が進む典型的な地方都市である。そこに年間700万，多い日には1日約3万5000人の来客数を誇るスーパーがある。株式会社マキオが展開する「AZスーパーセンターあくね」である。取扱い品目はありとあらゆる品目に及び自動車まで売っている。24時間営業で年中無休，過疎地の店と思えない。

「地域の人たちが衣食住に困らない生活ができるインフラを作る」。これが

AZ のコンセプトだ。消費者本位が徹底している。何をどれだけ仕入れどう売り場に並べるかは売り場の担当者が判断する。普段の接客を通じて客のニーズをつかむ。売れ筋を絞り込むのは売り手の都合でお客本位に考えれば死に筋はない。POS を導入しないのもそのためである。

送迎バス（阿久根店のみ）があり，電話予約すれば1人暮らしの高齢者や，移動手段を持たない住民も来店することが可能。また帰宅時には，購入した製品を玄関先まで運んでくれるなど，体が弱いお年寄りには助かる配慮がある。その他，60歳以上と身体障害者には，消費税分をキャッシュバックするサービスがある。また定年制度を設けていないため，60代以上の高齢の従業員も多数いる。店舗は社長の意向ですべて平屋建てになっている。平屋建ての理由は，牧尾英二社長いわく「（高齢者にとって）階段の上り下りは煩わしいだけ」。

開店当初，あらゆるコンサルタントやアナリスト，銀行や行政から経営が成り立たないと反対された AZ スーパーセンターがこのように多くの客を集め，地域活性化にも一役買っている。（参照：『週刊東洋経済』「特集／ストーリーで戦略を作ろう」2011.01.08）

◆ 三洋堂書店

近年，特に倒産が多いのが「町の本屋さん」「町の洋品店」と呼ばれる伝統的な書店や衣服小売店である。そうしたなかで珍しく連続成長している書店チェーンが名古屋市に本拠を置く三洋堂書店である。87店すべてが直営である。その狙いは全店を標準的なレイアウトに統一し本部が一括して品ぞろえ管理するためである。POS データを基に売れ筋を確実にそろえる仕組みを作り上げている。

また取扱いを新刊書籍・雑誌以外の商品に拡充している。古本を始め駄菓子，服飾・生活雑貨にまで及ぶ。古本販売が新刊本の売れ行きに影響すると心配されたが，「古本を扱う店舗では，新刊本の販売も伸びた。古本を売って得たお金を，そのまま新刊本の購入にあてる人が多い。新刊本，古本，雑貨などを組みあわせた店舗は，当社の生き残りに必要な『ノアの方舟』だ。」

「生き残るためには，幅広い商品を扱うブックバラエティーストアに店舗を切り替える必要がある。本と心中はできない」（加藤社長）

リアル書店マーケットが縮小しているのが現実である。アマゾンなどネット書店市場の急拡大，また電子書籍の普及も本格化する。こうしたなかで大手書店も電子書籍への取り組みを始めているが，三洋堂はこうした流れを踏まえたうえで書店事業を中心に生き残り戦略を描いている。

　加藤社長は「ブロードバンド時代でも顧客に必要とされる書店」を事業戦略に掲げる。あくまで店舗の魅力を高めることで，業界環境の激変を乗り切る構えだ。

◆ ZOZOTOWN

　スタートトゥデイが運営するZOZOTOWNは日本最大級のオンライン・ファッション通信販売サイトである。もともと輸入CDやレコードのカタログ販売を中心とする会社であったが，カタログ販売をオンライン化し業績をあげた。現在1500以上のブランドと10万点以上の商品が常にオンラインで買うことができる。ここまで事業が成功した理由は，一つは若者世代に的を絞ったことである。特に若者に人気のブランドを取り扱うことで信頼感を得ることができた。これまで有名ブランドは地方の者にはなかなか手に入らなかったがオンラインショッピングを利用することで都市に行かなくても手に入れることができるようになった。

　第2にポイント制である。買った商品の総額の1％がzozopointとしてたまる。貯まったポイントは1ポイント1円として商品を買う際に利用することができる。またzozotownのクレジットカードzozocardを使用して商品を買うとポイントが2倍多く貯まる。その他にも消費者を引き付けるいろいろな工夫がこらされていて，消費者が商品を吟味し商品を選ぶのが非常に便利である。

　ただ同サイトの成功を競合企業が指を加えて見ているはずもなく，楽天やアマゾンがファッションカテゴリーを強化し顧客争奪戦は激しさを増している。これまでと同じ手法ではサイトの集客数を伸ばすことはできない。そこで始めたのが「コーディネート提案サービス」だ。全国のショップの店員が自ら商品を着て撮影しサイトに公開する。プロのモデルでない店員が着こなしのポイントや流行情報を提供するからリアルな感覚が伝わる。モデル目当ての来店客も増えているという。また実際の通販を利用したことのない潜在顧客を顕在化す

るねらいだ。

5. 老舗企業，復活企業の事例

　日本に老舗企業の多い理由として考えられるのは江戸時代に，第1に市場経済が発展していたこと，第2に商家が家産を代々継承する伝統があったこと，第3に「心学」など商業活動を正当化する商人思想・倫理が普及していたこと，第4に近代のマネジメントシステムに相当する人事管理・人材養成の制度が普及していたこと，などがある。

　江戸時代に前身をもつ企業に加え，明治以降誕生し，多数の近代的企業が生成消滅するなかで今日まで存続し100年以上の長寿を誇る企業も多数存在する。これらは幕末維新の激動期，また明治・大正・昭和の激動の100有余年を生き貫いてきた企業である。

　これら老舗企業の経営姿勢から学ぶことも多い。長期的継続を優先し短期的な利益を避ける姿勢，伝統と革新のバランスを取る姿勢など世界的にみても日本の企業のすばらしい特徴である。

＊老舗企業の危機

　とはいえ現在多くの老舗企業が危機を迎えているのも真実である。特に2009,10の2年間で創業100年以上の老舗企業のなかで清酒蔵元とホテル・旅館の倒産件数が最も多い。清酒蔵元の中には，後述するような海外での販路開拓や名産品・土産品化で売上を伸ばす企業もある一方，国内の消費者の清酒離れで需要の減少が止まらない。

　ホテル・旅館はバブル期の大型投資がいまだに重荷になっている。「バブル崩壊⇒集客悪化⇒資金繰り困難⇒破綻」が最も多いパターンである。また書店や洋品店の倒産も増加している。町の中心部の空洞化に加えて，大型書店との競合，大型専門店の台頭などで窮地に追い込まれている。

　企業は日々，事業活動をおこなっている。一日一日の積み上げが事業の持続を支え，その結果として長期的に持続する企業となっている。現在，創業200年を超える上場企業は日本に十数社を数えるにすぎない。

◆ セーレン

　1889年創業，昭和天皇が3度も訪問した福井の名門企業がセーレンであるが，繊維産業の衰退の大波とくに80年代の繊維不況の波で倒産の危機に陥った。セーレンはもともと大手繊維メーカーの染色工程を下請けするだけの企業であったが，1987年以来，企業改革を推し進めてきた。その原点は自社で企画から販売まで手掛けなければ生き残れないという危機感である。その基本戦略は次の4点である。

① 「IT化・流通ダイレクト化」　ITを活用して，新しいビジネスモデルを構築
② 「非衣料・非繊維化」　オンリーワン技術の活用による新規事業の創出
③ 「グローバル化」　地球規模（世界7拠点）での事業展開
④ 「企業体質の改革」　のびのび いきいき ぴちぴちで，強い企業体質へ

①は繊維製品のデジタルプロダクションシステム「ビスコテックス」として具体化されている。デジタルデータを布地ほかあらゆる素材にプリントしたった1枚から大ロットまでの注文に対応できるシステムである。店頭で入力されたデータは福井県の工場に瞬時に送られ製品が2週間以内に顧客の元に届けられる。②「非衣料・非繊維化」とは，衣料品から産業資材に転換する戦略といってもよい。例えばカーインテリア事業やエレクトロニクス事業の諸製品として具体化され，非衣料事業が現在，会社の主力事業となっている。

　これら4つの基本戦略は1988年に制定したものであるが，バブル期や世界同時不況を経て現在まで企業環境や社会構造・流通構造は大きく変化したにもかかわらず，今後も引き続き基本戦略として推進し，さらなる進化を図る。

　セーレンの事業改革が成功したのは社長自ら陣頭に立ったからである。業革宣言を出し，具体的な業務改革の方針を示し，目標設定と，問題が起きたら管理職が責任を持って解決し再発を防ぐ仕組みに変えた。その一方で，染色メーカーとして蓄積した既存技術を水平展開して新事業や自前の製品開発につなげるプロジェクトをつくり，経営資源を集中させていった。上記の成果は80年代以降の地道な努力の賜物である。

同社は 2005 年カネボウの繊維事業を買収（現 KB セーレン），同社・長浜工場は天然繊維の生産からエレクトロニクスや医療分野で使われる産業資材向け繊維へと事業内容を転換し同社はわずか 2 年で黒字化した。（参照：http://www.seiren.com/ 2011.05.17）

◆ 日本マクドナルドの復活

　外食産業の成長率は頭打ちになり多くのチェーン店が伸び悩みを見せるなか日本マクドナルドは外食産業で売上では 2011 年 3 月期ゼンショーにトップを譲ったが利益額トップである。原田氏が CEO に就任以来，2010 年 12 月期決算では経常利益で上場以来の最高値を更新した。日本マクドナルドの好業績の理由としてブランド化，差別化が大きな要因である。

　実はマクドナルドも 2004 年当時はどん底の業績にあえいでいた。原因は外食産業が「どこよりも安く」より多くの消費者に提供という「低価格戦略」「全方位戦略」を繰り広げていたためである。マクドナルドも例外でなく全国に 3700 店舗以上展開し，90 年代後半から低価格戦略を先導していた。最安 65 円のハンバーガーを提供していた時期もあった。しかし安価が安価を招く競争は各社の経営を圧迫しはじめた。また安いだけでは消費者の心をつかめない。むしろ安売りは商品価値の低下を招き消費者離れを引き起こした。

　低価格競争から脱却するため日本マクドナルドは店舗ごとに利用者層に適した商品・店舗展開を戦略とし他社店との差別化を図った。その一つは「中価格帯の設定」である。高級志向の消費者の心をつかむことをねらった戦略である。また商品だけでなくあわせて店舗の内装を高級化した。高級カフェ店仕様の店も展開している。このような店では商品の価格は高めに設定している。

　健康志向が高まる風潮のなかであえてその流れに逆行したメニューの「メガマック」の発売そしてその成功も差別化戦略の成果である。健康志向の時代にあえて高カロリー商品を販売するなど苦汁を味わう結果になるに違いないと同業他社からいぶかられた。しかしメガマックが火付け役となりメガブームが広まった。時代の流れに逆行することでそこに意外にもビジネスチャンスが生まれたのである。またメガマックの成功の一つの理由は期間限定販売の方法である。販売期間が限られていること自体が付加価値を生み消費者の購買意欲を最

大限に刺激した。

　以上だけでも大きな戦略転換であるが現・原田 CEO 就任以来最も大きな変化は会社を積極的にリスクテーキングする会社に変換したことである。新たな事業として周辺事業への進出が実現された。コーヒーショップの展開である。他のハンバーガーチェーンが参入していないコーヒーショップに参入したことでこれもまた一つの競争戦略であり差別化戦略である。スターバックス等既存のコーヒーチェーンとの差別化をはかり他社とは異なる客層，ニーズをターゲットとして商品開発に注力している。他に新規顧客開拓のため，天候やイベントなど外的要因に左右されないビジネス，即ち「デリバリービジネス」の準備も進めている。また店舗の削減と集中を実現した。全国の店舗の業績を上中下 2 : 6 : 2 に 3 分類し下の 2 割の店舗は大胆に閉店したことも収益向上に貢献した。

　集客力を高めるための取り組みがメニューの充実である。牛肉や豚肉を使ったハンバーガーを好まない客にも店に来てもらうためチキン関連商品の充実化を進めた。最近は「モスバーガー」「バーガーキング」などの競合チェーンのほか，コンビニもチキン商品の品揃えを増やしている。業界の垣根を超えた集客競争が激化している。マックは牛肉ハンバーガーのイメージが強いが，チキンでも集客をはかる。

　一方業務の効率化にも取り組む。店舗の在庫を物流会社に知らせるだけで必要な在庫が自動的に届く仕組みに切り替え仕入れに関する作業時間を従来よりも 8 割削減する。

　マクドナルドに限らず外食産業は慢性的な人手不足に陥っており，少人数で店舗を運営して収益をあげる仕組み作りが求められている。人手不足のなかで作業を効率化し待ち時間の短縮など，接客サービスを向上するほかコスト削減にもつなげる狙いである。

＊ IT の利用

　　さらに特筆されるのは IT の利用を積極化していることである。IT の利用の理由は日経オンラインによれば以下のとおりだ。

　・接客時間を 30 秒短縮すると売上は 5 ％増加し，1 秒の短縮で 8 億円増える。来店客が注文を考える時間が一番長いため，利便性の一層の向上と売

上拡大のために，携帯電話やカーナビなどを活用し「店舗外での注文」ができるようにする。
・ITの利用による「e-ビジネス」の可能性は顧客の購入履歴がトラッキングでき，究極的には1対1のマーケティングを実現するインフラに発展できるところにある。

（参照：www.nikkei.co.jp/hensei/sympo1007/harada3.html 2012.08.20）

このためにサプライチェーンのイノベーションと連動させることが重要だ。上述のように店舗の在庫を物流会社に知らせるだけで必要な在庫が自動的に届く仕組みに切り替えて作業時間を削減することも必要である。それによってビジネスのスピードと競争力が向上する。

そして2012年春から携帯電話を使った注文・決済を瞬時に完了する画期的なサービスを開始した。客が事前にメニューを選択し，レジ前の読み取りスキャナーにかざすと，たちまち注文と決済が済む。待ち時間を短縮して客が他店に流れるのを防ぎ売上を伸ばす狙いである。日経記事にもあるようにマクドナルドでは全店で注文時間が1秒短縮できれば8億円の増収効果があると試算していた。（参照：『プレジデント』2012.07.12）

客は客のいない店には入らないが客がたくさん並んでいるのも嫌がるのだ。マクドナルドの瞬時決済は待つのが嫌という客心理に照らした戦略である。

＊SNSの活用

2010年からネットで「マクドナルド公式アプリ」を配信するサービスを開始した。顧客が携帯でマクドナルドのHPにアクセスし会員になると割引クーポンを取得できるから得だ。また2011年からはスマートフォンにも対応してiPhoneとAndoroid向け公式アプリの配信も開始した。おサイフケータイ対応スマートフォンなら端末をかざすだけで注文から支払いまでがおこなえるようになった。

◆ 健闘する外池酒造店（とのいけしゅぞうてん）

酒造業界も規制緩和による構造変革，価格破壊，そして若者の日本酒離れが進行し，永い伝統と歴史を持つ業者が消えようとしている。そのなかで健闘し

ているのが外池酒造店である。栃木県芳賀郡益子町の外池酒造店は1937年創業だが歴史は1829年（文政12年）までさかのぼる。現在の酒蔵は明治元年以来の酒蔵で年間10万人以上の観光客が訪れる観光スポットでもある。観光バスが駐車できる広い駐車場が完備しており年間10万人は余裕である。同社の酒蔵を見学すると同社スタッフ「蔵人ガイド」が酒唄を唄って酒造の歴史を説明してくれる。売店が併設されており，同社の清酒「燦爛」，米焼酎「益子の炎」のほか益子焼の酒器など外池酒造ならではの商品を販売している。お土産として直売することでブランド価値の維持と高い付加価値を実現している。卸・外販よりも利益率が高いことはいうまでもない。また店内カフェで酒造に使用する仕込み水を使用したバニラアイス，コーヒーを楽しむこともできる。

　また春の酒米田植え体験から秋の酒米稲刈りと清酒造り，冬の初しぼりの見学に多くの人が県外から参加する。同社が協賛・出店する益子陶器市には年間80万人が訪れるが，こうしたイベントをつうじて町おこしと同社製品の販売促進が狙いだ。

　製品ラインアップとしてはモンドセレクション（ベルギー）や全国新酒鑑評会ほか内外で金賞を受賞した燦爛のほか，季節のお酒として生原酒と生酒「花さんらん」，フルーツ酒，また酒粕と清酒を練り込んで焼き上げたパウンドケーキ，それだけでなく杜氏の手が白いことがヒントになり開発された日本酒エキス配合の化粧品，入浴剤，石鹸を販売している。さらに県内の飲食店と共同し同社製リキュールの飲食店のオリジナルブランドの企画・開発・営業にも力を入れる。

　このように伝統酒蔵の観光スポット化，イベントの定期的な開催，また子供・女性をターゲットにしたスイートや化粧品の発売等をつうじて顧客基盤の拡大と販売促進を目指している。また同社はインタネットにホームページを立ち上げた。閲覧者が増えているようだ。ホームページは今のところ日本語のみだが3代目社長のヴィジョンは明確だ。全国販売はもちろん世界を目指している。

6. 飲食業界の熾烈な競争環境と新たな取組み

(1) 飲食業界の熾烈な競争環境

　一般的に競争的マーケティングでは競争優位を確保構築するために自社の業界におけるポジションを明確にしそれにふさわしい戦略を展開しなければならないとされる。そのポジションは一般にマーケットリーダー，マーケットチャレンジャー，マーケットフォロワー，マーケットニッチャーに分けられる。飲食業界では食品の種類に多様性が存在し，比較的模倣が容易であり，差別化がしにくい面があるため，飲食全体で圧倒的なリーダーといえる企業は少ない。それゆえブランド化が競争優位を確保する方法だが，消費者の価値感の多様化や新商品の登場など既存企業にとって制御不可能な要因も多い。

　また上記4区分も相対的である。特定製品でのマーケットリーダーが他製品ではチャレンジャー，フォロワーであったり，その逆のことも多い。

　同一商品について熾烈な価格競争がおこなわれている代表的な業態がハンバーガー，牛丼，持ち帰り弁当・寿司などの外食業界である。しかも業界最大手・準最大手が価格競争を仕掛けていることが特徴である。例えばチャレンジャーの牛丼A社の仕掛けた価格競争にマーケットリーダー，フォロワーの企業は追随し再三値下げ競争を繰り返した。

　こうした価格競争は円高還元など表向きは消費者へのサービスを標榜しているが，本音は業界地図の塗り替えが狙いであることが多い。原材料を大量購入できる大手企業はコスト競争力を有するが価格競争に巻き込まれた下位企業は青息吐息で利益を出せない。ゼンショー，吉野家，松屋の3社の価格競争突入で脱落し姿を消したのは低価格路線のパイオニア「牛丼太郎」であったことは象徴的である。

◆　吉野家のジレンマ

　たびたびの価格改定にもかかわらず利益が回復しない。2008年8月1日，400円から280円に値下げした。280円は数々の試行錯誤の末，吉野家にとってベストプライスとして設定した価格である。それでもすき屋や松屋より割高

である。

　問題は価格を280円に下げると同水準の利益を得るためにはそれに応じて客数が1.5倍にならないといけないという。だが客数に応じてより多くの人員を配置するのでは人件費を上げ利益率を低下させてしまう。そのため従業員の生産性を上げるべく、徹底した作業の見直しが必要になった。また省力のための設備、ピークに合わせた丼などの増加も必要である。また問題は値段をここまで下げてしまうと「価格破壊」のつもりが商品そのものの価値が薄れてしまい、「価値破壊」になってしまう懸念である。

　ライバル店は定食の数を増やすことで対応している。吉野家は頑固にまで牛丼単品にこだわってきた。しかもアメリカ牛でなければならないという。ちなみにBSE問題の際に牛肉輸入停止の影響を最も受けたのも吉野家である。吉野家の売上減少が同業態のなかで一番であったのもそのこだわりのためであった。

　だがどうしても吉野家の牛丼でなければという客は少なくなっていると思われる。また今後吉野家の牛丼の味が飽きられてしまうこと、牛丼市場が飽和状態になることが問題である。市場をさらに拡大するためには、吉野家を含む各社が個性ある斬新なコンセプトで市場の開発に企業全体として取り込んでいくことが必要だと思われる。

　実は吉野家は同業では最も早く海外進出を果たしている。1977年米ロサンゼルス、ヨシノヤウェスト開店である。またアジアでは1988年台北ついで1991年中国1号店をはじめ497店舗（2011年11月現在）に達している。そして海外では単品主義ではない。単品では、吉野家が認める充分な客数を獲得できないからであると思われる。そこで現地の好みや事情に合わせた「現地化」が進んでいる。そのため設備、食器のストックなど日本とは異なるが日本で応用できるノウハウはすでに蓄積されている。いずれにしろ準備は進んでいるのかもしれない。

(2) **業界業態を超える熾烈な競争**

　飲食業界（食堂、レストラン、ファーストフード、コーヒーショップ等）、スーパーマーケット、コンビニエンス等、それぞれ業界内の競争が激化してい

るが，現在進行している競争の特色は業界・業態を超えた熾烈な価格競争であるということだ。しかし価格競争の行きつく先は共倒れである。価格競争から脱皮する戦略も企及されている。以下一部を紹介する。

スターバックス・コーヒージャパンはコンビニエンスやファーストフードのカフェ販売に対抗し，新たな立地を開拓し店舗網を広げる。新型店の面積は標準店（165平方メートル）の半分程度の70～90平方メートルを想定し，商品数を標準店の4分の1の10品目にする。スタッフも半分ですませる。出店の初期投資も1～2割り程度軽減する。

スタバは2012年10月末現在時点で965店舗。中心のビジネス街やショッピングセンターの出店余地が減っており，今後はこの小型店とドライブスルー型を出店の柱に据える。いずれにしろ異業種間で入れたてコーヒーを扱う店舗が増え競争が激化しているなかでブランド価値を守りつつ攻めに出た戦略といえる。

◆　日本マクドナルドの減益と戦略転換

2004年に原田泳幸会長兼社長が就任以来，ハンバーガーやコーヒーを100円として客を呼び込み，「ビッグマック」など高価格品に誘導する戦略が奏功。8年連続の成長を遂げてきたが9年ぶりに2012年12月期決算で日本マクドナルドが減収減益となる。「デフレの勝ち組」と評されてきた日本マクドナルドホールディングスが曲がり角に立っているといえる。

利益が減少した理由は期間限定メニューや期間限定ディスカウントをやめたため売上が減少したためであるが，今後もビッグマックなど定番の高価格品や，伸びを見込む朝食メニューの訴求に力を入れる。導入コストがかさむ新商品を抑え，期間限定商品も「月見バーガー」など定番に絞る。頻繁に実施していたビッグマックの値下げも「新規顧客獲得につながらない」（広報）と控える。

実は戦略転換の軸は他にある。店舗の大型化とフランチャイズ化の促進，不動産所有である。日本マクドナルドの3300店舗のうち1200店舗は採算が低く資力が低く新たな投資に踏み切れない。そこで中期的にドライブスルー機能やコーヒー専門業態のマックカフェ，宅配機能などを備えた高い採算が見込まれ

る設計の店舗を増やしていく計画である。また同時にフランチャイズ比率を上げる。さらに今後は店舗物件を日本マクドナルドが所有し，それをフランチャイズオーナーに借りてもらうモデルに変えていく。一過性の価格戦略やプロモーションよりも店舗の高収益化とフランチャイズ比率の向上を進める戦略だ。(参照:『週刊ダイヤモンド』2013.03.02)

(3) 飲食業界の新たな取組み

　すき家が仕掛け吉野家，松屋が追随し激しい価格競争を繰り広げた。しかし2012年8月，すき家をはじめ2社の売上は対前年比2桁減少した。もはや低価格だけでは消費者の選択肢になりえないように思える。低価格で顧客層が広がったがそれも一過性であったのだ。

　それは居酒屋にもいえることだ。低価格「均一居酒屋」の激増である。ただ均一を売り物にする店舗が街に氾濫すると差別化も打ち出しにくく無意味になり，やがてブームは終焉を迎えた。だがブームが去って後，再度高価格にもどすことは容易でない。既存店舗の多くが閉店や撤退に追い込まれているのは低価格になれた消費者離れが進行したからである。

　そうしたなかで業績を着実に伸ばしているチェーン店もある。一つは徹底的にコストダウンに成功したサイゼリヤである。今後も出店数を増やせるか注目される。というのは多店舗化には一定規模に達すると，それ以上は店舗当たりの売上が減少するなどマーケットの成長が止まる経験則が存在するからである。

　低価格のニーズがある一方，豪華な設備や雰囲気，贅沢なサービス・接客，もちろんグルメを満たすおいしい料理を提供する和洋レストランに対する需要も存在する。また贅沢な設備ではないが格安なフレンチの人気は高い。いわゆる行列のできる個性派のレストランが銀座や渋谷に出現し成功しているが，サービスはフレンチではなくジャポネである。いずれにしても，日本式なおもてなしは競争力といえる。

◆ 中国も驚く安さで成功するサイゼリヤ

　サイゼリヤの店頭から行列が途絶えない。なぜだろうか。それは中国人に

とっても激安だからだ。同業他社既存店の半値以下の価格だ。2011年3月現在，ミートスパゲッティが9元（約130円），ピザも19元（約270円）。上海の普通の弁当の値段と変わらない。1元は購買力平価で為替レートの3〜4倍の価値があるから，上海店の価値はほぼ日本の価格と同じであるが，日本以上に支持される可能性が高い。現在40店舗だが急成長する可能性が高い。

◆ 小僧寿し，高価格の新店

持ち帰り寿司大手の小僧寿しが都心部で品揃えや内装を高級化した落ち着いたインテリアの新型店を出店する。2013年中に既存店の改装で約30店出店する。収益向上を優先するため新規出店を抑え不採算店を約70店閉鎖する。同社は12年12月期の連結最終損益は3期連続赤字だ。持ち帰り寿司は同業の競合他社だけでなくスーパーやコンビニエンスの持ち帰り寿司とも競合する。スーパーやコンビニエンスと違いを出し，新型店では鮮度の良い生の食材を提供する。味にこだわるシニアを取り込むねらいだ。

巻末参考文献

I.

- Vernon, Raymond（R. バーノン），霍見芳浩訳『多国籍企業の新展開――追いつめられる国家主権』ダイヤモンド社，1973 年．
- Dunning, J. H.（J. H. ダニング），"Multinational Enterprises and the Growth of Services: some conceptual and theoretical issues," *The Service Industries Journal*, 9（1）1989, pp. 5-29.
- ジェトロ，[PDF] 欧州における日系企業の 組織，ロケーション戦略の変遷と見通し（www.jetro.go.jp/jfile/report/07000490/eurotrend_nikkei_kigyo.pdf）
- 川本明人『多国籍銀行論――銀行のグローバル・ネットワーク―』ミネルヴァ書房，1995 年 7 月．
- 安田隆二「日本の金融機関はグローバリゼーション 3.0 に挑戦できるか」『季刊政策・経営研究』vol. 3，三菱 UFJ リサーチ＆コンサルティング，2008 年．

II.

- 京都大学経済学部大学院経済研究科目平成 17 年度前期「資産運用論」資料，「三菱商事におけるビジネスポートフォリオマネジメント～価値創造経営とリスクマネジメント～」（経営企画部北村康一）による．
- 『週刊ダイヤモンド』2011/09/17
- 三菱商事 HP, http://www.mitsubishicorp.com/jp/ja/about/org/ 2011/10/05
- 伊藤忠 HP, http://www.itochu.co.jp/ja/business/textile/project/01/
- http://www.rieti.go.jp/jp/papers/contribution/fukao/03.html 2011/05/17
- http://investtaiwan.nat.gov.tw/matter/show_jpn.jsp?ID=5117&MID=5 2011/05/17
- http://www.sharp.co.jp/corporate/info/outline/g_organization/index.html 2011/05/17
- http://sky.geocities.jp/kaltimjp/firstfood2.htm 2011/05/17, 05/18
- http://nna.jp/free/news/..... 略 .. 2011/05/18
- http://business.nikkeibp.co.jp/article/pba/20090123/183717/2011/05/18, 05/17
- http://www.toyokeizai.net/business/strategy/detail/AC/b98cd30f4276130f8ede543729fe507c 2011/05/18
- http://www.tochigihk.com/s 2011/05/18
- 産業構造審議会新成長政策部会『アジアを中心とした国際分業の現状と課題』2001/09/20
- 日経記事「中小，新興国に生産委託 コスト抑制・円高対応」2010/09/08
- www.meti.go.jp/report/tsuhaku2012/2012honbun/.../2012.03-3.pdf（通商白書）
- http://nna.jp/free/news/..... 略 .. 2011.05.17

III.

- Porter, M.（M. ポーター）編著，土岐坤・中辻萬治・小野寺武雄訳『グローバル企業の競争戦略』ダイヤモンド社，1989 年．
- Bartlett, C. A. & Ghoshal, S.（バートレット＆ゴシャール，吉原英樹監訳『地球市場時代の企業戦略・トランスナショナル・マネジメントの構築』日本経済新聞社，1990 年．

- Palmisano, S. J. (S. J. パルミサーノ), "The Globally Integrated Enterprise," Foeign Affaires Vol. 85 no. 3, pp. 127-136. qxd 3/15/06 2011/05/17
- http://lalettremensuelle.fr/spip.php?breve673 2011/05/17
- http://www.nissan-global.com/JP/COMPANY/PROFILE/ALLIANCE/RENAULT03/ 2011/05/17
- www.asahi.com/business/update/.../TKY201201120556.html-2012/08/31
- 『日経産業新聞』2011.10.19
- http://www.sei.co.jp/news/press/11/prs934_s.html 2012/08/15
- http://www.shiseido.co.jp/ir/library/s1003jig/html/jig002.htm 2011/05/17
- http://www.yoshinoya-holdings.com/ir/about/global/index.html 2012/8/31（2012年通商白書）
- http://www.ykk.co.jp/japanese/business/me.html 2011/05/17
- 『月刊中国NEWS』2009年11月号
- http://www.7andi.com/challenge/107_1.html 2011/05/17
- 『週刊東洋経済』2011.1.08号，東洋経済新報社。
- 『プレジデント』2012.7.30
- 『日経産業新聞』2011年5月13日

Ⅳ.

- http://gendai.ismedia.jp/articles/-/2046 2011/05/17
- http://sankei.jp.msn.com/economy/news/110215/its11021506250000-n2.htm 2011/05/17
- http://www.painfo.net/affiriate/hp.htm 2011/05/17
- http://www.valuecommerce.co.jp 2011/05/17

Ⅴ.

- http://sankei.jp.msn.com/economy/news/110215/its11021506250000-n2.htm 2011/05/17
- http://techwave.jp/archives/51447138.html 2011/05/17

Ⅵ.

- Shummpeter, J. (J. シュンペーター)，塩野谷祐一・中山伊知郎・東畑精一訳『経済発展の理論——企業者利潤・資本・信用・利子および景気の回転に関する一研究』岩波書店，1977年。
- Kirzner, I. (I. カーズナー)，田島義博監訳『競争と企業家精神——ベンチャーの経済理論』千倉書房，1985年。
- Knight, F. (F. ナイト)，*Risk, Uncertainty and Profit*, Boston and New York, Houghton Mifflin Company, 1921, 8vo., pp. xiv+381.
- Drucker, P. F. (P. ドラッカー)，上田淳生訳『現代の経営（上・下）』『イノベーションと企業家精神』ドラッカー名著集，ダイヤモンド，2006年，2007年。
- Chandler, A. D. Jr. (A. D. チャンドラー Jr.)，安部悦生・川辺信雄・工藤章・西牟田祐二・日高千景・山口一臣訳『スケール・アンド・スコープ——経営力発展の国際比較』有斐閣，1993年。鳥羽欽一郎・小林袈裟治訳『経営者の時代——アメリカ産業における近代企業の成立（上・下）』東洋経済新報社，1979年

Ⅶ.

- 梅田望夫『ウェブ時代をゆく』筑摩書房，2007年。
- 梅田望夫『ウェブ時代5つの定理』文藝春秋，2008年。
- 辻野晃一郎『グーグルで必要なことは，みんなソニーが教えてくれた』新潮社，2010年。

- 『Foresight』新潮社，2010 年 3 月。
- 『ニューズウィーク』日本版，阪急コミュニケーション，2010/01/27。

Ⅷ.

- 渋沢栄一『青淵百話』図書刊行会，1986 年。
- 同上『渋沢栄一自叙伝』渋沢翁頌徳会，1938 年。
- 同上『論語と算盤』角川ソフィア文庫，2008 年。
- 同上『論語講義（一）〜（七）』講談社，1977 年。
- http://homepage3.nifty.com/institute/index.html 2011/05/17
- 松下幸之助『商売心得帖』PHP 研究所，2001 年。
- ソニーマガジンズビジネスブック編集部『無から有を生む発想巨人安藤百福語録』ソニーマガジンズ，1998 年。
- 勝見明『鈴木敏文の統計心理学』日本経済新聞社，2002 年。
- 伊藤雅俊『商いの心くばり』講談社，1984 年。
- 小倉昌男『経営学』日経 BP 社，1999 年。
- 新原浩朗『日本優秀企業研究』日本経済新聞社，2003 年。
- 山本七郎『勤勉の哲学―日本人を動かす論理―』PHP 研究所，1979 年。

Ⅸ.

- 鳥羽博通『ドトールコーヒー「勝つか死ぬか」の創業記』日本経済新聞社，2008 年。
- http://www.secom.co.jp/corporate/vision/story01.html 2011/05/17
- 『週刊東洋経済』東洋経済新報社，2011/01/08
- http://www.seiren.com/company/ 2011/05/17
- http://www.shoninsha.co.jp/modules/blog/2011/03/07/6877 2011/05/17
- http://diamond.jp/articles/-/1215?page=2&action=login 2011/02/13
- http://www.geocities.jp/aki01_aki29/article_of_kakakuco 2011/05/17
- www.nikkei.co.jp/hensei/sympo1007/harada3.html 2012/08/20

事項索引

【アルファベット】

AKB48　93
AZ スーパーセンター　227
Amazon.com, Inc. アマゾン　111
BUYMA（バイマ）　134
「BtoB」（B2B, Business to Business）　110
「BtoC」（B2C, Business to Consumer）　110
「CtoC」（C2C, Consumer to Consumer）　110
GAP　192
GE 社　7, 146
GM　6
IBM　68, 73, 104
JFE　9
JIN'S（ジンズ）　213
JT（日本たばこ産業）　11, 30
Line　129
MCVA　35
Macdonard　148
M&A（買収・合併）　144
NEC　9, 51
NTT ドコモ　135
OLI パラダイム　5
SPA モデル　212
TSUTAYA　196
U. S. スティール　146
WE（ウェスタン・エレクトリック）　7
YKK（吉田工業）　90
YouTube　126
ZOZOTOWN　229
Zoff　213
eBay イーベイ　112, 164
e ラーニング　136
iPad　143
iPhone　143
iPod　143, 159
iTunes　116

niconico 動画　126

【ア行】

あきんどスシロー　61, 226
アクロディア　224
味千（あじせん）ラーメン　57
味の素　86
アスクル　131
アップル社　143, 158
アマゾン・ドット・コム　108, 116, 165
アントレプレナール　167
いすゞ自動車　10
イーストマン　7
位置情報　124
伊藤忠商事　34, 38
イノベーション　141, 154
インタネット　109
ウォルマート　7, 43
エクソンモービル　6
エレクトロニックコマース（EC，電子商取引）　110
円高　24
オイシックス　133
大元方　177
オフィス革命　115
オフィス・デポ　192
オフショワリング　107
おまけつきグリコ　201
おもてなし　98
オリンパス　27

【カ行】

海外直接投資　5
花王　72
カカクコム　219
加賀屋　55, 98
学生企業オーシャナイズ　223

カッパクリエイト　60
カップヌードル　93, 203
合本主義（多数の株主による会社設立の思想）
　　170, 179
カルフール　7, 43
川崎重工　9
川崎製鉄　9
眼鏡市場　213
カンパニー　34
ガンホー・オンライン・エンターテイメント
　216
企業（起業）家精神　195
企業買収・合併　28
キッコーマン　86
キンドル　165
グーグル　113, 161
クックパッド　222
クラウド・コンピューティング　107
グリー　121
グローバル企業（Globally Integrated Enterprise, GIE）　68
経営国際化　4
ゲオ・ホールディングス　215
元気寿司　60
現地化　3, 46
コカ・コーラ　70
顧客本位　197
国際化　41
小僧寿し　240
コンビニ　185

【サ行】
再生ファンド　193
サイゼリヤ　209, 239
財閥　184
三洋堂書店　228
サンリオ　92
事業者精神　167
シスコ社 VSC モデル　117
資生堂　84
シティバンク　20
老舗企業　230
資本主義経済　3
シマノ　100

シャープ　50
情報化　102
情報革命　114
ジレット　148
シンガー　7
新産業革命　4
新日鉄　9
垂直統合企業　145
垂直統合モデル　150
寿司　44
寿司チェーンの国際化　59
鈴木自動車　10
鈴木商店　179
スターバックスコーヒー　192, 208
スーパーセンター　193
スマートフォン　122
住友商事　34, 169
住友電気工業　84
西武ホールディングス　195
石油ショック　186
セコム　217
セブン＆アイ・ホールディングス　191
セブンイレブン　91, 185, 214
セブンイレブン・ジャパン　91
セル生産システム　174
セーレン　231
総合商社　8, 32
双日　191
ソーシャルコマース　123
ソーシャルショッピング　125
ソーシャルネットワーキングサービス（SNS）
　109
ソニー　9, 10
ソフトバンク　110, 221

【タ行】
第一三共製薬　31
ダイソー　218
大量消費社会　185
宝塚歌劇団　196, 205
タグボート　225
武田薬品　72
多国籍化　4
多国籍銀行　20

宅急便　186
タリーズコーヒー　218
ディー・エヌ・エー（DeNA）　120
定額制音楽配信サービス　137
帝国ホテル　206
寺田倉庫　132
デル・ダイレクト・モデル　117
トイザらス　192
東京ディズニーランド，TDL　207
東芝　9
堂島米会所　177
道とん堀　56
東北大震災　24
ドトールコーヒー　208
外池酒造店　234
トヨタ　9, 42, 173
豊田（トヨタ）　180
ドラッグストア　185
トレジャリーファクトリー　219

【ナ行】

日産　9, 48, 78, 173
日清カップヌードル　93
日中国交回復　16
日本板硝子　11, 31
日本ケンタッキー・フライド・チキン（KFC）　34, 37
日本鋼管　9
日本電産　30
日本ブランド戦略研究所　222
日本への経済制裁　77
日本レストランシステム（NRS）　57
任天堂　126
ネスレ　7
ネットオークション　109

【ハ行】

バイアウト・ファンド　194
バイラル・マーケティング　127
パナソニック　9
バブル　186
　──の崩壊　9, 171
バリューコマース　112
反日運動　57

日立　9
ビックデータ　108
ビックビジネス　4
ファストフード　185
ファーストリテイリング（ユニクロ）　72
ファブレス化　149
ファミリーレストラン　185
ファンページ　124
フォード　6
プジョー・シトロエン（PSA社）　74
プロダクト・サイクル・モデル　5
ベンチャー　154
星野リゾート　100
ホームセンター　185
ホンダ　9

【マ行】

マイクロエレクトロニクス技術　104
マイクロソフト社（MS）　104, 158
マキタ　89
松下（パナソニック）　48
丸亀製麺　226
マルチドメスティック企業　66
みずほFG　189
三井　169, 172
　──家　177
　──物産　15, 174
三越・伊勢丹ホールディングス　189
三菱　169
　──グループ　11
　──自動車　74
　──重工　9
　──商事　34, 174
ミニット・アジア・パシフィック　131
無印良品　124
モジュール化（組み合わせ）　149
モスフード　88, 123
持株会社（ホールディングカンパニー）　188

【ヤ行】

ヤマト運輸　83
ヤマトのネットスーパーサポートサービス　135
ヤマハ発動機　83

ユーチューブ　113
ユニクロ　211
ユニリーバ　7
吉野家　87
ヨーロッパ市場統合　12

【ラ行】

ライオン　72
楽天　111
　　──市場　111
リカちゃん人形　204
リップルウッド・ホールディング　194
リテール・バンキング　22
リポビタンD　202
リーマンブラザーズ　20
ルイヴィトン　95
ルノー　78
ロイヤルダッチシェル　6
ローソン　34, 124

【ワ】

ワタミ　56, 210

人名索引

【ア行】

秋元康　94
浅野総一郎　180
井深大　183
岩崎弥太郎　178
大前研一　116
小倉昌男　186, 197
オミダイア, ピエール　112, 164

【カ行】

ゲイツ, ビル　158
小林一三　196

【サ行】

ザッカーバーグ, マーク　119
渋沢栄一　169, 178, 180, 196
シュンペータ, J.　142, 154
ジョブズ, スティーブ　158

【タ行】

ダニング, J. H.　5
チャンドラー Jr., アルフレッド・D.　145
豊田喜一郎　181, 196

ドラッカー, P. F.　147

【ハ行】

バーノン, レイモンド　5
バートレット＆ゴシャール　66
パルミサーノ, サミュエル・J.　68
フォード, ヘンリー　146
ブリン, サーゲイ　161
ペイジ, ラリー　161
ベゾス, ジェフ　111, 165
ポーター, マイケル　65
本田宗一郎　183, 196

【マ行】

増田宗昭　196
松田聖子　93
盛田昭夫　183

【ヤ行】

山口百恵　93

【ワ】

渡辺美樹　211

著者略歴

築場　保行（やなば　やすゆき）

1950年生まれ
現在　日本大学法学部教授
立教大学経済学部卒業，同大学院修了
EHESS（フランス・社会科学高等研究員）博士課程中退
明治大学講師，城西大学助教授を経て日本大学教授
2008-2009年，カリフォルニア大学（バークレー）客員教授

【主要著訳書】

『経営管理基礎論』日本評論社（共著），1986年。
『現代経営学―環境変化と経営―』創成社（共著），1988年。
『企業形態論』八千代書店（共著），1990年。
『日本企業の国際化，情報化，活性化，CSRのために』文眞堂，2011年。

【訳書】

E. ギンツバーグ，G. ヴォイタ『規模の限界への挑戦』HBJ出版局（共訳），1988年。
N. ヘンリー『現代行政管理総論』文眞堂（分担訳），1986年。その他。

【論文】

『日仏経営学会誌』，『比較経営学会誌』，『アジア経営学会誌』，『経営学史学会年報』，『政経研究』（日本大学）ほかに投稿。

企業の国際化，情報化と日本企業革新のトレンド

| 2013年11月20日　第1版第1刷発行 | 検印省略 |
| 2016年7月5日　第1版第2刷発行 | |

著　者　築　場　保　行
発行者　前　野　　　隆
発行所　㈱文　眞　堂
東京都新宿区早稲田鶴巻町533
電　話　03（3202）8480
FAX　03（3203）2638
http://www.bunshin-do.co.jp/
〒162-0041　振替00120-2-96437

製作・モリモト印刷
定価はカバー裏に表示してあります
ISBN978-4-8309-4805-3 C3034